Thomas Schirmer / Andreas Hein

Internet

für Späteinsteiger

Mit 176 Abbildungen

Bibliografische Information der Deutschen Bibliothek

Die Deutsche Bibliothek verzeichnet diese Publikation in der Deutschen Nationalbibliografie;
detaillierte Daten sind im Internet über http://dnb.ddb.de abrufbar.

Lektorat: Markus Bauer
Satz: DTP-Satz A. Kugge, München
art & design: www.ideehoch2.de
Druck: Bercker, 47623 Kevelaer
Printed in Germany

Thomas Schirmer / Andreas hein

Internet für Späteinsteiger

Inhaltsverzeichnis

Kapitel 1

So kommen Sie ins Internet

Das Internet ist mittlerweile aus dem Alltag vieler Menschen genau so wenig wegzudenken wie Fernseher, Radio oder Zeitungen. Auch unter den nicht mehr ganz so jungen Personen steigt die Zahl der Internet-Surfer immer weiter an. Allerdings gibt es in dieser Altersgruppe immer noch einige Vorbehalte gegen dieses Medium. So hört man immer wieder, dass der Zugang zu Internet und Computer überhaupt zu kompliziert sei. Diese Argumente mögen vor einigen Jahren durchaus berechtigt gewesen sein, als man umständliche Treiberinstallationen vornehmen musste, um einen PC mit dem Internet zu verbinden.

Doch diese Zeit ist inzwischen vorbei. Heute geht es deutlich leichter und schneller; auf eigentlich allen Computern sind beispielsweise die notwendigen Programme für die Internetnutzung bereits enthalten. Ist auch Ihr PC entsprechend ausgestattet (die meisten modernen Rechner sind es), können Sie innerhalb weniger Minuten mit dem Internet verbunden sein.

1.1 Die Grundausstattung für den Internetzugriff

Für die Nutzung des Internets benötigen Sie im Grunde drei Dinge. Zunächst einmal einen Computer, über dessen Bildschirm Sie die Inhalte wie Webseiten oder E-Mails betrachten können und über den Sie z. B. mittels der Tastatur bzw. der Maus das Internet gewissermaßen bedienen. Die hierfür benötigten Programme sind wie schon erwähnt auf eigentlich jedem Computer bereits vorhanden.

Ein einfacher Rechner reicht aus

Wollen Sie einen Computer vor allem für den Internetzugang verwenden, müssen Sie keine Unsummen für einen Hochleistungs-PC ausgeben. Die hierbei benötigte Rechenleistung bieten selbst die einfachsten Modelle oder auch Gebrauchtgeräte, sofern sie nicht zu alt sind. Besonders populär sind in letzter Zeit Notebooks geworden, die tragbaren Computer, und auch die nochmals etwas kleineren Netbooks erfreuen sich gerade für den Internetzugang wachsender Beliebtheit. Schon zu Preisen ab etwa 300 bis 400 Euro sind konventionelle PCs samt Bildschirm oder einfache Notebooks und Netbooks zu bekommen, die den Anforderungen für den Internetzugang genügen.

Möchten Sie das Internet zunächst nur ausprobieren, kann auch die Anschaffung eines gebrauchten PCs in Frage kommen, allerdings sollte der Rechner nicht zu alt sein, da er dann nicht mehr mit der Software ausgestattet werden kann, die für eine bequeme und sichere Internetnutzung benötigt wird. Momentan etwa können auch vier oder fünf Jahre alte PCs mit Windows XP noch genutzt werden, von älteren Modellen ist dagegen abzuraten.

Dazu kommt dann ein spezielles Zubehörteil, das die physische Verbindung zum Internet herstellt und letztlich die Daten zwischen dem Computer und dem Internet überträgt. Diese Komponente wird meist als Modem bezeichnet. Da es verschiedene Zugangsmöglichkeiten gibt, etwa über einen normalen Telefonanschluss, über einen schnellen DSL- oder Kabelanschluss oder auch per Mobilfunkverbindung, gibt es auch verschiedene Modemvarianten (DSL-Modem, Kabel-Modem, UMTS-Modem etc.). Meist müssen diese Komponenten separat an den Computer angeschlossen werden. Mitunter sind diese Modems auch schon Bestandteil sogenannter Router, die dann den Anschluss mehrerer Rechner gleichzeitig ermöglichen. Vor allem bei den hierzulande besonders beliebten DSL-Anschlüssen findet sich diese Kombination sehr häufig.

Bild 1.1 Die kompakten Netbooks entwickeln sich zum Verkaufsschlager. Für den Internetzugang reichen sie aus. (Quelle: T-Com)

Üblicherweise erhalten Sie diese Geräte von Ihrem Internet-Provider, und damit sind wir schließlich bei dem dritten Baustein, dem Internetanschluss, den Ihnen diese Unternehmen gegen entsprechende Gebühren zur Verfügung stellen.

Bild 1.2 Die Verbindung zum Internet wird meist über ein Modem hergestellt. Hier ein DSL-Router mit eingebautem Modem von AVM. (Quelle: AVM)

1.2 Der Internet-Provider

Neben einem entsprechend ausgerüsteten PC und dem Modem bzw. Modem-Router benötigen Sie noch einen sogenannten Internet-Provider.

Der Internet-Provider ist Ihr Partner für den Zugang zum Internet; ohne geht es für Sie als Privatanwender nicht. Das hängt mit dem Aufbau des Internets zusammen. Computer, die direkt mit dem Datennetz verbunden sind, sollen ständig erreichbar sein und sind per Hochgeschwindigkeitsleitung mit anderen Internetrechnern verbunden. Für einen Privatnutzer lohnt sich das nicht, es wäre schlicht zu teuer. Der Computer des Internet-Providers aber erfüllt diese Auflagen. Der Provider verbindet nun seinen Internet-PC mit Ihrem PC und stellt Ihnen dadurch gegen entsprechende Gebühr einen Teil seiner Internetkapazität zur Verfügung. Sie mieten sozusagen den Zugang zum Internet.

Mittlerweile sind die Preise dafür so sehr gefallen, dass Surfen im Internet kein teures Vergnügen mehr sein muss. Achten Sie auf entsprechende Angebote, wird Ihnen auffallen, dass es einen DSL-Anschluss inklusive Flatrate-Tarif beispielsweise schon für weniger als 20 Euro pro Monat gibt. Dafür können Sie Ihren PC so oft und so lange mit dem Rechner des Internet-Providers verbinden, wie Sie möchten. Mit dem monatlichen Pauschalpreis sind alle Gebühren für den Zugang abgegolten, unabhängig davon, ob Sie viel oder wenig Zeit im Internet verbringen. Prinzipiell können Sie also Ihren Rechner immer mit dem Internet verbinden, sobald Sie ihn einschalten.

Programme fürs Internet – alles schon eingebaut
Über die nötigen Programme fürs Internet – die Software – müssen Sie sich übrigens keine großen Gedanken machen. Das wichtigste Programm, der Web-Browser zum Aufruf von Internetseiten, gehört bereits zur Grundausstattung.

Auch bei Apple-Computern gehört eine solche Software zum Lieferumfang. Ihre ersten Schritte ins Internet können Sie dann direkt unternehmen.

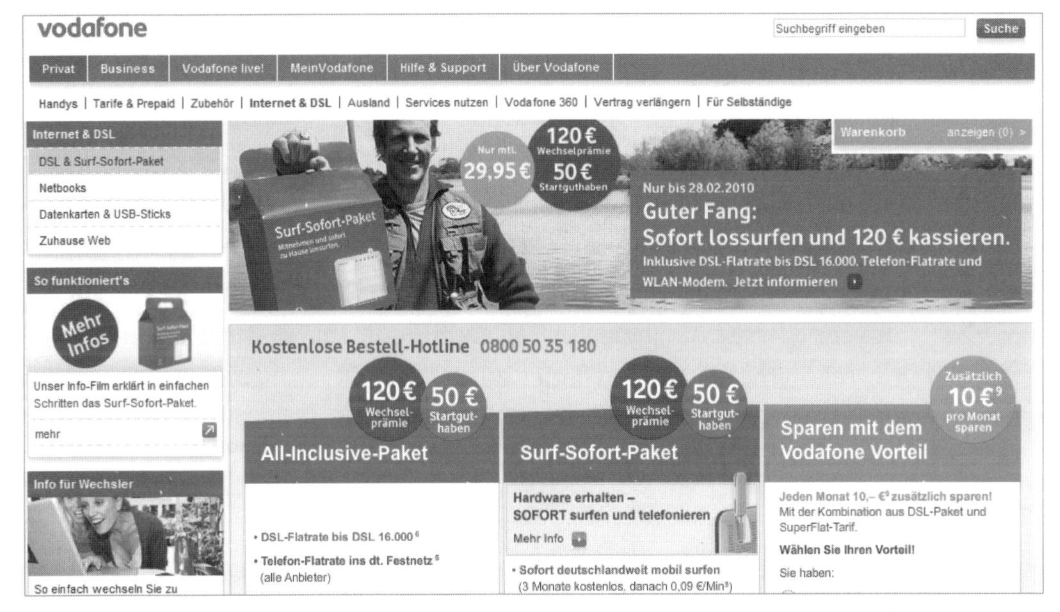

Bild 1.3 Angebote wie diese finden Sie inzwischen viele – es gibt zahlreiche Anbieter, die Ihnen DSL-Anschluss und Internet-Flatrate verkaufen möchten.

1.3 Zugangsmöglichkeiten

Mittlerweile gibt es zahlreiche Möglichkeiten für den Internetzugang. Zu den wichtigsten Unterscheidungskriterien gehört die Geschwindigkeit, mit der die Daten zwischen dem Internet und Ihrem Rechner übertragen werden. Bei den zunehmend außer Mode kommenden Schmalbandanbindungen, die über den Telefonanschluss (ISDN oder analog) geführt werden, fließen die Daten nur mit sehr geringen Geschwindigkeiten, um ein Vielfaches schneller sind dagegen die modernen Breitbandvarianten wie DSL oder Verbindungen via (TV-) Kabelanschluss.

Schmalband: Analog und ISDN

Lange Zeit führte der Weg ins Internet für Privatpersonen ausschließlich über den normalen Telefonanschluss. Je nachdem, ob ein analoger oder ein digitaler Anschluss (ISDN) vorhanden ist, reicht es aus, den PC über spezielle Zusatzgeräte (Modem bzw. ISDN-Adapter) mit der Telefonsteckdose zu verbinden, um ins Internet zu gelangen.

ISDN mit mehr Komfort

Zwischen der analogen und der digitalen Variante gibt es einige Unterschiede. So können Sie etwa während der Internetnutzung an einem analogen Telefonanschluss nicht gleichzeitig telefonieren, da hier nur eine einzige Leitung vorhanden ist, die für die Internetnutzung verwendet wird. Bei ISDN stehen dagegen zwei Leitungen zur Verfügung, sodass Sie auch während des Surfens telefonisch erreichbar bleiben.

ISDN bietet gegenüber dem analogen Anschluss zudem etwas höhere Übertragungsgeschwindigkeiten, und auch der Verbindungsaufbau geschieht hier deutlich schneller, sodass vieles für ISDN spricht. Allerdings hat ISDN auch einen Nachteil. So sind in vielen PCs und Notebooks die für den Anschluss an das analoge Telefonnetz notwendigen Modems bereits eingebaut, während die ISDN-Adapter nahezu immer zusätzlich angeschafft und an den Rechner angeschlossen werden müssen.

Bild 1.4 Auch in vielen neuen Rechnern sind immer noch analoge Modems eingebaut, eine entsprechende Buchse zum Anschluss des Kabels ist dann bereits vorhanden.

Im Vergleich zu den modernen Breitbandverbindungen, mehr dazu im nächsten Abschnitt, sind die Zugänge per Analogmodem oder ISDN-Adapter allerdings kaum noch konkurrenzfähig. Die Übertragungsgeschwindigkeit beträgt hier nur noch einen Bruchteil dessen, was etwa DSL- oder Kabelnetzzugänge ermöglichen. Im direkten Vergleich sind selbst einfache Breitbandanbindungen vierzig bis fünfzig Mal so schnell wie der Zugang per Modem oder ISDN. Viele Angebote im Internet sind daher über einen Schmalbandzugang gar nicht mehr sinnvoll nutzbar, etwa das Anschauen von Videos.

Bei Modem- und ISDN-Zugängen hat man jedoch die bequeme Option des sogenannten Internet-by-Call. Hierbei können Sie den Zugang zum Internet ohne langwierige Verträge mit einem Provider ausprobieren und zahlen nur für die Zeit, die Sie tatsächlich online sind. Bei einer nur sehr sporadischen Internetnutzung ist dies vergleichsweise günstig. Für einige der Internet-by-Call-Angebote benötigen Sie nicht einmal eine Anmeldung, da die Bezahlung über die normale Telefonrechnung erfolgt.

Eine dauerhafte Verbindung wie bei den Breitbandanschlüssen ist dagegen nicht sinnvoll. Zum einen entstehen dabei erhebliche Kosten, da Sie ja pro Online-Minute zahlen müssen, zum anderen belegen Sie hier permanent den Telefonanschluss bzw. eine der beiden ISDN-Leitungen, was ebenfalls unerwünscht sein dürfte.

Analog: Nur noch bedingt brauchbar

Der Internetzugang per analogem Telefonanschluss bzw. ISDN ist heute nur noch sehr eingeschränkt brauchbar. Höchstens wenn Sie nur sehr selten ein paar einfache Webseiten aufrufen oder E-Mails ohne größere Dateianhänge empfangen und verschicken, ist diese Zugangsart halbwegs brauchbar. Den Großteil der Angebote im Internet können Sie jedoch nur mit einem der deutlich schnelleren Breitbandzugänge sinnvoll nutzen.

1.4 DSL, Kabel, Mobilfunk und Satellit

Bei den modernen, schnellen Internetzugängen dominiert in Deutschland ganz eindeutig die DSL-Technik, erst seit kurzer Zeit gibt es vermehrt auch andere Breitbandangebote.

Standard: Die Verbindung per DSL

DSL ist die Abkürzung von Digital Subscriber Line. Die Technik gibt es in verschiedenen Varianten. Die derzeit gebräuchlichste ist ADSL, bei der die Datenübertragung aus dem Internet hin zum Rechner des Nutzers, dem sogenannten Download, um ein Vielfaches schneller ist als die Datenübertragung in Gegenrichtung (Upload). Diese asymmetrische Geschwindigkeit ist bei den meisten typischen Nutzungsmöglichkeiten mit keinen Einschränkungen verbunden, denn zumeist werden ja auch deutlich mehr Daten aus dem Internet abgerufen, als man selbst dorthin überträgt. Nahezu alle DSL-Angebote für Privatkunden basieren auf dieser Variante mit unterschiedlichen Geschwindigkeiten.

ADSL ermöglicht Downloadgeschwindigkeiten von 6 MBit/s, die verbesserte Variante ADSL 2+ sogar bis zu 16 MBit/s. Bei analogen Telefonzugängen bzw. ISDN liegt das Maximum dagegen bei 56.000 bzw. 64.000 Bit/s, dies entspricht in etwa 0,056 bzw. 0,064 MBit/s, also wie schon gesagt nur einem Bruchteil der DSL-Geschwindigkeit. Die tatsächlich nutzbare Geschwindigkeit an den DSL-Anschlüssen hängt jedoch von zahlreichen Einzelfaktoren ab, sodass viele Anschlüsse nur mit etwas geringeren als den angegebenen Geschwindigkeiten arbeiten.

Aber selbst mit einem DSL-Anschluss mit 3 MBit/s ist man immer noch mit etwa der 50-fachen Geschwindigkeit eines Modems bzw. ISDN-Zugangs im Internet unterwegs. Die Übertragung einer Datei ist daher um diesen Faktor schneller. Ein Video, für dessen Übertragung Sie per Modem etwa 50 Minuten benötigen, wird hier schon in einer Minute geladen.

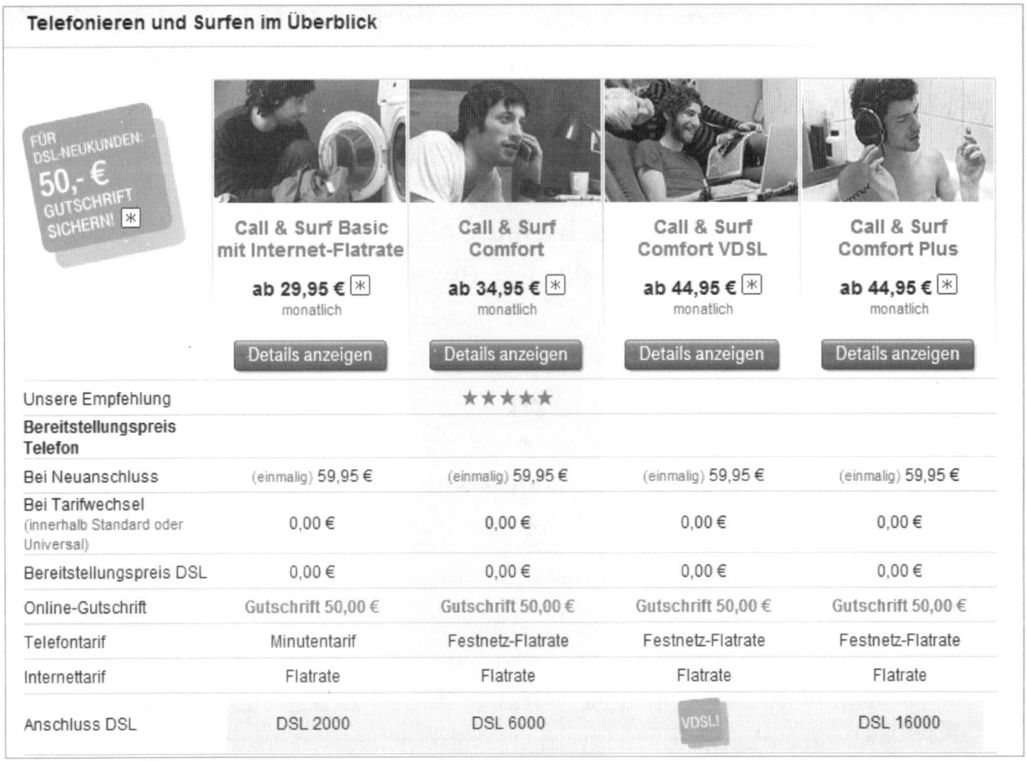

Telefonieren und Surfen im Überblick

FÜR DSL-NEUKUNDEN: 50,- € GUTSCHRIFT SICHERN! [*]

	Call & Surf Basic mit Internet-Flatrate	Call & Surf Comfort	Call & Surf Comfort VDSL	Call & Surf Comfort Plus
	ab 29,95 € [*] monatlich	ab 34,95 € [*] monatlich	ab 44,95 € [*] monatlich	ab 44,95 € [*] monatlich
	Details anzeigen	Details anzeigen	Details anzeigen	Details anzeigen
Unsere Empfehlung		★★★★★		
Bereitstellungspreis Telefon				
Bei Neuanschluss	(einmalig) 59,95 €	(einmalig) 59,95 €	(einmalig) 59,95 €	(einmalig) 59,95 €
Bei Tarifwechsel (innerhalb Standard oder Universal)	0,00 €	0,00 €	0,00 €	0,00 €
Bereitstellungspreis DSL	0,00 €	0,00 €	0,00 €	0,00 €
Online-Gutschrift	Gutschrift 50,00 €	Gutschrift 50,00 €	Gutschrift 50,00 €	Gutschrift 50,00 €
Telefontarif	Minutentarif	Festnetz-Flatrate	Festnetz-Flatrate	Festnetz-Flatrate
Internettarif	Flatrate	Flatrate	Flatrate	Flatrate
Anschluss DSL	DSL 2000	DSL 6000	VDSL!	DSL 16000

Bild 1.5 Bei der Telekom sind DSL-Geschwindigkeiten zwischen 2 und 16 MBit/s möglich, wobei die höheren Bandbreiten nicht an jedem Standort realisiert werden können.

VDSL mit noch höherer Geschwindigkeit

Noch schnellere Anschlüsse verspricht die VDSL-Technik, die zwischen 25 und 50 MBit/s ermöglicht. Hierüber können Sie beispielsweise auch hochauflösende Fernsehsendungen empfangen. Das VDSL-Netz ist derzeit jedoch nur in einigen Großstädten und bestimmten Regionen verfügbar.

DSL hat einen Marktanteil von über 90 Prozent bei den Breitbandanbindungen. Die allermeisten DSL-Anschlüsse werden mit Pauschaltarifen verkauft, den sogenannten Flatrates. Hierbei bindet sich der Kunde für eine Mindestvertragslaufzeit an einen

Provider und zahlt einen monatlichen Pauschalbetrag für die Internetnutzung. Man kann dann so lange mit dem Internet verbunden sein und so viele Daten übertragen wie man will, ohne dass zusätzliche Kosten über den Pauschalpreis hinaus anfallen.

Modem bei Vertragsabschluss als Zugabe

Für die Verbindung des Rechners an den DSL-Anschluss benötigen Sie ein DSL-Modem. Dieses Gerät können Sie bei vielen Internet-Providern sehr kostengünstig oder sogar gratis erhalten, wenn Sie gleich einen Vertrag mit zweijähriger Mindestlaufzeit abschließen. Oftmals werden dabei sogar die sehr komfortablen DSL-WLAN-Router angeboten. Diese Geräte erlauben zum einen den Anschluss nicht nur eines, sondern mehrerer Rechner an den Internetzugang, zum anderen kann die Verbindung zwischen den Rechnern und diesem Router drahtlos via Funknetz erfolgen, sodass Sie in Ihrer Wohnung keine zusätzlichen Kabel verlegen müssen und z. B. den Internetzugang mit einem Notebook bequem an unterschiedlichen Orten (Wohnzimmer, Arbeitszimmer oder auch Terrasse oder Balkon) nutzen können.

Bild 1.6 Einige Provider wie die Telekom bieten DSL-Router auch zur Miete an.

Für DSL werden dieselben Kabel und Anschlüsse wie beim Telefonanschluss verwendet. Es müssen also keine zusätzlichen, aufwendigen Neuanschlüsse gelegt werden. Lediglich ein zusätzliches kleines weißes Kästchen, der DSL-Splitter, wird üblicherweise an die Telefondose angeschlossen. Dieser Splitter trennt die Frequenzbereiche für die Sprachübertragung beim Telefonieren einerseits und die Datenübertragung beim Internetzugang andererseits. Mit diesem Splitter werden das DSL-Modem und das Telefon verbunden. Bei DSL wird durch die Internetnutzung der Telefonanschluss nicht beansprucht. Sie bleiben also auch dann telefonisch erreichbar, wenn Sie im Internet surfen.

DSL mit und ohne Telefonanschluss

Früher war die Nutzung eines konventionellen Telefonanschlusses (analog oder ISDN) eine zwingende Voraussetzung für einen DSL-Anschluss. Es gibt inzwischen auch neuartige Angebote, bei denen kein Telefonanschluss mehr benötigt wird. Sie können also auch Ihren Telefonanschluss abmelden und ausschließlich einen DSL-Anschluss buchen. Telefonieren können Sie dann jedoch nur noch via Internet per Voice-over-IP (VoIP). Allerdings ist die Ersparnis gegenüber einer Kombination aus Telefon- und DSL-Anschluss nicht sehr groß. Zudem hat das Telefonieren per Internet immer noch mit einigen Kinderkrankheiten zu kämpfen, sodass diese Variante nicht für jedermann uneingeschränkt empfehlenswert ist.

Obwohl DSL in vielen Gegenden Deutschlands verfügbar ist, gibt es immer noch einige weiße Flecken, in denen diese Technik nicht angeboten wird. Ob Sie an Ihrem Wohnort DSL bekommen können, erfahren Sie beispielsweise auf den Webseiten der Provider, die eine Verfügbarkeitsprüfung anbieten. (Allerdings handelt es sich bei den Ergebnissen dieser Online-Überprüfungen nur um unverbindliche Angaben. Es kann daher vorkommen, dass bei den endgültigen Tests während der Durchführung Ihres Auftrags festgestellt wird, dass Sie doch nur eine langsamere DSL-Anbindung nutzen können.)

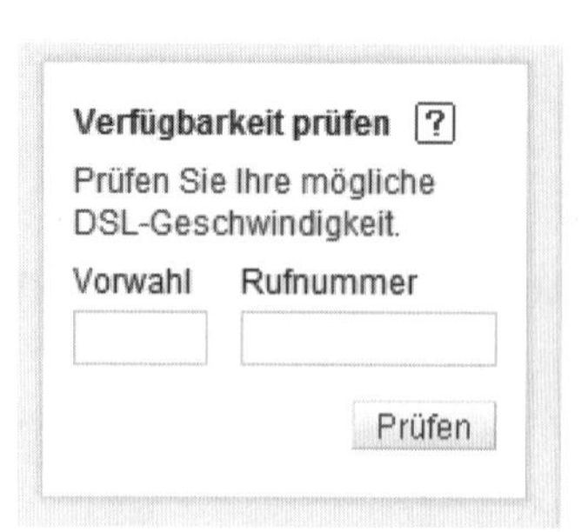

Bild 1.7 Für die Online-Verfügbarkeitsprüfung reicht die Angabe der Rufnummer Ihres Festnetzanschlusses aus.

Internet per Fernsehkabelanschluss

DSL ist zwar hierzulande die mit Abstand populärste Breitbandtechnik, doch es gibt durchaus einige interessante Alternativen. Mit etwas Glück können Sie beispielsweise auch über Ihren TV-Kabelanschluss ins Internet gehen, sofern Sie über einen solchen verfügen.

Denn seit einiger Zeit bieten auch die Betreiber von Kabelnetzen in immer mehr Regionen Internetzugänge an. Hierbei werden die Rechner über spezielle Kabelmodems mit den Fernsehkabelanschlüssen verbunden, die aufgerüstet werden müssen, um Datenübertragungen in beide Richtungen zu ermöglichen.

Im Hinblick auf die Übertragungsgeschwindigkeit und auch die Kosten sind die Internetkabelanschlüsse absolut gleichwertig mit den DSL-Angeboten, teilweise sogar noch etwas leistungsfähiger oder günstiger. So ermöglicht etwa die neueste Generation der Kabelzugänge Geschwindigkeiten bis zu 100 MBit/s, was nochmals höher liegt als die schnellsten DSL-Varianten. Allerdings befindet sich auch diese Technik erst in der Einführungsphase und ist zunächst nur in wenigen Versorgungsgebieten zu bekommen. Aber auch einfache Standardzugänge per Kabel bieten schon sehr hohe Übertragungsgeschwindigkeiten von 20 bis 30 MBit/s. Bei den Internetzugängen per Kabel sind ebenso wie bei den DSL-Anschlüssen Pauschaltarife (Flatrates) üblich.

Im Rahmen von Komplettangeboten gibt es bei den Kabelnetzbetreibern zusätzlich die Möglichkeit, auch das Telefonieren über den Kabelanschluss zu erledigen. In diesem Fall könnten Sie auf den zusätzlichen Telefonanschluss verzichten. Wenn Ihnen die zusätzliche Sicherheit durch einen unabhängigen Anschluss dies wert ist, können Sie den Telefonanschluss natürlich behalten und nur den Internetzugang beim Kabelanbieter buchen.

Bild 1.8 Kabelnetzbetreiber wie Kabel Deutschland bieten auch schnelle Internetzugänge, die teilweise noch höhere Geschwindigkeiten erlauben als VDSL.

Internet per Mobilfunk

Noch vor nicht allzu langer Zeit waren Datenübertragungen per Mobilfunk für den Durchschnittsbürger kaum zu bezahlen. Während in einigen konventionellen Mobilfunktarifen immer noch exorbitante Gebühren für die Internetnutzung anfallen, gibt es speziell für Surfer, die sich über die neuen UMTS-Netze einwählen, neuerdings auch bezahlbare Angebote.

Der Internetzugang per UMTS kann mittlerweile mit DSL- und Kabelangeboten mithalten, zumindest im Hinblick auf die Datenübertragungsgeschwindigkeiten. Bis zu 7,2 MBit/s sind beispielsweise in zahlreichen Regionen Deutschlands bereits möglich. Auch wenn sich in der Praxis nur etwas niedrigere Geschwindigkeiten realisieren lassen, können diese Zugänge gut mit einfachen DSL- oder Kabelanschlüssen mithalten. Entsprechende Angebote gibt es in den meisten Mobilfunknetzen (T-Mobile, Vodafone, O2 und E-Plus). Selbst in Gebieten, die noch nicht mit UMTS versorgt sind, etwa viele ländliche Regionen oder kleinere Städte, bieten die GSM-Netze mittlerweile meist Übertragungsgeschwindigkeiten, die vier- bis fünfmal so hoch sind wie an einem konventionellen Zugang per ISDN bzw. Analogmodem.

Für den Zugang zum Internet via Mobilfunknetz werden spezielle Hardwarekomponenten benötigt. Zumeist gibt es diese Geräte als kleine USB-Sticks, die einfach in den PC bzw. das Notebook eingesteckt werden. Auf diesen Sticks ist dann bereits alles enthalten, was für den Zugang zum Mobilfunknetz benötigt wird. Auch die notwendige Software zum Aufbau der Verbindung gehört zum Lieferumfang.

Bild 1.9 Falls bei Ihnen kein DSL- und Kabelanschluss verfügbar ist, kann eventuell ein schneller Zugang per Mobilfunknetz eine gute Alternative sein.

Begrenztes Übertragungsvolumen

Allerdings haben die Mobilfunkzugänge einen gravierenden Nachteil, denn obwohl diese Anschlüsse von den Anbietern zumeist ebenfalls als Pauschaltarife bzw. Flatrates beworben werden, gibt es hier eine nicht unerhebliche Einschränkung. So sehen die meisten Verträge Obergrenzen beim übertragenen Datenvolumen vor, die etwa bei 5 oder 10 GByte pro Monat liegen.

Zwar können diese Datenmengen bei durchschnittlicher Nutzungsintensität durchaus ausreichen, allerdings dürften Anwender, die insbesondere die Multimedia-Angebote im Internet intensiv nutzen, diese Grenzen schnell überschreiten. Geschieht dies öfter, drohen Zusatzkosten oder andere »Strafmaßnahmen« der Mobilfunk-Provider. Meist wird dann die Übertragungsgeschwindigkeit drastisch auf Analog-Modem-Geschwindigkeit eingeschränkt, was die Internetnutzung wieder beeinträchtigt.

Internet per Satellit

Der Internetzugang per Satellit setzt einigen Aufwand bei der technischen Ausstattung voraus. So muss bei einigen Angeboten eine spezielle Satellitenschüssel verwendet werden, die Daten vom Satelliten nicht nur empfangen, sondern auch senden kann. Ohne eine derartige Direktverbindung zum Senden und Empfangen muss für die Übertragung der Daten vom Rechner des Nutzers in das Internet immer noch eine zusätzliche Verbindung via Telefon genutzt werden, was die Satellitennutzung recht umständlich und auf Dauer auch teuer macht. Ohnehin liegen die Preise für die Satellitentechnik meist deutlich über denen von DSL- und Kabelangeboten.

Zudem führen die langen Übertragungswege zum Satelliten zu spürbaren Verzögerungen bei der Datenübertragung, die zum Beispiel bei der Internet-Telefonie oder bei Online-Spielen eine erhebliche Beeinträchtigung bedeuten.

Bild 1.10 Moderne Satellitenzugänge wie hier von Filiago kommen auch ohne zusätzliche Telefonverbindung zum Provider aus.

Satellitenanbindungen sind aufgrund der verschiedenen Nachteile gegenüber den Breitbandzugängen wie DSL oder Kabel daher eher eine Notlösung. Sie sind nur dann sinnvoll, wenn am jeweiligen Wohnort keine der anderen Breitbandanschlussvarianten verfügbar ist. Gegenüber den alten Schmalbandtechniken stellen sie jedoch in jedem Fall eine erhebliche Verbesserung dar.

1.5 Internetzugang per Analogmodem einrichten

Die Nutzung eines Internetzugangs per Analogmodem an einem konventionellen Telefonanschluss ist wie oben erwähnt nur eine Notlösung. Immerhin hat diese Variante auch einen Vorteil, denn in vielen Computern ist ein solches Analogmodem eingebaut, Bei Nutzung eines Internet-by-Call-Angebots können Sie auch ohne Provider-Vertrag oder Anmeldung sogar direkt einen ersten Ausflug ins Internet unternehmen, um sich hier einmal umzuschauen.

Wollen Sie sich auf diesem Weg ins Internet einwählen, müssen Sie lediglich den Rechner über das mitgelieferte Modemkabel mit der Telefondose verbinden und an Ihrem Rechner einmalig die entsprechenden Zugangsdaten für diese Verbindung eingeben. Zu diesen Daten gehören der Name und die Telefonnummer des jeweiligen Providers, mit dem sich Ihr PC für den Internetzugang verbinden soll.

In der folgenden Tabelle finden Sie die Daten einiger Anbieter, mit denen Sie sich problemlos ins Internet einwählen können.

Anbieter und Tarif	Zugangsdaten	Kosten
Arcor Internet by Call Basis fair 24	Zugangsnummer: 01920787 Benutzerkennung: arcor Hotline: 0800-1071020 Passwort: internet	max. 0,87 Cent/Min
Tele2 24profi	Zugangsnummer: 01936844 Benutzerkennung: TELE2 Passwort: TELE2 Hotline: 0800 – 01013 – 44	0,24 Cent/ Min
msn easysurfer power	Zugangsnummer: 0193670 Benutzerkennung: msn@easysurfer-power.de Passwort: msn Hotline: 01907-03101 (1,24 EUR/min)	1,17 Cent/ Min.

Alle Angaben vom Juni 2010 und ohne Gewähr; die Liste erhebt keinen Anspruch auf Vollständigkeit, sondern soll Ihnen nur helfen, eine erste Internetverbindung herzustellen.

Es geht auch ohne Vertrag

Es gibt viele Anbieter, die Ihnen gerne einen festen Zugang zum Internet verkaufen möchten. Allerdings sollten Sie nicht sofort einen Vertrag bei einem Online-Dienst oder einem der sogenannten »Service-Provider« abschließen. Erst wenn Sie Ihr Surfverhalten einigermaßen kennen, lohnt es sich, nach passenden Verträgen Ausschau zu halten. Was haben Sie davon, wenn Sie – gegen eine üppige Grundgebühr – zwar zehn oder zwanzig Freistunden im Monat erhalten, diese aber sowieso nie nutzen? Für den Anfang empfehlen wir Ihnen, eine Internet-by-Call-Verbindung einzurichten, bei der Sie keinerlei Vertragsbindung eingehen und problemlos von einem Anbieter zum nächsten wechseln können.

Um nun eine Internetverbindung mit einem solchen Internetprovider einzurichten, müssen Sie unter Windows 7 folgende Schritte durchführen:

1. Öffnen Sie die Systemsteuerung über *Start – Systemsteuerung*. Sie finden hier eine Kategorie *Netzwerk und Freigabecenter*. Dort klicken Sie auf den Eintrag *Neue Verbindung oder neues Netzwerk einrichten*.

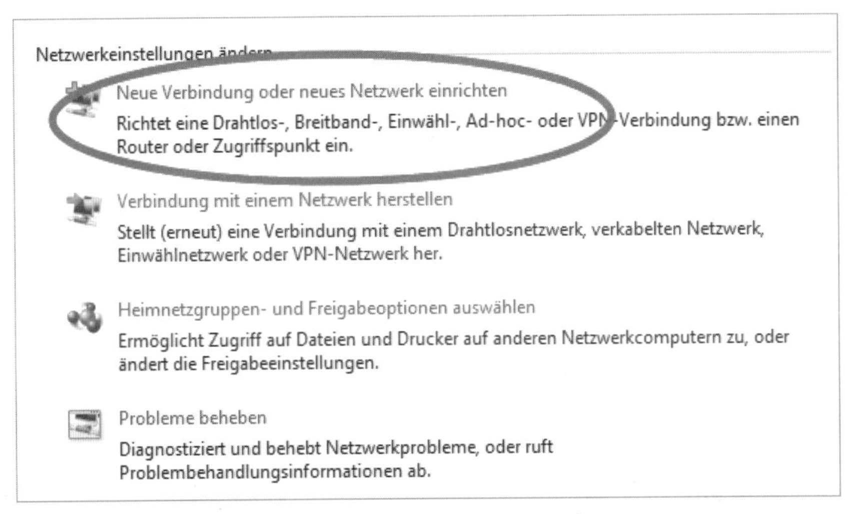

Bild 1.11 Über die Systemsteuerung und das Netzwerk- und Freigabecenter können Sie einen Internetzugang einrichten.

2. Es öffnet sich ein neues Fenster, dort klicken Sie auf den Eintrag *Wählverbindung* und dann auf *Weiter*.

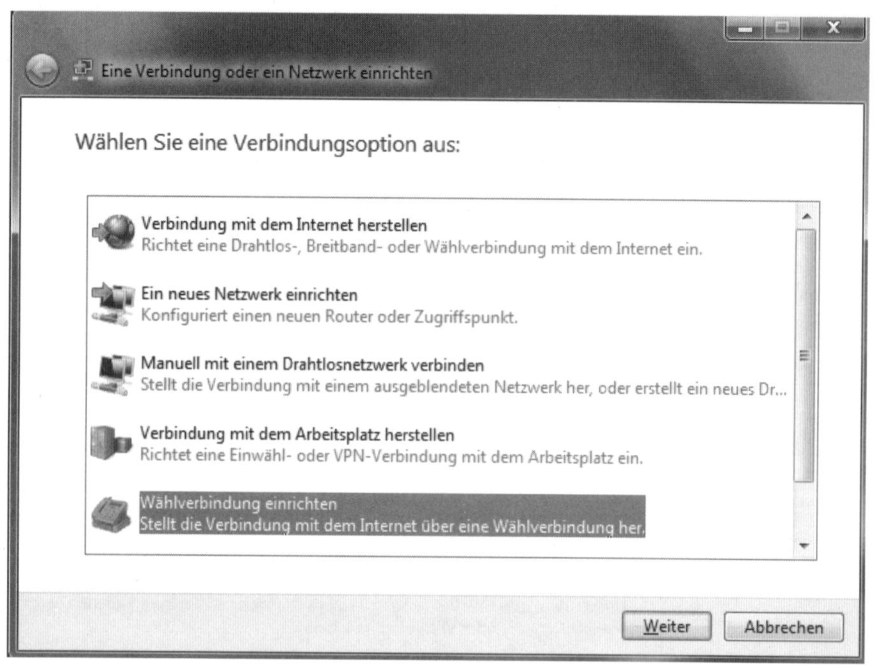

Bild 1.12 Windows kennt verschiedene Verbindungsarten. Für eine Modemverbindung klicken Sie auf *Wählverbindung einrichten*.

3. Im nächsten Dialogfeld müssen Sie nun alle Daten für den jeweiligen Anbieter eingeben. Dazu gehören die *Einwahlrufnummer*, der *Benutzername* und das *Passwort*. Im Feld *Verbindungsname* sollten Sie zudem noch einen aussagekräftigen Namen eingeben.

4. Entscheiden müssen Sie zudem, ob Windows das Passwort für den Internetzugang speichern soll – in diesem Fall aktivieren Sie die Option *Dieses Kennwort speichern*. Wenn Sie zukünftig eine Verbindung mit dem Internet herstellen, müssen Sie das Kennwort nicht erneut eingeben.

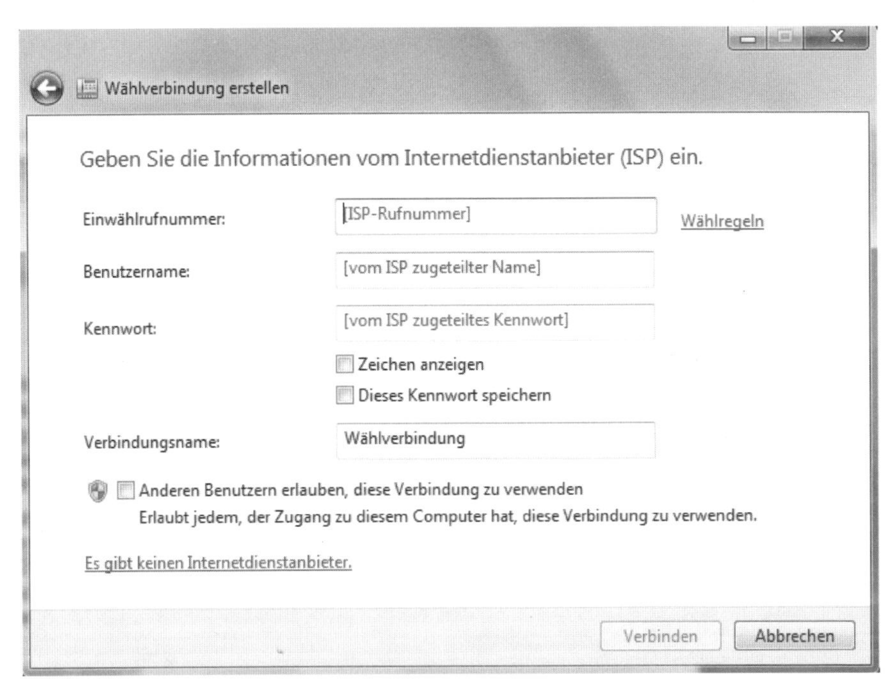

Bild 1.13 Sie müssen die Rufnummer für den Zugang, das Passwort und den Benutzernamen eingeben und der Verbindung einen Namen geben.

5. Haben Sie alle Daten eingegeben, können Sie nun sofort eine Verbindung zum Internet herstellen. Dafür klicken Sie einfach auf *Verbinden* – Windows wählt die angegebene Nummer und verbindet Ihren PC mit dem Internetcomputer des von Ihnen gewählten Providers.

6. Wollen Sie künftig eine Verbindung mit dem Internet herstellen, geht das deutlich schneller und einfacher: Rufen Sie den Internet Explorer auf. Dieser merkt, dass noch keine Verbindung ins Internet besteht, und zeigt ein entsprechendes Fenster an, um die Wählverbindung aufzubauen.

Verbindung zum Internet trennen

Solange Sie über einen Internet-by-Call-Zugang eine Verbindung mit dem Internet hergestellt haben, tickt auch der Gebührenzähler – egal, ob in dieser Zeit Daten aus dem Internet geladen werden oder nicht. Sie sollten daher die Verbindung zum Internet wieder trennen, wenn Sie genug gesurft haben.

Nach dem Verbindungsaufbau wird in der Taskleiste von Windows ein Symbol mit zwei Monitoren für die aktive Internetverbindung eingeblendet. Über dieses Symbol können Sie die Verbindung auch jederzeit wieder trennen.

Dazu klicken Sie dieses Symbol mit der rechten (!) Maustaste an. (Durch ein Anklicken eines Objekts mit der rechten Maustaste öffnet sich unter Windows das Kontextmenü, in dem Sie verschiedene situationsabhängige Aktionen aufrufen können.) Klicken Sie hier auf den Eintrag *Verbindung trennen von* und wählen Sie dann den Namen der aktuell genutzten Wählverbindung aus.

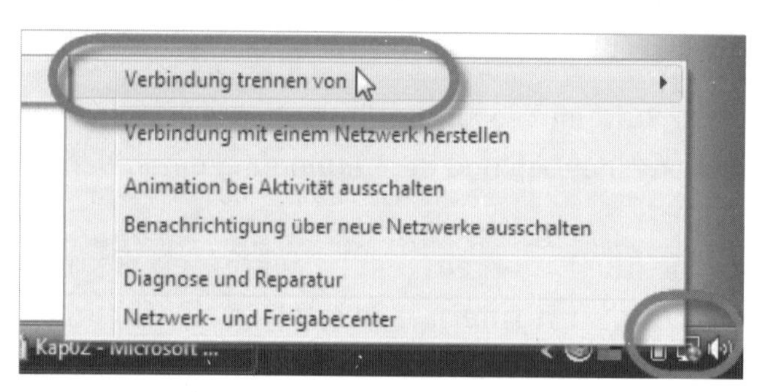

Bild 1.14 Mit einem Rechtsklick auf das Verbindungs-Symbol können Sie die Internetverbindung wieder trennen.

Daraufhin sollte das Symbol für die Verbindung mit einem roten Kreuz gekennzeichnet bzw. ganz verschwunden sein. Ist dies der Fall, ist die Verbindung ordnungsgemäß beendet.

1.6 Den richtigen Provider auswählen

Internet-Provider bieten mittlerweile zahlreiche Tarife mit unterschiedlichsten Konditionen und Leistungen an, sodass ein Vergleich sehr schwer fällt. Es gibt allerdings verschiedene Hilfsmittel, mit denen Sie doch recht leicht den für Sie optimalen Anbieter finden.

Preisvergleich für Internet-by-Call

Wollen Sie zunächst per Modem oder ISDN ins Internet, lässt sich dies wie bereits erwähnt recht einfach über die Internet-by-Call-Angebote realisieren. Daneben gibt es auch Angebote, die zuvor eine Anmeldung erfordern und bei denen dann auch eine separate Rechnungsstellung erfolgt. Vorteile dieser Angebote sind mehr oder weniger umfangreiche Zusatzdienste oder auch etwas günstigere Preise, wobei sich der Preisvorteil jedoch zumeist erst bei sehr intensiver Nutzung wirklich bemerkbar macht.

Bei vielen Schmalbandangeboten gibt es Preisdifferenzierungen je nach Tageszeit oder Wochentag. Surfen am Abend oder am Wochenende kann dann deutlich günstiger sein als unter der Woche oder tagsüber. Durch diese Preisunterschiede wollen die Provider zusätzliche Kunden anlocken. Häufig ist es jedoch so, dass sehr günstige Konditionen zu bestimmten Zeiten durch hohe Preise in den anderen Zeiten ausgeglichen werden. Die Nutzung derartiger Angebote ist daher nur dann angeraten, wenn Sie sich sehr intensiv mit diesen Angeboten befassen und die teuren Zeiten wirklich vermeiden und auf andere Zugänge ausweichen.

Kostenfalle durch Preissprünge

Vorsichtig sollten Sie auch bei besonders günstigen Tarifen sein, die deutlich unter dem Durchschnittspreis liegen. Nicht selten heben die Anbieter die Preise dieser Angebote kurzfristig und ohne klaren Hinweis deutlich an und verlangen dann ein Vielfaches der früheren Minutenpreise. Hier müssen Sie möglichst regelmäßig überprüfen, ob die ursprünglichen günstigen Preise für einen Zugang immer noch gültig sind oder inzwischen angehoben wurden.

Mit einigen Zusatzprogrammen für Ihren Rechner können Sie jederzeit ermitteln, welcher Provider jeweils die günstigsten Tarife anbietet. Zu den bekanntesten Programmen dieser Art gehört etwa SmartSurfer, das Sie auf der Homepage des Internetanbieters Web.de (*www.web.de*) herunterladen können.

Bild 1.15 Surfen Sie per Modem oder ISDN, können Sie mit dem SmartSurfer einiges an Kosten sparen.

Internet-Vergleichsdienste

Im Internet gibt es aber auch zahlreiche Webseiten, auf denen Sie sämtliche Zugangstarife vergleichen können, also insbesondere auch Angebote von Breitbandzugängen.

Zu den bekanntesten Angeboten dieser Art gehören etwa Billiger Surfen (*www.billiger-surfen.de*) oder auch der auf Breitbandangebote (DSL und Kabel) spezialisierte DSL-Tarifvergleich (*www.dsl-tarifvergleich.de*).

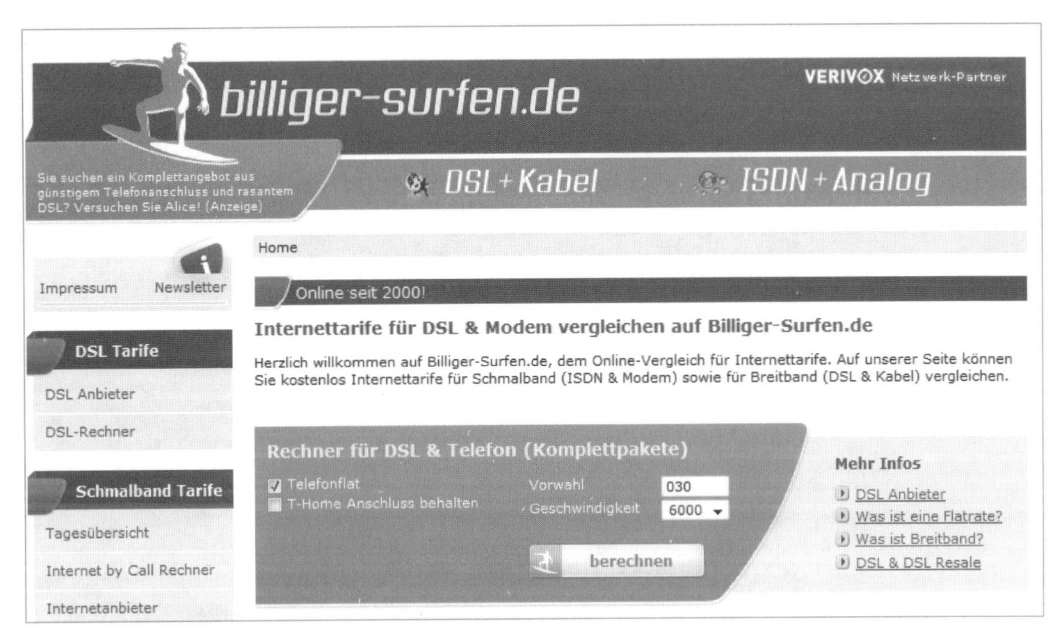

Bild 1.16 Über Tarifvergleiche im Internet finden Sie schnell die günstigen Angebote.

Erschwert wird ein Preisvergleich jedoch durch die vielen Unterschiede der Angebote in den Details. Zu den wichtigsten Unterscheidungskriterien gehört die Geschwindigkeit. Je schneller der DSL-Anschluss ist, desto mehr muss üblicherweise auch gezahlt werden. Zudem gibt es ein mehr oder weniger umfangreiches Zusatzangebot, etwa Speicherplatz für eigene Webseiten oder E-Mail-Adressen etc. Diese Extras stellen allerdings nur dann einen Wert dar, wenn sie tatsächlich genutzt werden. Häufig werden zudem Internet-Flatrates zusammen mit Telefonpauschaltarifen angeboten, was einen Vergleich weiter erschwert.

Viele Internet-Provider versuchen auch durch zeitlich befristete Sonderaktionen Kunden zu gewinnen. Allzu sehr sollte man sich von diesen Aktionen jedoch nicht beeinflussen lassen, denn erfahrungsgemäß sind diese Sonderangebote häufig länger verfügbar als ursprünglich angekündigt oder werden nach kurzer Zeit in ähnlicher Form neu aufgelegt. Andererseits spricht natürlich nichts dagegen, einen Preisvorteil auf diesem Wege mitzunehmen, wenn Sie ohnehin einen Neuanschluss erwägen.

Schließlich gibt es mittlerweile auch eine regionale Staffelung der Anschlusspreise. In Großstädten oder Ballungsgebieten erhalten die Kunden mitunter einen Preisnachlass, während Nutzer in Kleinstädten oder auf dem Land höhere Preise zahlen müssen.

Telefonanschluss behalten oder nicht?

Breitbandanschlüsse können mittlerweile nicht nur für den Internetzugang genutzt werden, sondern sie können auch den herkömmlichen Telefonanschluss ersetzen, indem Telefonate über das Internet geführt werden. Diese Internet-Telefonate (VoIP – Voice over Internet Protocol) ist sowohl per DSL- als auch Kabelanschluss möglich. Im Vergleich zum normalen Telefonanschluss bringt VoIP jedoch einige Nachteile mit sich, wie etwa teilweise eingeschränkte Qualität, Probleme bei der Erreichbarkeit von Sonderrufnummern oder Schwierigkeiten bei der Nutzung von Notrufnummern. Die Kostenvorteile von VoIP-Verbindungen sind zudem im Vergleich zur Nutzung günstiger Call-by-Call-Anbieter meist nur minimal und lohnen sich daher oft nur in Ausnahmefällen.

1.7 DSL-Internetzugang einrichten

Mit einem Windows-PC per DSL-Zugang ins Internet zu gelangen ist im Grunde noch einfacher als bei der Nutzung eines analogen Modems. Wie Sie den DSL-Zugang genau einrichten, hängt weitgehend auch davon ab, ob Sie ein einfaches DSL-Modem direkt an Ihrem Rechner betreiben oder einen sogenannten DSL-Router. Die Nutzung eines Routers hat verschiedene Vorteile. Vor allem können Sie an ein solches Gerät mehrere

Rechner anschließen, sodass sich bei Bedarf auch mehrere Geräte parallel mit dem Internet verbinden lassen. Der Router ist dann die Schaltstation zwischen den Rechnern in Ihrem Haushalt und dem Internet und sorgt dafür, dass die Datenströme jeweils an ihre richtigen Bestimmungsorte gelangen.

Nochmals mehr Komfort als die einfachen DSL-Router, bei denen die Rechner per Netzwerkkabel angeschlossen werden, bieten die WLAN-DSL-Router, die zusätzlich noch ein Funkmodul beinhalten, sodass auf eine aufwendige Verkabelung zwischen den Rechnern und dem Router verzichtet werden kann und ein kabelloses Surfen möglich wird. Vor allem bei Nutzung eines Notebooks bietet diese Technik große Vorteile. So können Sie dann nicht nur im Arbeitszimmer ins Internet gehen, sondern bei Bedarf auch schnell mal im Wohnzimmer im Internet etwas nachschauen oder beispielsweise im Sommer bequem von der Terrasse oder dem Balkon aus Ihre E-Mails abrufen. Auch viele andere mobile Geräte, die für den Internetzugang geeignet sind, verfügen über eingebaute WLAN-Technik. Hierzu gehören etwa die sogenannten Smartphones, also intelligente Handys, die ebenfalls für die Internetnutzung geeignet sind.

Die meisten DSL-Nutzer verwenden daher mittlerweile einen solchen WLAN-DSL-Router für den Internetzugang, zumal diese Geräte bei einem Vertragsabschluss von den Providern auch zu einem stark vergünstigten Preis oder sogar zum Nulltarif angeboten werden.

Wie genau der Breitbandanschluss hergestellt wird, hängt ganz von der jeweiligen Zugangstechnik und der genutzten Hardware ab. Zudem gibt es bei einigen Providern, etwa dem größten Anbieter T-Com, eine spezielle Zugangssoftware, die Sie auch bei der Einrichtung des Zugangs unterstützt. Auch bei der Nutzung eines Mobilfunkzugangs per UMTS-Modem liefern die Mobilfunkanbieter eine Software für die Herstellung der Verbindung mit.

Sie können diese Anwendungen der Provider nutzen, müssen dies aber nicht tun, sondern können mit Ihren Zugangsdaten eine ganz normale Verbindung zum Internet herstellen und beliebige Standardprogramme verwenden. Für welche Variante Sie sich entscheiden, ist meist Geschmackssache. Während die einen Anwender den Komfort und die Bequemlichkeit der vorgefertigten Provider-Lösungen schätzen, ziehen andere die größere Flexibilität und Freiheit eines normalen Zugangs ohne diese vorgefertigten Anwendungen vor.

Bild 1.17 Provider wie T-Online bieten eine spezielle Zugangssoftware an, die Sie nutzen können, aber nicht müssen.

Die Vielzahl der Einrichtungsarten können wir an dieser Stelle nicht umfassend beschreiben. Die folgenden Ausführungen beziehen sich daher ausschließlich auf die Nutzung eines Zugangs per DSL-Router bzw. WLAN-DSL-Router.

1.8 Eine Verbindung per drahtlosem Netzwerk (WLAN) herstellen

Bei der Nutzung eines DSL-Routers werden die Einstellungen zum Internetzugang sowie die Zugangsdaten direkt auf dem Router und nicht auf dem Rechner gespeichert. Verbinden Sie den Computer zunächst über ein Netzwerkkabel und den Ethernet-Anschluss mit dem Router, gelangen Sie ohne weitere Einstellungen ins Internet. Ein solches Netzwerkkabel liegt den meisten Routern bei. Den Router wiederum verbinden Sie zudem mit dem DSL-Splitter, der wiederum an die TAE-Anschlussdose (also den Telefonanschluss) angeschlossen ist.

Die notwendige Einstellung bzw. Konfiguration des Routers nehmen Sie üblicherweise an Ihrem Rechner und über den Web-Browser vor. Haben Sie den eingeschalteten Router und Ihren Rechner mit einem Netzwerkkabel verbunden, starten Sie auf dem Computer den Browser. Hier tragen Sie zunächst eine bestimmte aus einer Ziffernfolge bestehende Adresse (die private IP-Adresse des Routers) in die Adresszeile des Web-Browsers ein. Meist beginnt diese Adresse mit den Werten *192.168*, wobei dann noch einige andere Ziffern folgen. Manche Router können auch über einen Namen erreicht werden (z. B. *fritz.box* bei den weit verbreiteten DSL-Routern von AVM). Die genauen Angaben dazu sollten Sie in der Router-Bedienungsanleitung finden.

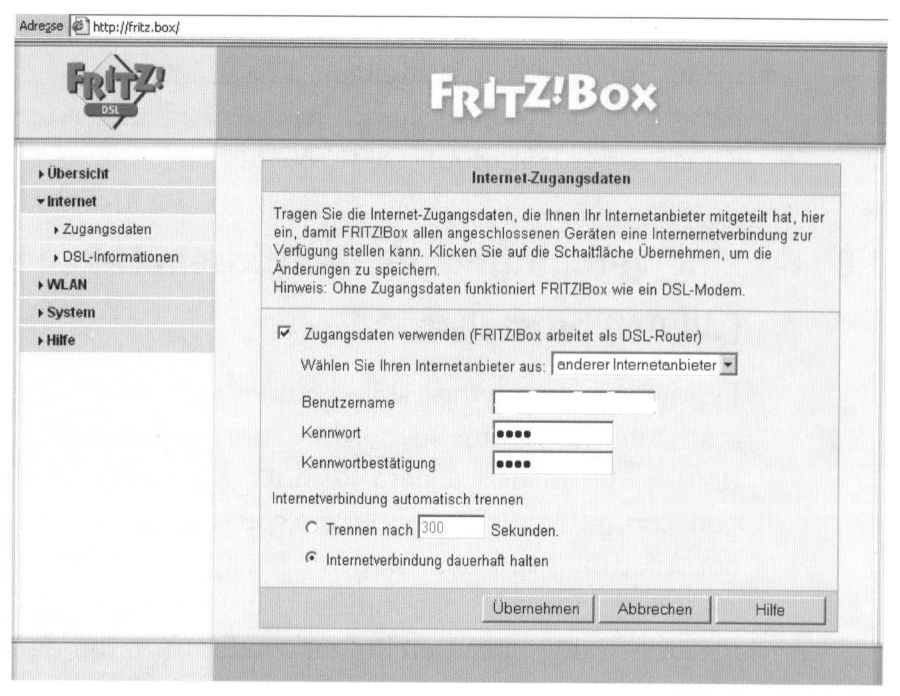

Bild 1.18 Bei Nutzung eines Routers richten Sie den Internetzugang auf dem Router selbst ein, indem Sie über den Web-Browser die notwendigen Einstellungen vornehmen.

Anschließend gelangen Sie in das Konfigurationsmenü des Routers. In jedem Fall müssen Sie hier die Zugangsdaten (Benutzername und Passwort) angeben und meist auch den jeweiligen Internet-Provider aus einer Liste auswählen. Die meisten anderen Einstellungen können übernommen werden. Auch hierzu sollten Sie weitere Details in der Anleitung finden.

WLAN ausschließlich mit Verschlüsselung verwenden

Beherrscht der DSL-Router auch noch die WLAN-Funktechnik für die drahtlose Anbindung Ihres PCs bzw. Notebooks, sollten Sie in jedem Fall die WPA-Verschlüsselung verwenden, da andernfalls Dritte unbemerkt Ihren Internetzugang nutzen können. Sollte dies passieren, könnten Sie erhebliche Schwierigkeiten bekommen, wenn ein Unbekannter Ihren Internetzugang für illegale Aktivitäten benutzt und urheberrechtlich geschützte Spielfilme oder Musik aus Tauschbörsen herunterlädt. Schlimmstenfalls müssten Sie als Anschlussinhaber im Rahmen der sogenannten Störerhaftung für die Schäden aufkommen. Bei vielen neueren WLAN-DSL-Routern ist diese WLAN-Verschlüsselung daher oftmals schon ab Werk aktiviert.

Falls dies nicht der Fall ist, sollten Sie die WPA bzw. WPA2-Verschlüsselung auf dem Router unbedingt selbst einschalten. Dazu müssen Sie noch ein Passwort (bzw. den Netzwerksicherheitsschlüssel, wie Windows dieses Passwort nennt) eingeben. Dieses Passwort müssen Sie anschließend auch auf Ihrem Rechner eingeben, um sich mit dem WLAN verbinden zu können.

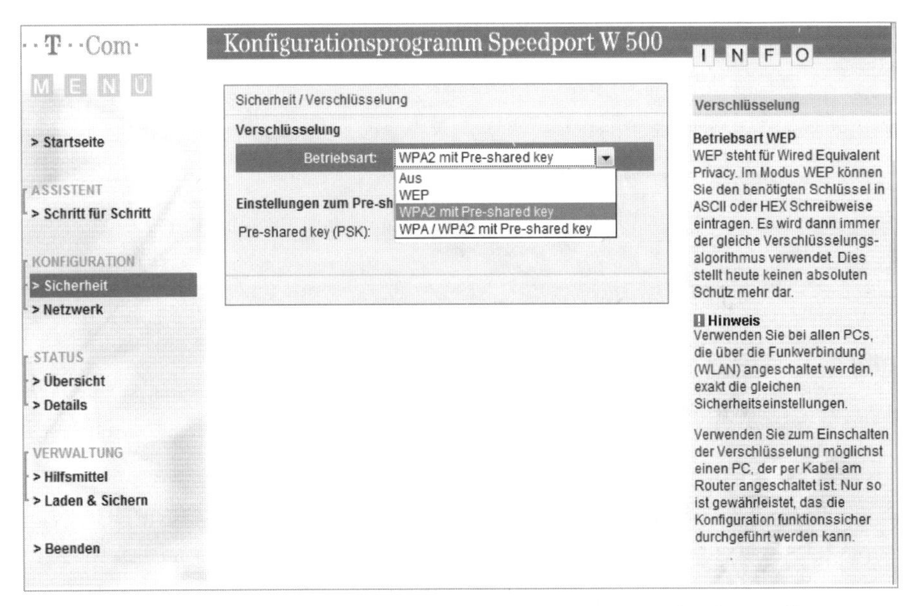

Bild 1.19 Bei Nutzung eines WLAN-Zugangs sollte am Router unbedingt die WPA- bzw. WPA2-Verschlüsselung aktiviert werden.

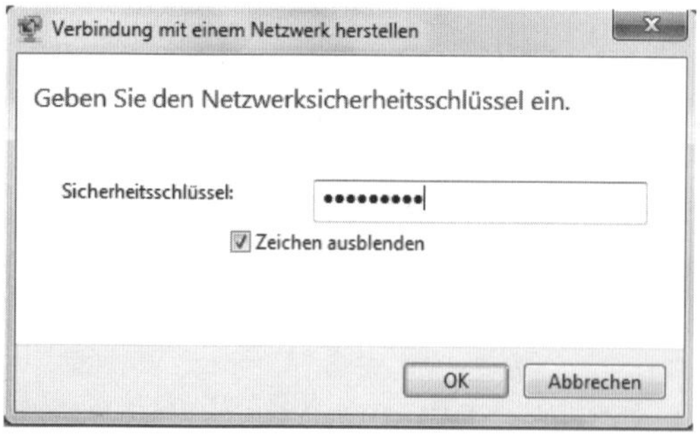

Bild 1.20 Windows fragt Sie nach dem Passwort für den WLAN-Zugang.

Bei eingeschaltetem WLAN erkennt Windows das drahtlose Netzwerk und fordert Sie beim Aufbau der Verbindung auf, das Passwort einzugeben. Dieses Passwort wird auf dem Rechner gespeichert und bei künftigen Verbindungen zu Ihrem WLAN automatisch verwendet.

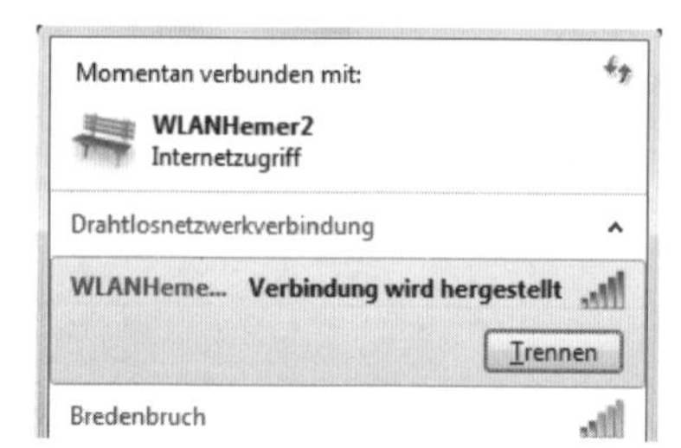

Bild 1.21 Haben Sie das Passwort richtig eingegeben, wird die Verbindung per WLAN hergestellt.

WEP-Verschlüsselung nicht mehr ausreichend

Neben WPA beherrschen WLAN-Geräte noch eine andere Verschlüsselungstechnik namens WEP. Allerdings ist die WEP-Verschlüsselung längst nicht mehr sicher und lässt sich mit frei im Internet zugänglichen Programmen in wenigen Sekunden knacken. Ein echter Schutz ist daher nicht möglich. Sie sollten sich bei der Auswahl der Verschlüsselung daher stets für WPA entscheiden. Die aktuelle Variante dieses Standards ist WPA2, die von den meisten Geräten unterstützt wird.

Zudem sollte das Passwort ausreichend sicher sein, sodass es nicht durch einfaches Ausprobieren geknackt werden kann. Sichere Passwörter sollten möglichst lang sein (WPA bzw. WPA2 erlaubt bis zu 63 Zeichen), zudem empfiehlt es sich, Ziffern und Buchstaben zu kombinieren.

1.9 Fehlersuche an der Internetverbindung

Das ist ärgerlich: Sie sind sicher, alles richtig gemacht zu haben, doch die Verbindung ins Internet will einfach nicht zustande kommen. Dann heißt es einmal tief durchatmen und sich systematisch an die Fehlersuche machen, denn oft steckt der Fehlerteufel im Detail.

Zuerst die Geräte überprüfen

Als Erstes sollten Sie die einzelnen Geräte überprüfen, die für Ihre Verbindung ins Internet zuständig sind. Das sind insbesondere (bei einer DSL-Verbindung) der Splitter, das DSL-Modem und der Router. In der Regel benötigen alle diese Geräte eine eigene Stromversorgung – überprüfen Sie, ob der Stecker des Gerätes oder das Netzteil richtig in der Steckdose sitzt und ob auch die Verbindung zum Gerät funktioniert. Häufig haben die Geräte eine Kontrolllampe. Leuchtet diese, können Sie zumindest sicher sein, dass das Gerät mit Strom versorgt wird.

DSL-Router haben zumeist Kontrolllampen für die Anbindung an das DSL-Netz (DSL), eine bestehende Verbindung ins Internet (Online) sowie eine WLAN-Verbindung (WLAN).

Verbindungen überprüfen

Danach sollten Sie die Kabelverbindungen zwischen den verschiedenen Geräten überprüfen. Manchmal gibt es mehrere Buchsen, in die ein Stecker passt, doch nur eine ist die richtige.

Stellen Sie zudem sicher, dass Sie die richtigen Kabel verwenden. Auch hier gibt es teilweise kleine, aber feine Unterschiede. Beispielsweise existieren Netzwerkkabel in zwei verschiedenen Ausführungen, eine normale und eine mit vertauschten Adern. Diese Kabel sind eigentlich nur für eine Direktverbindung von PC zu PC gedacht; Router können mit ihnen Probleme bekommen. Benutzen Sie die vom Hersteller mitgelieferten Kabel, sind Sie auf der sicheren Seite.

Testen sollten Sie auch, ob alle Geräte in der richtigen Reihenfolge angeschlossen wurden: Direkt nach der Telefondose wird der Splitter angeschlossen, der das Signal in einen Bereich fürs Telefon und einen für das Internet aufteilt. An den Bereich für das Internet wird das DSL-Modem angeschlossen und daran wiederum der Router oder direkt der PC.

Passwort vergessen? Benutzerdaten prüfen

Sind alle Geräte und ihre Verbindungen überprüft, sollten Sie nachschauen, ob Sie bei der Eingabe der Verbindungsdaten nicht vielleicht einen Fehler gemacht haben. Benutzername und das Kennwort müssen exakt so eingegeben werden, wie vom Internet-Provider vorgegeben. Besonders das Kennwort kann man schnell falsch eingeben, denn anstelle des Wortes zeigt Windows nur Sternchen an.

Windows-Hardware und -Einstellungen prüfen

Sind Sie sicher, auch die Benutzerdaten alle richtig eingegeben zu haben, sollten Sie Ihre Hardware (Modem bzw. Netzwerkkarte) etwas genauer unter die Lupe nehmen. Schauen Sie zunächst nach, ob die Geräte korrekt von Windows erkannt wurden.

1. Klicken Sie dazu auf das Windows-Symbol links unten am Bildschirm, um das Windows-Startmenü anzeigen zu lassen. Wählen Sie dort den Eintrag *Systemsteuerung*.

2. Wählen Sie nun in der Kategorie-Ansicht *Hardware und Sound* und klicken danach auf *Geräte-Manager*.

3. Es öffnet sich ein neues Fenster: Sie sehen hier alle installierten und von Windows erkannten Geräte im Überblick. Gibt es hier ein Zeichen, das mit einem gelben oder roten Ausrufezeichen versehen ist, hat Windows Probleme, mit diesem Gerät zusammenzuarbeiten.

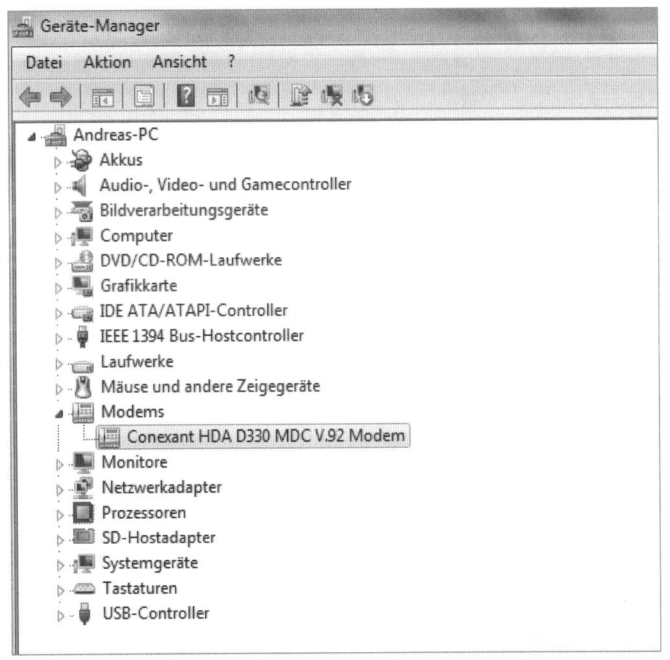

Bild 1.22 Keine Probleme – bei diesem PC hat Windows alle Geräte richtig erkannt und installiert.

4. Führen Sie in diesem Fall einen Doppelklick auf das betreffende Symbol aus, sodass sich ein neues Fenster öffnet.

5. Dort wechseln Sie in den Reiter *Treiber* und klicken auf *Treiber aktualisieren*. Windows wird nun versuchen, ein neues Treiberprogramm für die Hardware zu finden – meist liegt dort nämlich das Problem, wenn Geräte nicht funktionieren.

Arbeiten Sie mit einem externen Modem, sollten Sie zudem das Gerät selbst etwas genauer unter die Lupe nehmen. Sind alle Stecker richtig eingesteckt? Muss das Modem eventuell eingeschaltet werden? Leuchten – falls vorhanden – eine oder mehrere Betriebslampen? Auch bei einer Netzwerkkarte können Sie eventuell feststellen, ob diese in Betrieb ist. Viele Karten haben eine oder zwei Leuchtdioden, die beim Datenaustausch blinken. Sie müssen dafür auf der Rückseite Ihres PCs nachschauen.

Wenn es immer noch nicht geht ...

Funktioniert der Zugang auch jetzt noch nicht, sollten Sie nicht davor zurückschrecken, professionelle Hilfe in Anspruch zu nehmen. Viele mögliche Fehlerquellen haben Sie nun schon ausgeschlossen – da kann es gut sein, dass das Problem gar nicht bei Ihnen liegt, sondern vielleicht die DSL-Leitung nicht richtig funktioniert. Falls Sie sich per Analogmodem bei einem Internet-Provider einwählen, sollten Sie dessen Zugangsnummer einfach mit dem normalen Telefon wählen. Sie sollten dann das Verbindungsgeräusch des Provider-Modems hören – das klingt ungefähr so wie ein Faxgerät. Ist nichts zu hören, versuchen Sie es mit einem anderen Provider.

Installationsservice nutzen

Einige größere Provider, wie etwa die Telekom, bieten Neukunden auch einen Installationsservice an. Für Anwender, die keinerlei technische Grundkenntnisse haben, kann die Nutzung dieser Dienste angeraten sein. Dann kommt ein Servicetechniker ins Haus und richtet den Zugang ein, sodass Sie in jedem Fall eine Verbindung ins Internet herstellen können. Allerdings lassen sich die Unternehmen diesen zusätzlichen Service auch gesondert vergüten und verlangen dafür einmalig rund 60 bis 100 Euro.

Kapitel 2
Ihre ersten Schritte im Internet

Wenn die Internetverbindung eingerichtet und aktiv ist, können Sie mit Ihrem PC das Internet auf verschiedene Art und Weise nutzen. Sie können beispielsweise Webseiten aufrufen, E-Mails senden und empfangen oder beispielsweise auch mit anderen Internetnutzern schriftliche Kurznachrichten austauschen, was üblicherweise als chatten bezeichnet wird. Die bekannteste Nutzungsmöglichkeit ist das Surfen im Web, und das wollen wir Ihnen nun etwas näher vorstellen.

2.1 Das wichtigste Internetprogramm: Der Browser

Der wohl bekannteste Dienst im Internet ist das World Wide Web (WWW), meist kurz Web genannt. Über das Web sind zahllose Webseiten bzw. Dokumente zugänglich, die auf Abermillionen sogenannter Websites angeboten werden. Um diesen Teil des Internets nutzen zu können, benötigen Sie ein spezielles Programm, das diese Webseiten bzw. Dokumente anzeigen kann. Solche Programme sind die Browser bzw. Web-Browser. Sie wandeln den HTML-Code, in dem die Webseiten erstellt werden, in die Seiten aus Text, Bildern und Animationen um, die Sie dann auf dem Computerbildschirm angezeigt bekommen.

Zu Windows gehört der Internet Explorer, der bei der Installation von Windows auch gleich eingerichtet wird. Sie können dieses Programm also jederzeit starten und Ihre Ausflüge ins Web beginnen.

Freie Browser-Auswahl

Nach einigen Rechtsstreitigkeiten mit den europäischen Kartellbehörden ist Microsoft jetzt verpflichtet, allen Nutzern eine zusätzliche Wahlmöglichkeit bei der Windows-Installation anzubieten. Sie können daher optional auch einen anderen Browser auswählen und nutzen. Diese Möglichkeit besteht aber ohnehin zu jedem beliebigen Zeitpunkt, sodass es keine Rolle spielt, ob Sie dieses Angebot annehmen oder zunächst doch den Internet Explorer verwenden.

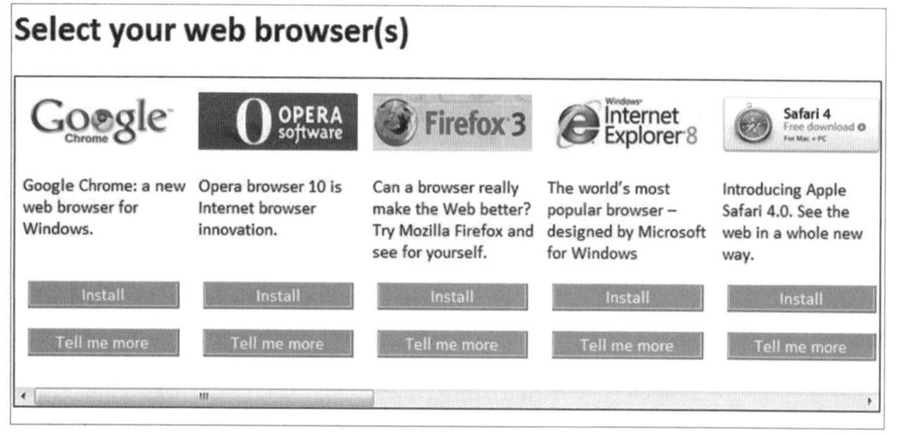

Bild 2.1 Windows bietet neuerdings eine explizite Auswahlmöglichkeit zur Bestimmung des Browsers.

Die entsprechende Option zur Auswahl des Browsers finden Sie beispielsweise im Bereich *Standardprogramme* in der *Systemsteuerung*. Zudem fragen die Browser üblicherweise beim Start nach, ob man sie zum Standardbrowser machen möchte, und schließlich finden Sie auch noch in den Browser-Optionen entsprechende Einstellungsmöglichkeiten.

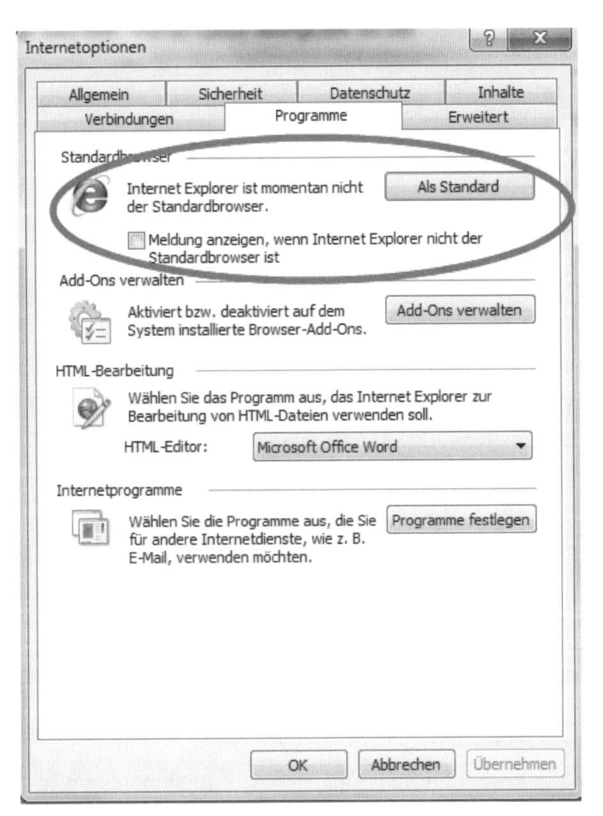

Bild 2.2 Den Internet Explorer können Sie beispielsweise über *Extras – Internetoptionen – Programme* jederzeit wieder zum Standardbrowser machen.

Zur Wiedergabe bestimmter Inhalte, etwa Videos, Audiosequenzen oder aufwendige Animationen, die auf immer mehr Webseiten eingebunden sind, benötigen die Browser allerdings meist noch Unterstützung durch zusätzliche Programme, die sich als sogenannte Plug-Ins innerhalb des Browsers nutzen lassen. Zu den wichtigsten dieser Programme gehören der Media-Player zum Abspielen von Video- und Audiodateien, aber auch ein PDF-Programm zur Anzeige von PDF-Dokumenten oder der Flash-Player, der für viele Animationen und Flash-Videos benötigt wird.

Bild 2.3 Auf einigen Webseiten stehen verschiedene Multimedia-Dateiformate zur Wahl, hier etwa Flash und Windows Media.

Die gängigsten dieser Zusatzprogramme werden auf vielen Rechnern gleich mitgeliefert, fehlt allerdings eine solche Software, meldet der Browser dies beim Aufruf der Datei und bietet Ihnen gleich an, das für die Wiedergabe notwendige Zusatzprogramm herunterzuladen und zu installieren.

2.2 So bewegen Sie sich im Web mit dem Internet Explorer

Den Internet Explorer können Sie auf verschiedene Arten starten. Eventuell ist schon eine Verknüpfung auf dem Desktop eingerichtet, die Sie per Doppelklick aufrufen. Meist ist er auch schon in der Taskleiste als eigenes Symbol zu finden. Ist dies nicht der Fall, sollten er im Startmenü zu sehen sein. Klicken Sie hier den Eintrag *Internet Explorer* an, der entweder sofort oder spätestens über *Alle Programme* zu erreichen ist.

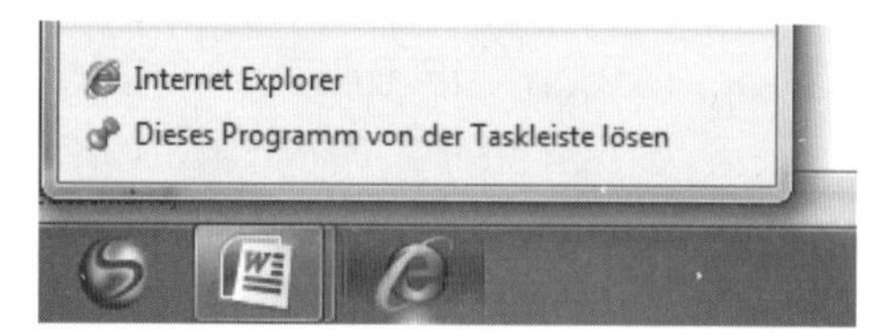

Bild 2.4 Die Schaltfläche für den Internet Explorer in der Taskleiste bietet die einfachste Möglichkeit zum Start des Programms.

Nach dem Aufruf des Programms lädt der Internet Explorer eine voreingestellte Seite, die Startseite. Auf vielen PCs haben Hersteller oder Internet-Provider bereits eine Startseite vorgegeben, und oftmals landen Sie daher zum Start auf einer Webseite, die

Sie eigentlich gar nicht besuchen wollen. Sie haben aber jederzeit die Möglichkeit, eine andere Webseite zur Startseite zu machen. Wie Sie dazu vorgehen müssen, wollen wir Ihnen etwas später in diesem Kapitel zeigen, zunächst wollen wir Ihnen einige der grundlegenden Bedienungsoptionen des Internet Explorers näherbringen.

Nach dem Start des Browsers sehen Sie im oberen Bereich verschiedene Bedienelemente, darunter befindet sich der Fensterbereich zur Anzeige der Webseiten und am unteren Rand die Statusleiste, der Sie verschiedene Zusatzinformationen entnehmen können.

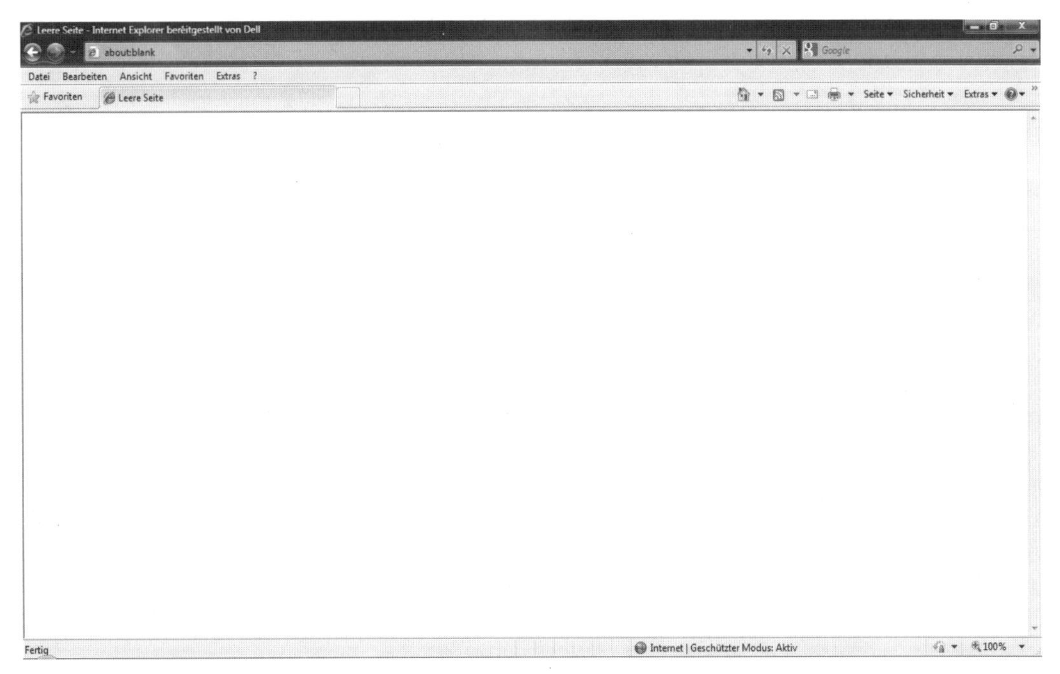

Bild 2.5 Der Internet Explorer nach dem Start mit einer leeren Seite

Welche Bedienelemente der Internet Explorer Ihnen anzeigt, hängt zum Teil von den individuellen Voreinstellungen auf Ihrem PC ab. Eventuell sind hier bereits zusätzliche Elemente in

Form der sogenannten Toolbars enthalten, oder bestimmte Leisten sind ein- oder ausgeblendet.

Toolbars

Browser-Toolbars gibt es von vielen Internetdiensten wie etwa Google oder auch Windows Live und Providern (z. B. AOL). Sie enthalten meist Links, über die Sie direkt spezielle Seiten dieser Anbieter aufrufen können, und darüber hinaus auch Zusatzfunktionen oder den Zugang zu weiteren Diensten wie etwa speziellen Phishing-Filtern oder Übersetzungsmöglichkeiten für fremdsprachige Webseiten. Mit Toolbars können Sie diese Funktionen und Angebote meist schneller und direkter nutzen.

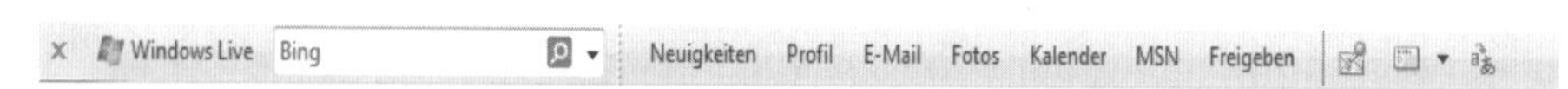

Bild 2.6 Die Toolbar von Windows Live bietet beispielsweise einen direkten Zugang zu verschiedenen Microsoft-Live-Angeboten.

Zu den wichtigsten Standardbedienelementen des Browsers gehören das Adresseingabefeld und die Schaltflächen zum Vor- und Zurückblättern sowie zum Abbrechen einer Verbindung und zum Aktualisieren bzw. Neuladen einer Seite. Zum Blättern dienen die beiden runden Pfeilschaltflächen links vor der Adresszeile, das Laden einer Seite können Sie mit dem Kreuz rechts stoppen, und die Schaltfläche mit den blauen Pfeilen davor dient zum Neuladen der aktuellen Seite.

Bild 2.7 Die Adresszeile mit den Schaltflächen zum Blättern (links) sowie zum Abbrechen der Übertragung und Neuladen der Seite (rechts)

Die wichtigsten Einstellungsoptionen und Funktionen erreichen Sie über die Schaltflächen der Befehlsleiste, die damit weitestgehend die Funktion der Menüleiste übernehmen kann.

Bild 2.8 Menü- und Befehlsleiste führen Sie jeweils zu den wichtigen Einstellungsoptionen und Funktionen.

Über die Favoritenleiste können Sie Ihre absoluten Lieblingsseiten direkt erreichen, indem Sie die hier enthaltenen Einträge einfach anklicken. Sie können selber festlegen, welche Ihrer Favoriten in diese Leiste aufgenommen werden.

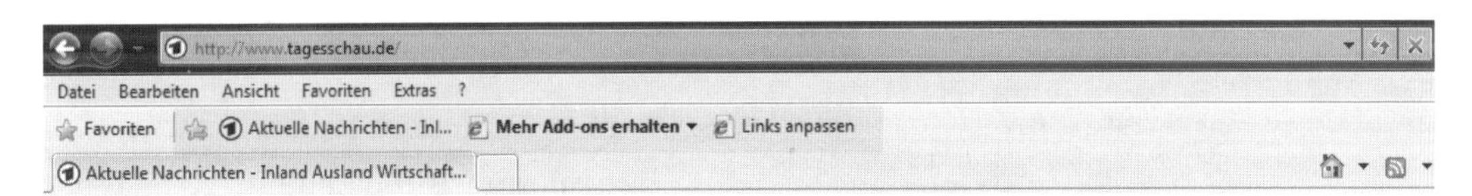

Bild 2.9 Die Favoritenleiste erlaubt einen direkten Zugriff auf die für Sie wichtigsten Webseiten.

Sie können einzelne dieser Elemente bzw. Leisten gezielt ein- und ausschalten. Klicken Sie dazu einfach mit der rechten Maustaste auf einen freien Bereich in den Leisten, sodass das Kontextmenü erscheint. Hier können Sie dann durch Anklicken der jeweiligen Bedienelemente (z.B. *Menüleiste, Favoritenleiste, Befehlsleiste*) diese Komponenten entfernen oder wieder einblenden. Befindet sich vor dem jeweiligen Eintrag ein Häkchen, so wird dieses Element angezeigt, fehlt das Häkchen, so ist es ausgeblendet.

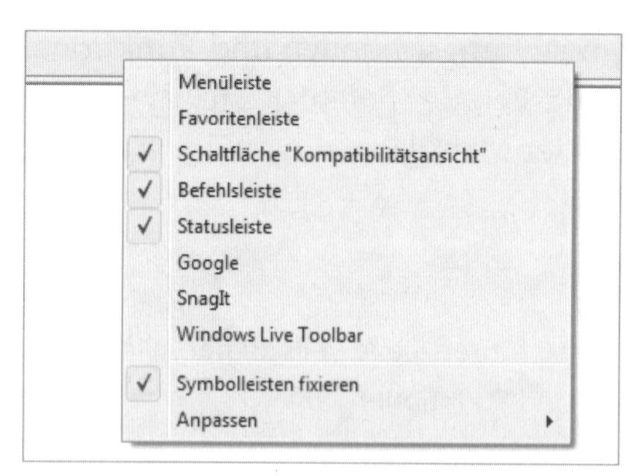

Bild 2.10 Sie können einzelne Leisten mit Bedienelementen ein- oder ausblenden.

Mehr Platz für die Webseiten schaffen

Vor allem wenn Sie mit einem relativ kleinen Display arbeiten, etwa an einem Notebook oder Netbook, sollten Sie nicht zu viele dieser Leisten aktivieren. Denn hierdurch wird der Bereich zur Darstellung der Webseiten so weit reduziert, dass Sie sehr viel scrollen müssen, um sich den kompletten Inhalt einer Webseite anzuschauen. Sie sollten daher entweder die Menüleiste oder die Befehlsleiste ausschalten, da beide weitgehend dieselben Funktionen bieten. Auch die Favoritenliste bringt meist keinen so großen Nutzen und wird von vielen Anwendern nicht besonders vermisst. Ebenso können Sie hierüber vorinstallierte Toolbars deaktivieren, die Sie nicht verwenden wollen.

Eine Webadresse eingeben

Es gibt verschiedene Optionen, wie Sie mit dem Browser auf eine bestimmte Webseite gelangen können. In vielen Fällen finden Sie beispielsweise Adressen von Webangeboten in anderen Medien wie Fernsehen oder Zeitungen und Zeitschriften.

Sie können diese Webadressen dann einfach im Browser in das dafür vorgesehene Adressfeld eingeben. Das Kürzel *http://*, das ein Dokument als Webseite identifiziert, können Sie dabei ruhig weglassen, da es der Internet Explorer selbstständig ergänzt.

Bei vielen Internetadressen wird diese Komponente daher auch schon gar nicht mehr mit genannt, sondern die meisten Adressen beginnen gleich mit dem Kürzel *www*. (Bei vielen Adressen können Sie sogar dieses Kürzel weglassen.)

Tragen Sie beispielsweise *www.tagesschau.de* in das Adressfeld ein und drücken Sie die Taste [Eingabe]. Bei bestehender Internetverbindung und vorausgesetzt, der Webserver, auf dem dieses Angebot gespeichert ist, arbeitet ebenfalls störungsfrei, sollte nun die Seite geladen und angezeigt werden.

Schneller zum Ziel über die Vorschlagsliste

Haben Sie den Internet Explorer bereits einige Male genutzt, so schlägt der Browser Ihnen parallel zum Eintippen der Adresse bereits solche Adressen vor, die diese Zeichenfolge enthalten und die Sie bereits einmal aufgerufen haben. Je mehr Zeichen Sie eingeben, desto genauer werden die Vorschläge. Bei wiederholten Zugriffen auf eine Seite müssen Sie daher nicht wieder die gesamte Adresse komplett eingeben, sondern können einfach den passenden Vorschlag aus der Liste mit der Maus anklicken. Diese Vorschläge holt sich der Internet Explorer aus dem Verlauf, in dem die von Ihnen zuletzt besuchten Webadressen gespeichert sind, sowie aus dem Favoritenordner, in den Sie Ihre Lieblingsseiten eintragen können, um jederzeit schnell wieder darauf zugreifen zu können.

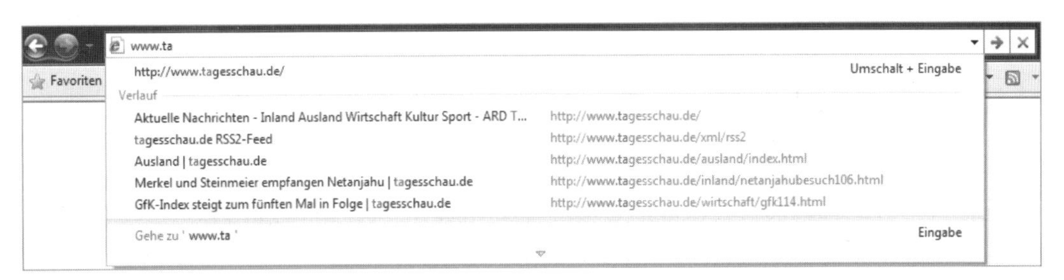

Bild 2.11 Der Internet Explorer unterbreitet Ihnen schon während der Eingabe Vorschläge anhand des Verlaufs und der Favoriten.

Mit der Adresse *www.tagesschau.de* gelangen Sie beispielsweise zur Homepage bzw. Startseite des Internetangebots der Tagesschau. Ein solches Angebot, das aus zahlreichen einzelnen Webseiten besteht, wird auch mit dem englischen Begriff Website bezeichnet. Beide Begriffe, Webseite und Website, werden aufgrund der ähnlichen Aussprache oftmals auch gleichgesetzt, was jedoch nicht ganz korrekt ist. Website steht genau genommen für die umfangreiche Internetpräsenz eines Unternehmens oder einer Privatperson. Die Website selbst enthält wiederum einige bis sehr viele einzelne Webseiten. Ihre Startseite wird Homepage genannt.

Bild 2.12 Der Internet Explorer mit der geöffneten Homepage der Tagesschau

Seiten über Links aufrufen

Die Adressen der einzelnen Seiten auf einer solchen Website sind meist deutlich komplexer und das Eingeben solch langer Adressen bzw. URLs, wie diese Internetadressen auch genannt werden, ist sehr umständlich und fehleranfällig. Denn schon beim kleinsten Tippfehler kann die Seite nicht gefunden werden und Sie bekommen statt der erwarteten Webseite lediglich eine Fehlermeldung zu sehen.

Um von einer Webseite auf eine andere zu gelangen, sind diese Seiten über die sogenannten Hyperlinks, kurz auch Links genannt, miteinander verknüpft. Statt die Adresse der neu aufzurufenden Seite umständlich einzugeben, reicht es aus, den entsprechenden Link mit der Maus anzuklicken. Der Web-Browser lädt daraufhin die neue Seite und zeigt sie an.

Links sind im Grunde nichts anderes als die Adressen der Dokumente, die mit Texten oder auch grafischen Elementen auf einer Webseite verknüpft sind. Klickt man nun einen solchen Text bzw. ein solches grafisches Element auf einer Webseite an, so springt der Browser zur neuen Adresse und zeigt diese Seite bzw. dieses Dokument an.Mit etwa Übung lassen sich Links auf den Webseiten schnell erkennen. Text-Links sind meist etwas anders formatiert als normaler Text bzw. besonders hervorgehoben, etwa durch Unterstreichung oder eine andere Schriftfarbe.

Bei anderen Elementen ergibt sich schon aus dem Zusammenhang, dass hier durch Anklicken eine neue Webseite geöffnet wird, bei Grafiken bzw. Bildern ist es dagegen meist nicht immer direkt ersichtlich, ob sich dahinter ein Link verbirgt oder nicht.

Im Zweifelsfall können Sie jedoch sehr einfach feststellen, ob ein Objekt auf einer Webseite ein Link ist oder nicht. Bewegen Sie dazu den Mauszeiger auf das fragliche Element und immer, wenn sich der Mauszeiger in eine Hand verwandelt, steckt ein Link dahinter.

Bild 2.13 Allein auf diesem Ausschnitt der Tagesschau-Homepage sehen Sie viele Links, die teilweise zu denselben Seiten führen.

Bild 2.14 Wenn sich der Mauszeiger in eine Hand verwandelt, befindet er sich auf einem Link.

Zu welcher Adresse Sie dieser Link führen wird, können Sie ebenfalls erkennen. In der Statusleiste am unteren Rand des Internet Explorers wird die entsprechende Zieladresse eingeblendet, sobald Sie den Mauszeiger auf einen Link bewegen.

Wenn Sie den Mauszeiger auf einem Link positionieren, erscheint auf vielen Seiten zusätzlich neben dem Link ein kleiner Infokasten, der weitere Informationen bietet. Bei einigen Links ist zudem sofort erkenntlich, ob es sich dabei um Multimedia-Inhalte wie Videos oder Audiosequenzen handelt.

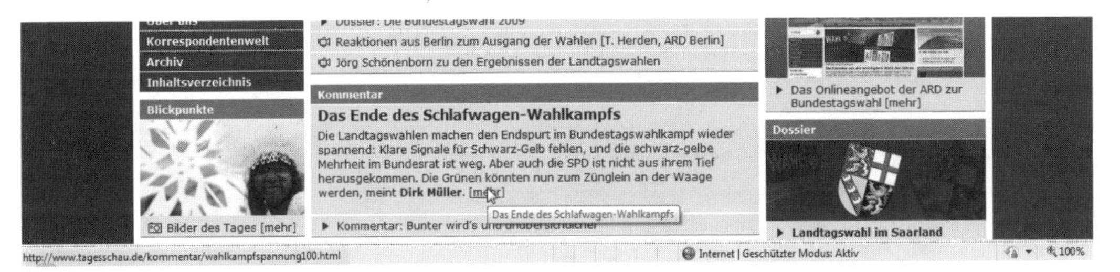

Bild 2.15 In der Statusleiste können Sie erkennen, welche Adresse über einen Link aufgerufen wird.

In den meisten Fällen werden diese Multimedia-Dateien direkt im Internet Explorer angezeigt, da auf dem Rechner bereits die notwendige Software zur Wiedergabe vorhanden ist, etwa der Media Player oder der Flash-Player. Es kann aber auch vorkommen, dass Sie zunächst eine zusätzliche Software auf Ihrem PC installieren müssen, um derartige Inhalte abspielen zu können. Der Internet Explorer gibt Ihnen dann aber einen Hinweis und bietet zugleich an, die notwendigen Programme aus dem Internet zu übertragen und zu installieren.

Das Blättern mit dem Browser

Wenn Sie auf diese Weise einige Links angeklickt und sich verschiedene Webseiten angeschaut haben, können Sie zwischen diesen Seiten wie in einem Buch hin- und herblättern. Wenn Sie beispielsweise zunächst die Homepage der Tagesschau und von dort dann eine weitere Seite wie etwa die Sportseite aufgerufen haben, finden Sie über das Zurückblättern schnell wieder auf die Tagesschau-Homepage zurück.

Zum Zurückblättern klicken Sie einfach auf die Schaltfläche mit dem nach links zeigenden Pfeil. Wollen Sie dann wieder vorblättern, klicken Sie auf den nach rechts zeigenden Pfeil. Durch jedes Anklicken gelangen Sie jeweils eine Webseite zurück bzw.

vor. Wollen Sie dagegen gleich mehrere Seiten auf einmal überspringen, klicken Sie die kleine Schaltfläche mit dem Dreieck rechts neben den Pfeilschaltflächen an. Umgehend wird eine Liste der zuletzt besuchten Webseiten angezeigt, in der Sie die gewünschte Seite direkt anklicken können.

Bild 2.16 Über die Pfeilschaltflächen können Sie zwischen den bereits besuchten Webseiten hin- und herblättern.

Mehrere Webseiten öffnen mit Registerkarten

Bei der eben beschriebenen Art des Surfens ersetzen die neuen Webseiten üblicherweise im Browser die zuvor angezeigten Seiten. Der Internet Explorer zeigt immer nur genau eine Seite an und Sie müssen die zuvor aufgerufene Seite erneut laden, um sie wieder angezeigt zu bekommen.

Gerade wenn Sie beispielsweise von einer Homepage wie der Tagesschau nacheinander auf verschiedene andere Seiten wechseln wollen, ist dies etwas umständlich. Doch bieten die modernen Browser hierfür eine Hilfestellung in Form der Registerkarten.

Hierbei wird eine neue Webseite zusätzlich in einem anderen Bereich des Browserfensters geöffnet, ohne dass dabei die zuvor aufgerufene Seite überschrieben wird. Die neue Seite wird üblicherweise zunächst nur geladen und noch nicht angezeigt. Zum Anschauen müssen Sie daher auf den zusätzlichen Registerkartenreiter klicken, der beim Öffnen der Seite in der Registerkartenleiste erscheint. Wollen Sie wieder zur zuvor angesehenen Seite zurück, klicken Sie einfach deren Registerkartenreiter an.

Bild 2.17 Der Internet Explorer mit mehreren geöffneten Registerkarten

Zum Öffnen eines Links in einer neuen Registerkarte bietet der Internet Explorer verschiedene Möglichkeiten. So können Sie etwa während des Anklickens die Taste [Strg] gedrückt halten, um die Seite in einer neuen Registerkarte zu öffnen. Bei den meisten neueren Mäusen können Sie aber auch einfach den Link mit dem Scrollrad anklicken, um das Öffnen in einer neuen Registerkarte zu erreichen.

Eine dritte Variante schließlich führt über das Kontextmenü, indem Sie den Link zunächst mit der rechten Maustaste anklicken und anschließend aus dem Kontextmenü den Eintrag *In einer neuen Registerkarte öffnen* anklicken.

Sie können jederzeit auch eine zusätzliche leere Registerkarte öffnen, um dort beispielsweise eine Adresse per Hand einzugeben oder über die Favoriten eine neue Webseite aufzurufen. Zum Öffnen einer leeren Registerkarte klicken Sie einfach auf den kleinen, quadratischen Registerkartenreiter rechts.

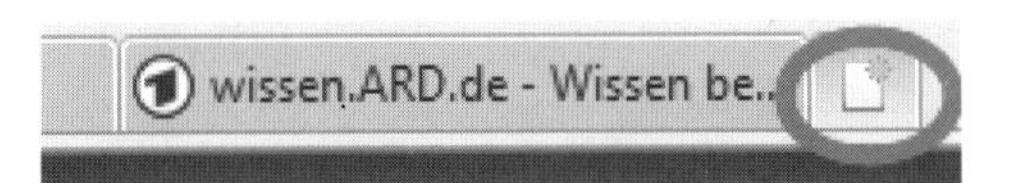

Bild 2.18 Sie können eine neue, leere Registerkarte auch von Hand öffnen.

Registerkarten schließen

Um eine Registerkarte wieder zu schließen, klicken Sie einfach in der gerade aktiven Registerkarte, die im Vordergrund angezeigt wird, auf die Kreuzschaltfläche auf dem Registerkartenreiter. Alternativ geht dies auch durch gleichzeitiges Drücken der Tasten [Strg] und [W]. Möchten Sie alle Registerkarten bis auf eine schließen, gibt es eine einfache Option:

Klicken Sie den Registerkartenreiter, der noch offen bleiben soll, mit der rechten Maustaste an und wählen Sie aus dem Kontextmenü den Eintrag *Andere Registerkarten schließen*.

Wenn Ihnen das Surfen mit den Registerkarten zusagt, Sie jedoch immer automatisch die neu geöffneten Seiten angezeigt bekommen möchten, können Sie den Internet Explorer entsprechend einstellen. Klicken Sie dazu in der Befehlsleiste bzw. im Menü des Internet Explorers auf *Extras*, dann auf *Internetoptionen*. Hier sehen Sie in der Registerkarte *Allgemein* den Bereich *Registerkarten*. Klicken Sie hier auf die Schaltfläche *Einstellungen* und dann in das Kästchen vor dem Eintrag *Immer zu neuen Registerkarten wechseln, wenn diese erstellt werden*.

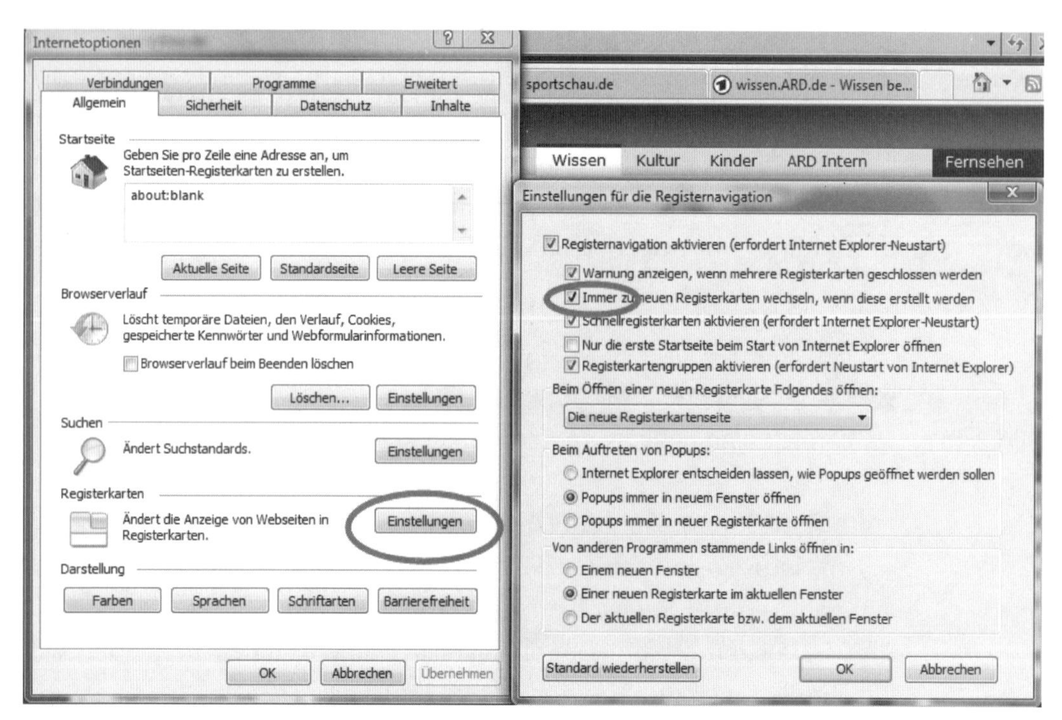

Bild 2.19 Sie können neu geöffnete Registerkarten automatisch im Vordergrund anzeigen lassen.

Sie können zahlreiche solcher Registerkarten im Browser öffnen, wobei jedoch häufig recht schnell Orientierungsschwierigkeiten auftreten, da die eingeblendeten Registerkartenreiter nur noch wenig Textinformationen zum Titel der angezeigten Seite enthalten. Über eine Miniaturansicht der geöffneten Seiten oder auch eine Liste mit allen geöffneten Webseiten können Sie sich jedoch schnell wieder einen Überblick verschaffen.

Um die Miniatur-Ansichten einzublenden, klicken Sie auf die Schaltfläche mit den vier kleinen Fenstersymbolen, die sich links vor dem ersten Registerkartenreiter befindet. Klicken Sie dagegen auf die kleine Schaltfläche mit dem schwarzen Dreieck rechts daneben, wird die Liste eingeblendet, der Sie die kompletten Seitentitel der geöffneten Webseiten entnehmen können.

Bild 2.20 Sie können sich Miniaturansichten der geöffneten Registerkarten einblenden lassen.

Interessante Seiten als Favoriten speichern

Schnell werden Sie beim Surfen im Web zahlreiche Angebote finden, die Sie öfter oder regelmäßig aufsuchen möchten. Um nun nicht bei jedem erneutem Aufruf immer wieder mühsam die Adresse per Hand einzugeben, können Sie diese Adressen im Internet Explorer ganz einfach auch als Favoriten speichern.

Sie können sich die Favoriten auch als Lesezeichen im Web vorstellen, mit denen Sie Ihre Lieblingsseiten jederzeit rasch wieder aufrufen können. Das Anlegen eines solchen Lesezeichens bzw. Favoriten ist sehr einfach.

Sind Sie gerade auf einer Seite gelandet, die Sie als Favorit speichern möchten, gehen Sie folgendermaßen vor:

1. Klicken Sie zunächst auf die Schaltfläche *Favoriten* mit dem gelben Stern links oben vor den Registerkartenreitern.
2. Klicken Sie dann auf *Zu Favoriten hinzufügen*.

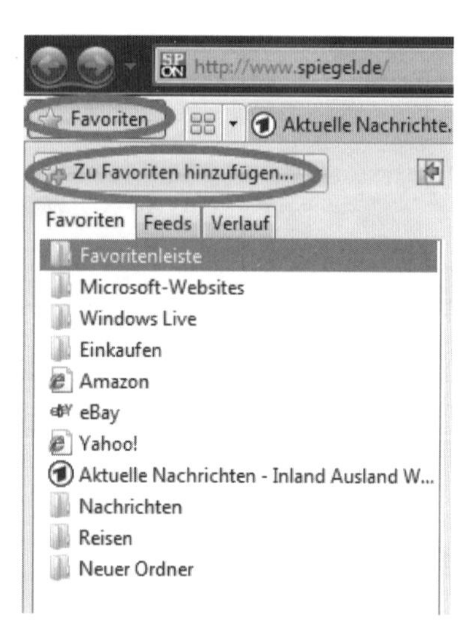

Bild 2.21 Über die Favoriten-Schaltfläche legen Sie einen neuen Favoriten an.

3. Es erscheint nun ein Fenster, in dem bereits der Name für diesen Favoriten eingetragen ist, wobei der Internet Explorer hierzu den Titel der Webseite verwendet hat. Sie können diesen Namen entweder übernehmen oder durch einen eigenen, vielleicht prägnanteren und kürzeren Namen ersetzen, indem Sie den Vorschlag einfach überschreiben.

4. Klicken Sie abschließend die Schaltfläche *Hinzufügen*, wird die Seite direkt der Favoritenliste hinzugefügt.

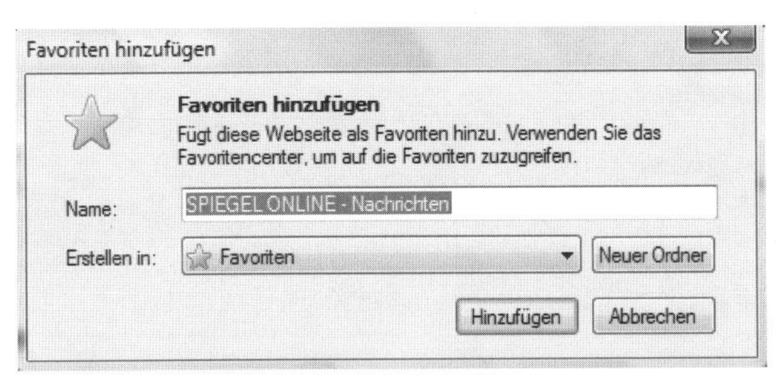

Bild 2.22 Sie geben dem Favoriten nur noch einen Namen und klicken auf *Hinzufügen.*

Das Aufrufen der Favoriten ist ganz einfach möglich. Klicken Sie dazu im Browser auf die Schaltfläche *Favoriten* und dann auf den entsprechenden Eintrag in der Liste.

In dieser Liste sind üblicherweise bereits einige Einträge vorhanden, die etwa Microsoft oder der PC-Hersteller eingefügt hat. Neben einzelnen Favoriten sehen Sie hier auch Favoritenordner, in denen die einzelnen Favoriten versteckt sind. Um den Inhalt eines solchen Ordners anzusehen, klicken Sie das Ordnersymbol an. Ein erneutes Anklicken schließt den Ordner, und die zuvor sichtbaren Einträge werden nicht mehr angezeigt.

Bild 2.23 Im Favoritenordner sind weitere Unterordner zu finden, die durch Anklicken geöffnet werden können.

Haben Sie den Mauszeiger auf einem Ordner positioniert, erscheint rechts ein blauer Pfeil. Klicken Sie diesen Pfeil nun an, werden alle Favoriten, die sich in diesem Ordner befinden, in jeweils einer eigenen Registerkarte geöffnet.

Nicht benötigte Favoriten löschen

Bei manchen PCs sind schon sehr viele Favoriten bzw. Favoritenordner vorinstalliert. Merken Sie nach einiger Zeit, dass Sie diese Lesezeichen gar nicht benötigen, können Sie sie jederzeit wieder löschen. Klicken Sie dazu auf die Favoritenschaltfläche, um sich die Übersicht anzeigen zu lassen. Klicken Sie hier den gewünschten Favoriten bzw. Favoritenordner mit der rechten Maustaste an und klicken Sie auf *Löschen*.

Bild 2.24 Nicht mehr benötigte Favoriten können Sie einfach wieder löschen.

Eigene Favoritenordner anlegen

Generell sollten Sie jedoch von diesen Favoriten lieber ein paar zu viel als zu wenig anlegen, denn wenn Sie später eine bestimmte Seite doch noch einmal aufrufen wollen und sich dann nicht mehr an die Adresse erinnern können, ist der Ärger groß.

Allerdings führt dies dazu, dass die Favoritenliste schnell viel zu lang und damit unpraktisch wird. Sie sollten daher unbedingt von der Möglichkeit Gebrauch machen, die Favoriten systematisch in Ordner einzusortieren.

Einen solchen Favoritenordner legen Sie mit wenig Aufwand folgendermaßen an:

1. Klicken Sie auf die Schaltfläche *Favoriten*, hier dann auf die kleine Schaltfläche mit dem schwarzen Dreieck neben *Zu Favoriten hinzufügen*, und dann auf *Favoriten verwalten*.

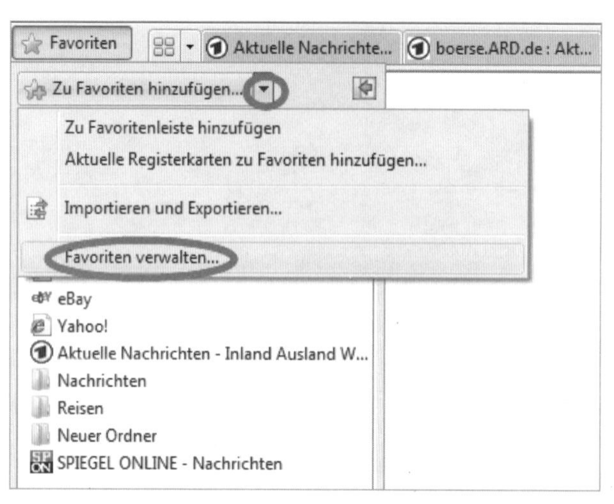

Bild 2.25: Rufen Sie das Fenster zum Verwalten der Favoriten auf.

2. Im sich neu öffnenden Fenster klicken Sie auf die Schaltfläche *Neuer Ordner*. In der Liste wird nun ein neuer Ordner angelegt, der auch den Namen *Neuer Ordner* trägt. Dieser provisorische Name ist zunächst blau markiert, was bedeutet, dass Sie ihn direkt überschreiben können. Geben Sie dem Ordner also einen passenden, aussagekräftigen Namen und schließen Sie die Eingabe mit `Enter` ab.

In diesem Fenster können Sie gleich die bereits angelegten Favoriten in die vorhandenen Ordner verschieben oder einzelne Favoriten oder ganze Ordner löschen. Dazu markieren Sie die Favoriten bzw. Ordner, klicken dann einfach die jeweiligen Schaltflächen an und folgen den Anweisungen.

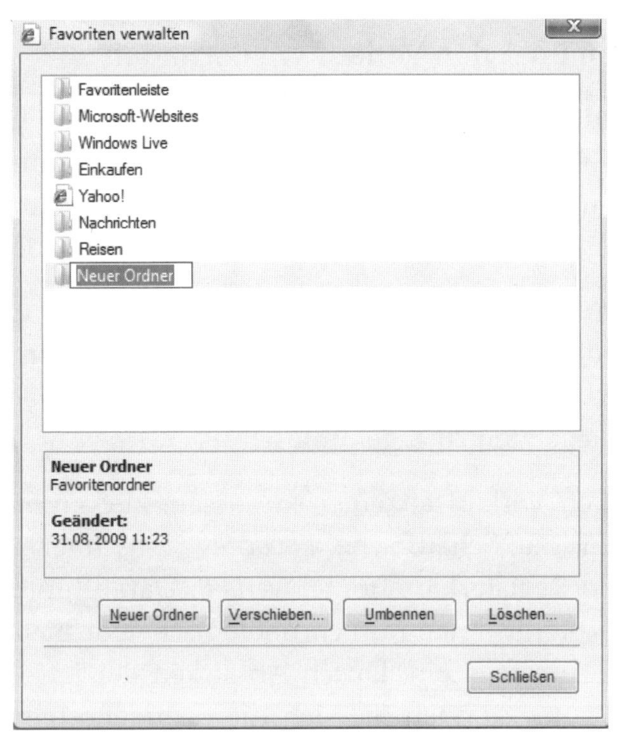

Bild 2.26 Legen Sie neue Ordner für Ihre Favoriten an.

Noch einfacher als über die Schaltflächen lassen sich Favoriten per Drag & Drop (Ziehen und Fallenlassen) mit der Maus in Ordner verschieben. Klicken Sie dazu den Favoriteneintrag oder den Ordner mit der linken Maustaste an und halten Sie die Taste gedrückt. Verschieben Sie nun den Mauszeiger auf den Ordner, in den Sie den Favoriteneintrag (oder Ordner) verschieben möchten, und lassen Sie erst dann die Maustaste wieder los. Haben Sie sehr viele Favoritenordner erstellt, können Sie diese ebenfalls als Unterordner in andere Ordner einsortieren, um einen besseren Überblick zu erhalten.

Webseiten über den Verlauf wiederfinden

Wenn Sie doch einmal vergessen haben sollten, ein Lesezeichen für eine Webseite anzulegen, und diese später nicht mehr ausfindig machen können, haben Sie über den sogenannten Verlauf die Möglichkeit, die Adresse doch noch wiederzufinden.

In diesem Verlauf werden alle Internetadressen aufbewahrt, die Sie in der letzten Zeit besucht haben. Standardmäßig ist der Internet Explorer so voreingestellt, dass das „Gedächtnis" des Verlaufs die letzten 20 Tage umfasst.

Um sich den Verlauf anzeigen zu lassen, klicken Sie zunächst wieder auf die Schaltfläche *Favoriten*. Anschließend klicken Sie auf den Registerkartenreiter *Verlauf*. Daraufhin blendet der Internet Explorer Ihnen nun chronologisch geordnet die zuletzt besuchten Adressen ein. Durch Anklicken der jeweiligen Tage bzw. Zeiträume können Sie sich die dazugehörigen Adressen anzeigen lassen.

Ist diese Liste zu lang oder können Sie sich nicht mehr genau erinnern, wann Sie eine bestimmte Adresse besucht haben, können Sie auch andere Kriterien zur Sortierung nutzen. Klicken Sie dazu auf die Schaltfläche *Nach Datum anzeigen* und wählen Sie aus der ausklappenden Liste einen anderen Eintrag wie etwa *Nach Site anzeigen*. Durch diese Option werden alle besuchten Websites alphabetisch sortiert.

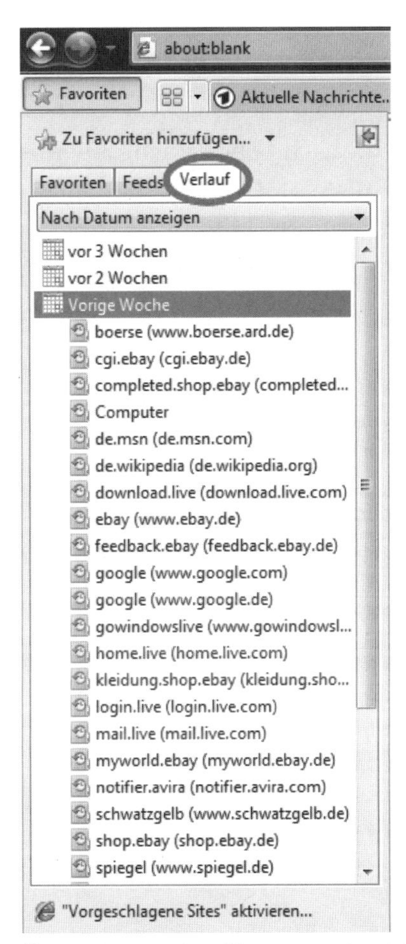

Bild 2.27 Über den Verlauf können Sie sich noch einmal anschauen, welche Adressen Sie in der letzten Zeit aufgerufen haben.

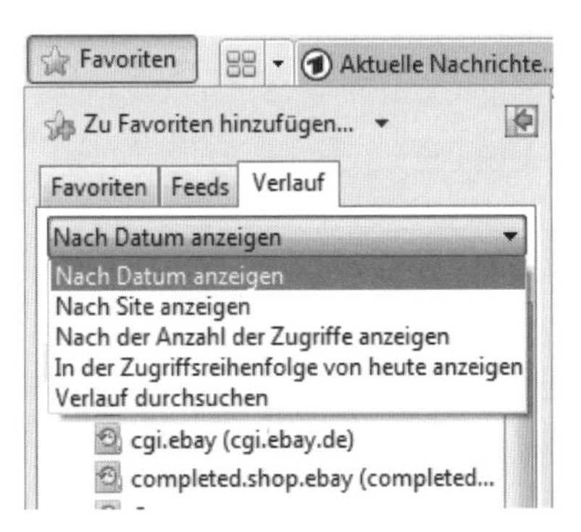

Bild 2.28 Sie können den Verlauf auch nach anderen Kriterien sortieren lassen.

Vorschläge bei der Adresseingabe nutzen

Im Internet Explorer 8 können Sie bei einer vergessenen Internetadresse Ihr Glück aber auch gleich bei der manuellen Adresseingabe versuchen. Tragen Sie dazu einfach die Namensbestandteile der Adresse ein, an die Sie sich noch erinnern. Der Browser macht Ihnen dann passende Vorschläge, wobei er diese Eingabe mit dem Verlauf und den Favoriten abgleicht und die Übereinstimmungen anzeigt.

Kapitel 3
Informationen im Internet suchen und finden

Im Internet, genauer gesagt dem Web, sind mittlerweile Milliarden von Seiten verfügbar. Wie viele es genau sind, weiß niemand, zudem wächst diese Zahl nach wie vor mit hoher Geschwindigkeit weiter.

Angesichts dieser Unmengen von Daten und Informationen fällt es oftmals sehr schwer, bestimmte Inhalte aufzufinden. Bei der Suche nach Inhalten sind Sie jedoch nicht völlig auf sich allein gestellt, sondern können auf die Unterstützung durch leistungsfähige Suchhilfen bauen.

Nachdem wir Ihnen im letzten Kapitel einige Grundlagen zur Bedienung des WebBrowsers nähergebracht haben, wollen wir Ihnen nun zeigen, wie Sie im Web möglichst schnell zum gewünschten Ziel kommen und wie Sie dabei die verschiedenen Suchhilfen am besten einsetzen.

3.1 Auf gut Glück: Die richtige Webadresse erahnen

Schon seit Langem kann es sich kein größeres Unternehmen mehr leisten, nicht im Internet vertreten zu sein. Nicht nur Unternehmen vom multinationalen Konzern bis zum Pizzadienst nebenan haben eigene Webangebote, sogar für einzelne Marken oder Produkte werden eigene Websites eingerichtet. Zeitungen und

Zeitschriften sind mit eigenen, umfangreichen Internetangeboten aktiv, Fernsehsender und Verlage nutzen das Web als zusätzliches Medium, aber auch zahllose andere Organisationen und Institutionen sind hier vertreten.

Ob nun Universitäten und Schulen, Verbraucherschützer, Krankenhäuser, Vereine, Kirchen oder Parteien, nichts und niemand wird heutzutage noch auf eine eigene Präsenz im Web verzichten.

Webseite und Website

Der englische Begriff Website, der ausgesprochen ja auch noch so ähnlich klingt wie das deutsche Webseite, bezeichnet nicht ein einzelnes Webdokument bzw. eben eine Webseite, sondern steht für das gesamte Webangebot, das über eine Homepage erreichbar ist. Die Website des ZDF (*www.zdf.de*) beispielsweise enthält zahlreiche einzelne Webseiten.

Immer wenn Sie beispielsweise Informationen direkt von einer Firma, einer Behörde oder einer sonstigen Organisation bzw. Einrichtung suchen, können Sie daher versuchen, direkt über den Namen ans Ziel zu gelangen. Dazu nehmen Sie einfach den Namen des Unternehmens oder der Institution, stellen ihm das Kürzel *www.* voran und setzen dahinter noch das Kürzel *.de,* sofern Sie nach einer deutschen bzw. deutschsprachigen Website suchen.

Suchen Sie etwa nach Informationen über den Autohersteller Opel, probieren Sie es mit *www.opel.de*. Sind Sie direkt an Informationen zum Modell Insignia interessiert, probieren Sie es mit *www.insignia.de*. In beiden Fällen kommen Sie ans Ziel. Wollen Sie sich über die Umweltschutzorganisation Greenpeace informieren, geben Sie *www.greenpeace.de* ein, möchten Sie auf die Website des Deutschen Bundestags, reicht schon *www.bundestag.de*. Städte finden Sie nach demselben Muster, und *www.essen.de*

führt nicht auf eine Gourmet-Seite, sondern zur Homepage der Ruhrgebietsstadt.

Solange es sich um geschützte Firmen- und Markennamen handelt oder um Städtenamen und ähnliche, eindeutige Bezeichnungen, können Sie ziemlich sicher sein, tatsächlich auf der gewünschten Adresse zu landen. Nicht immer ist die Sache jedoch so eindeutig. Vor allem wenn bekannte Begriffe oder Namen von unterschiedlichen Trägern genutzt werden, kann es auch zu Verwechslungen kommen.

Bild 3.1 Mit einer Adresse wie *www.bundeskanzlerin.de* landen Sie auf der gewünschten Website.

Mitunter werden Sie bemerken, dass sich während des Aufrufs der Webseite auf einmal die eingegebene Adresse im Adressfeld des Browsers ändert. Im eben genannten Beispiel zum Automodell Insignia etwa steht hier auf einmal eine Opel-Adresse. In solchen Fällen gibt es die von Ihnen eingegebenen Adressen, doch die Anbieter füllen diese Adressen nicht mit speziellen Inhalten, sondern verweisen hier lediglich auf die Webseiten, die ohnehin schon Teil ihres Webangebots sind. Von diesen Umleitungen bekommen Sie aber nichts weiter mit, Sie können auch weiterhin diese einfacheren Adressen anstelle der oft komplizierteren verwenden.

Nicht nur .de

Neben dem Kürzel .de sollten Sie bei der Direkteingabe auch andere Endungen ausprobieren, wenn Sie mit der .de-Adresse nicht an das gewünschte Ziel gekommen sind. Von Unternehmen wird oftmals auch .com oder .biz genutzt, europäische Institutionen verwenden das Kürzel .eu. Ebenso sind noch .org und .net weit verbreitet – neben einer Vielzahl weiterer Domains.

3.2 Suchmaschinen nutzen

Bei vielen Internetrecherchen, bei denen es um allgemeinere Informationen geht, werden Sie mit dieser Methode jedoch nur begrenzten Erfolg haben. Häufig werden Sie ja an ganz bestimmten Informationen zu Themengebieten interessiert sein, für die es nicht die eine richtige Internetadresse gibt, die sich dazu noch am Titel erkennen lässt, sondern die gewünschten Informationen sind innerhalb irgendwelcher Webseiten zu finden, die oft gar nicht so bekannt sind.

Um diese Informationen dennoch aufzufinden, wurden die sogenannten Suchmaschinen entwickelt. Sie enthalten ein riesiges Archiv zahlloser Webseiten, wobei hier alle Texte auf den Seiten, aber darüber hinaus auch noch weitere Daten wie die Adressen selbst, die Bezeichnungen der hier verwendeten Bilder oder Inhaltsbeschreibungen, die Sie beim Surfen gar nicht direkt zu sehen bekommen, in einer riesigen Datenbank gespeichert sind.

Bild 3.2 Suchmaschinen sind die erste Anlaufstelle, wenn Sie bestimmte Inhalte finden möchten.

Über die Suchmaschinen können Sie nun eine Volltextsuche nach den von Ihnen gewählten Suchbegriffen durchführen. Das heißt nichts anderes, als dass die Suchmaschine Ihren Suchbegriff nun mit sämtlichen gespeicherten Texten und Zusatzdaten der gespeicherten Seiten abgleicht und jede Übereinstimmung als Fundstelle bzw. Treffer anzeigt. Obwohl die Datenbestände riesig sind, schaffen die Suchmaschinen diesen Abgleich meist innerhalb von Sekundenbruchteilen.

Bei gebräuchlichen Begriffen kommt es allerdings häufig dazu, dass diese Trefferliste Abermillionen von Fundstellen enthält. Je intelligenter solch eine Suchmaschine arbeitet, desto weiter oben in dieser Liste stehen die vielversprechendsten bzw. interessantesten Seiten. Allerdings kann natürlich auch die klügste Suchmaschine bei vielen Begriffen gar nicht wissen, was genau Sie suchen.

Starten Sie beispielsweise eine Suchanfrage mit dem Begriff »Kohl«, so weiß die Suchmaschine ja nicht, ob Sie nun das Gemüse suchen oder eine Person dieses Namens wie etwa den früheren Bundeskanzler. Als Resultat werden Ihnen daher sowohl Seiten zur Gattung der Kreuzblütler als auch zu den verschiedenen Personen mit diesem Namen angezeigt. Bei Google, der wohl bekanntesten und meistgenutzten Suchmaschine, sind beispielsweise annähernd 10 Millionen Webseiten aufgelistet, die diesen Begriff enthalten.

Nicht nur Google

Die Suchmaschinen können Sie im Browser ganz wie normale andere Webseiten aufrufen. Neben *Google* (*www.google.de*) gibt es etwa noch *Bing* (*www.bing.de*), die vergleichsweise neue Suchmaschine von Microsoft, den Klassiker *Yahoo* (*www.yahoo.de*) oder das eher noch unbekannte, aber ebenfalls leistungsfähige *Ask.com* (*www.ask.de*).

Die Nutzung dieser Suchmaschinen ist denkbar einfach. Sie rufen die entsprechende Webseite einfach auf, tragen den Suchbegriff in das Eingabefeld ein und klicken auf die Schaltfläche *Suche* bzw. starten den Suchvorgang durch Drücken der Taste `Eingabe`.

Bild 3.3 Die meisten aktuellen Suchmaschinen sind sehr übersichtlich gestaltet und konzentrieren sich ganz auf die Suchfunktion.

Suchanfragen genauer eingrenzen

Wie schon gesagt, führen einfache Suchbegriffe meist zu einer Unsumme von Treffern und in vielen Fällen kommt es durch nicht eindeutige Begriffe dazu, dass viele Fundstellen irrelevante Ergebnisse liefern.

Mehrere Suchbegriffe eingeben

Es empfiehlt sich daher, die Suchanfragen möglichst spezifisch zu formulieren. Häufig reicht es schon aus, die Suchanfrage mit mehreren Begriffen durchzuführen. Die Suchmaschinen sind so eingestellt, dass sie nur solche Seiten anzeigen, auf denen alle eingegebenen Begriffe enthalten sind.

Falls Sie in unserem Suchbeispiel den ehemaligen Bundeskanzler Kohl suchen, sollten Sie also unbedingt nach *Helmut Kohl* suchen, möchten Sie sich dagegen über die Pflanze informieren, geben Sie zusätzlich noch den Begriff *Pflanze* ein. Bei Google etwa blendet die Suchmaschine gleich bei der Eingabe entsprechende Vorschläge zu diesen zusätzlichen Suchbegriffen ein und zeigt Ihnen an, wie viele Fundstellen Sie jeweils erwarten. Sind die von Ihnen gewünschten zusätzlichen Spezifizierungen der Suchanfrage dabei, klicken Sie sie einfach an.

Bild 3.4 Geben Sie nach Möglichkeit mehrere Suchbegriffe ein, um die Anfrage genauer zu spezifizieren.

Phrasensuche

Bei der einfachen Suche nach mehreren Wörtern berücksichtigen die Suchmaschinen auch solche Seiten, bei denen diese Begriffe in keinem Zusammenhang stehen, sondern nur mehr oder weniger zufällig auf einer Seite vorkommen. Suchen Sie beispielsweise nach Informationen zu DSL-Modems und geben die Begriffe DSL und Modem ein, werden auch zahlreiche Seiten auftauchen, in denen es zwar irgendwie um DSL oder Modems geht, nicht aber in jedem Fall genau um dieses Gerät.

Bild 3.5 Durch das Setzen von Anführungszeichen wird nach der exakten Zeichenfolge gesucht.

In derartigen Fällen empfiehlt es sich oftmals, den genauen Suchbegriff in Anführungszeichen zu setzen. Hiermit beschränkt sich die Suche auf genau diese Zeichenfolge. Tragen Sie also *»DSL-Modem«* in das Eingabefeld der Suchmaschine ein, muss genau dieser Begriff exakt in dieser Form auch auf der Webseite vorkommen, um in die Trefferliste zu gelangen. Diese Art der Suche wird auch Phrasensuche genannt.

Begriffe ausschließen

Eine andere Variante, mit der Sie Suchanfragen etwas präzisieren können, ist das Ausschließen von Begriffen. Durch das Voranstellen eines Minuszeichens vor einem zusätzlichen Begriff sucht Google etwa nur nach solchen Seiten, auf denen dieses zusätzliche Wort nicht vorkommt.

Wenn Sie sich beispielsweise über Seeungeheuer informieren möchten, aber schon mehr als genug von Nessie erfahren haben und sich daher auf andere Berichte konzentrieren wollen, geben Sie beispielsweise *Seeungeheuer -Loch -Nessie* in das Eingabefeld ein. Die Trefferliste wird daraufhin nur noch solche Fundstellen enthalten, die über andere vermeintliche Seemonster berichten.

Bild 3.6 Durch den Ausschluss von Begriffen können Sie Ihre Anfrage ebenfalls spezifizieren.

Darüber hinaus gibt es bei den Suchmaschinen noch zahlreiche weitere Optionen, mit denen Sie Ihre Anfragen präzisieren können. Diese Einstellungsoptionen können Sie etwa bei Google über die *Erweiterte Suche* nutzen, die anderen Suchmaschinen bieten ähnliche Funktionen.

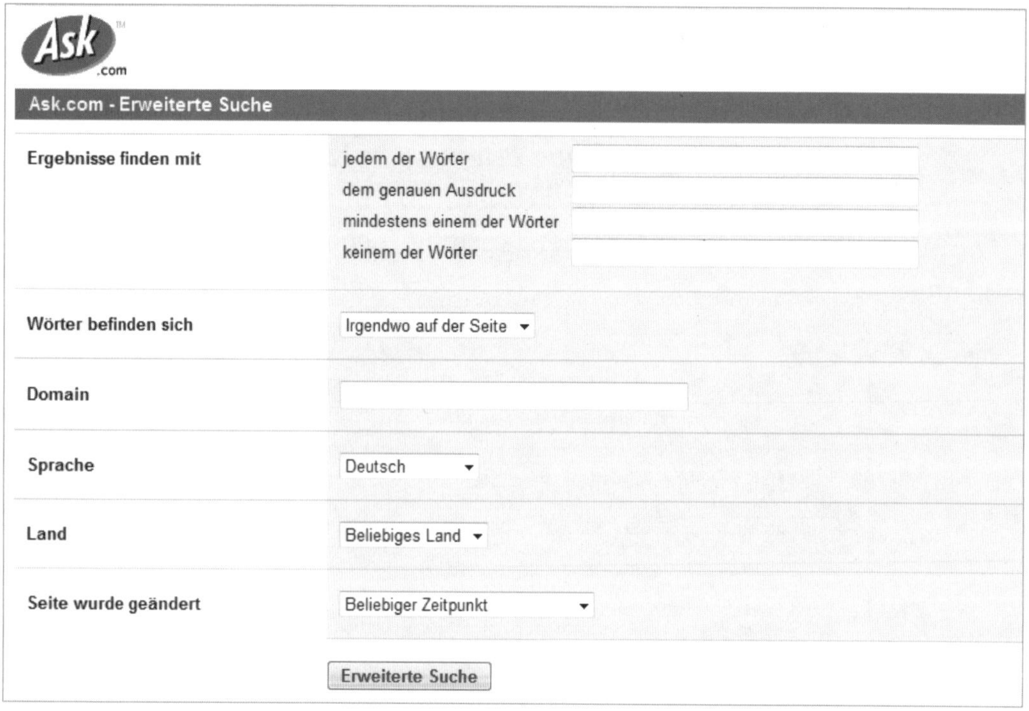

Bild 3.7 Alle Suchmaschinen, wie hier *ask.com*, bieten zusätzliche Einstellungsoptionen für eine engere Eingrenzung der Suchanfrage.

3.3 Die Suchmaschine im Browser

Um die Nutzung einer Suchmaschine noch bequemer zu machen, ist im Internet Explorer, wie bei allen anderen Browsern ebenfalls, gleich ein Eingabefeld für Suchanfragen eingebaut. Sie finden es in der rechten oberen Ecke des Browsers.

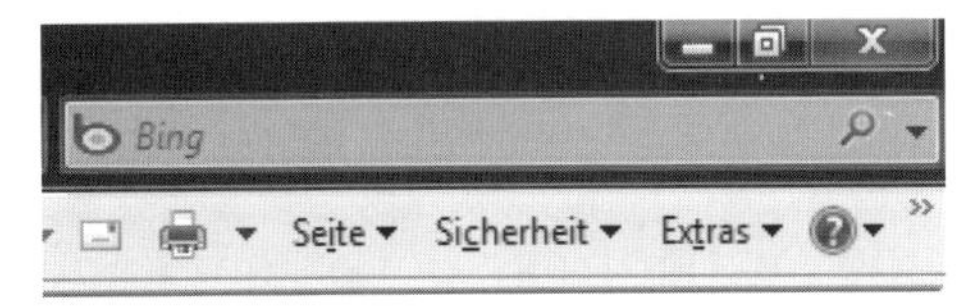

Bild 3.8 Das Eingabefeld für die Suchmaschine im Internet Explorer

Dieses Suchfeld erspart Ihnen den Aufruf der jeweiligen Suchmaschine. Sie können die Suchbegriffe gleich hier eintragen und durch Anklicken der Schaltfläche mit der Lupe die Suche gleich starten.

Seit Kurzem hat Microsoft den Internet Explorer so eingestellt, dass die Suchanfrage standardmäßig an die neue Microsoft-Suchmaschine Bing weitergeleitet wird. Wollen Sie jedoch einen anderen Suchdienst nutzen, klicken Sie auf die kleine Schaltfläche mit dem schwarzen Dreieck rechts neben der Lupe und wählen aus der ausklappenden Liste den gewünschten Anbieter aus.

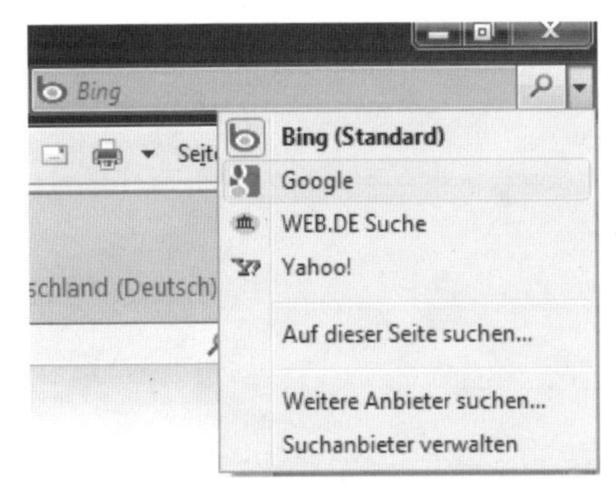

Bild 3.9 Sie können von Fall zu Fall auch andere Suchdienste für Ihre Anfragen auswählen und der Liste auch zusätzliche Suchmaschinen hinzufügen.

Welche Suchdienste hier bereits eingetragen sind, hängt ganz von den Voreinstellungen Ihres Rechners ab. Sie können jedoch jederzeit auch zusätzliche Suchmaschinen einbinden. Klicken Sie dazu in der Liste auf den Eintrag *Weitere Anbieter suchen*. Sie gelangen dann auf eine spezielle Webseite, wo Sie durch einfaches Anklicken der jeweiligen Schaltfläche zusätzliche Suchhilfen einfügen können.

Wollen Sie generell jede Suchanfrage bei einem anderen Dienst durchführen, können Sie den Suchstandard ebenfalls ändern. Klicken Sie dazu auf den Eintrag *Suchanbieter verwalten* (s. o.). Im sich öffnenden Fenster klicken Sie die gewünschte neue Standardsuchmaschine an und dann auf die Schaltfläche *Als Standard* und anschließend auf *Schließen*. Sofort werden Anfragen an diese Suchhilfe weitergeleitet, wenn Sie eine Suche über das Suchfeld starten.

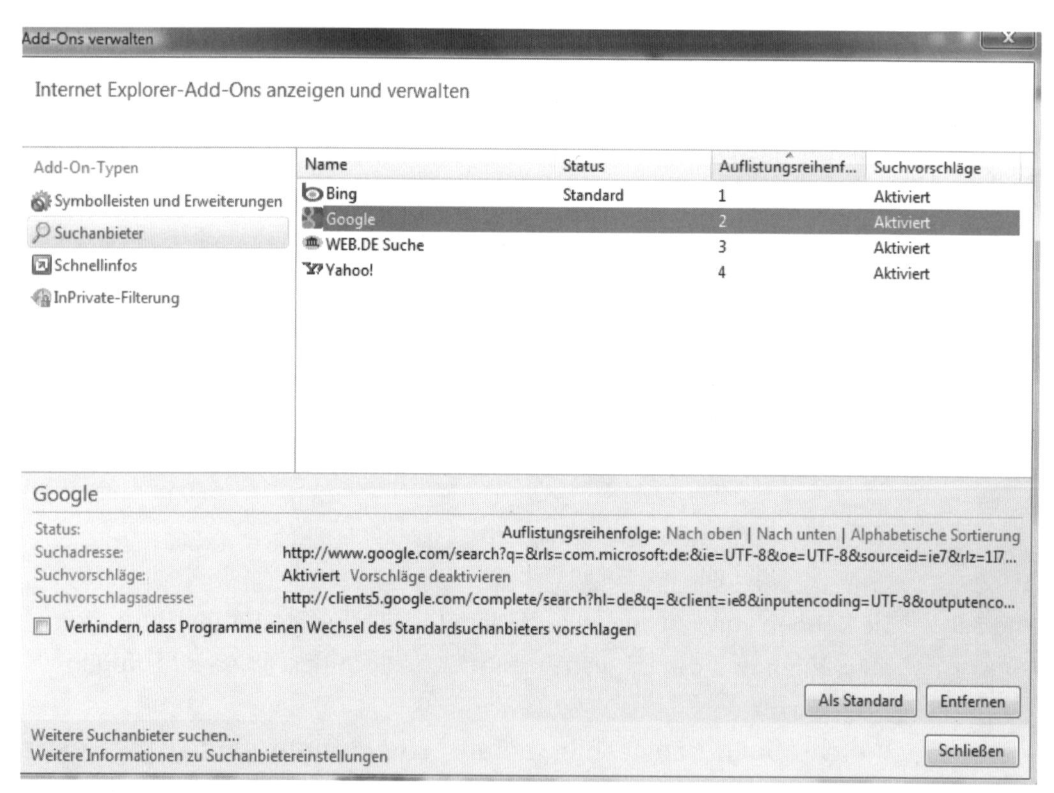

Bild 3.10 Sie können die Standardsuchmaschine auch ändern und andere Anbieter auswählen.

3.4 Google: Mehr als nur die Suche im Web

Die Suche im Web ist längst nicht alles, was die modernen Suchmaschinen beherrschen. So verfügen Google und auch die anderen Suchmaschinen meist noch über weitere Suchfunktionen, die Sie ebenfalls kinderleicht nutzen können. Bei Google etwa finden Sie diese zusätzlichen Optionen am oberen Rand des Fensters.

Bild 3.11 Google bietet diverse weitere Suchoptionen.

Sie können hierüber eine Suche speziell nach *Bildern* und *Videos* genauso einfach starten wie eine Suche nach aktuellen Nachrichtenmeldungen (*News*). Für die News-Suche etwa durchsucht Google Hunderte von aktuellen deutschsprachigen Nachrichtenseiten im Internet. Tragen Sie also einfach den Begriff oder Namen in das Eingabefeld ein und klicken Sie dann *News* an.

In der Ergebnisliste können Sie danach beispielsweise noch einmal den Zeitraum beschränken, aus dem die angezeigten Treffer stammen sollen.

Über den Bereich *Maps* können Sie sich Kartenmaterial anzeigen lassen oder einen Routenplaner nutzen. Hinter *Shopping* verbirgt sich ein Link zu einem Produktkatalog mit Preisvergleichen und Bewertungen der Händler.

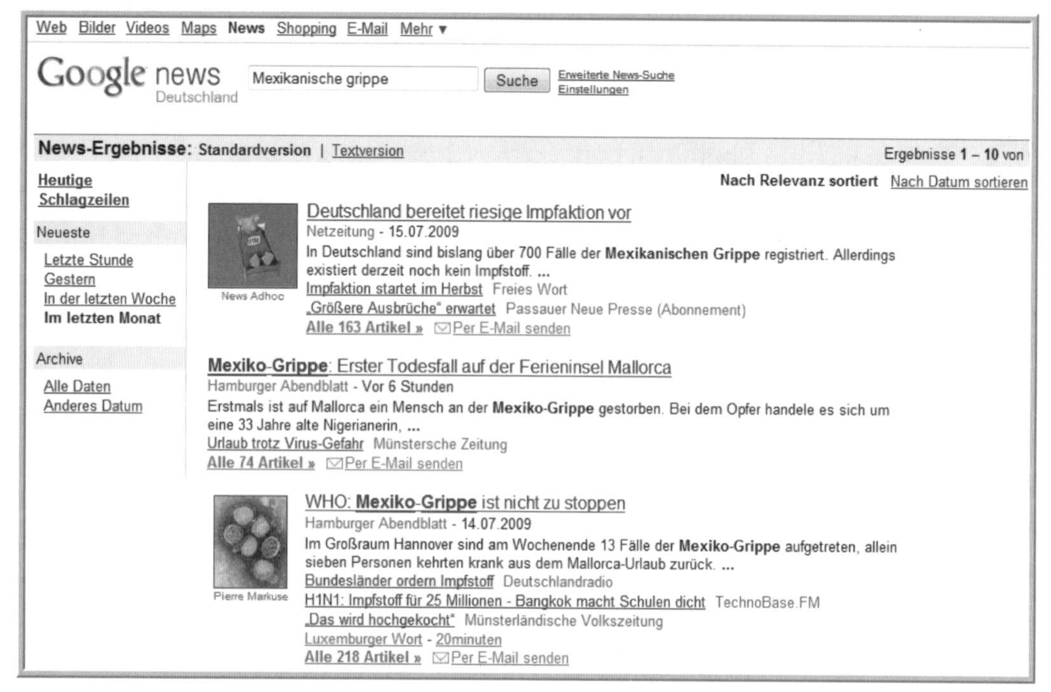

Bild 3.12 Für die News-Suche werden zahlreiche Nachrichtenquellen angezapft.

Über den Link *Mehr* stehen schließlich noch weitere Recherchemöglichkeiten zur Verfügung. So lässt sich beispielsweise gezielt in den sogenannten *Blogs* suchen. Diese Blogs sind gewissermaßen die moderne Form eines Tagebuchs oder Journals. Viele Fachleute, aber auch beliebige Personen veröffentlichen dort aktuelle Informationen oder auch Meinungen.

Eine andere Plattform zum Informations- und Meinungsaustausch stellen die Newsgroups dar. Newsgroups hat es schon lange vor dem World Wide Web gegeben, und sie werden immer noch aktiv genutzt. Hier werden in virtuellen Diskussionsrunden alle nur erdenklichen Themen behandelt und oftmals können Sie hier auf qualifizierte Expertenauskünfte stoßen. Über *Groups* können Sie bei Google das größte Archiv dieser Newsgroups durchsuchen.

Bild 3.13 Mit Google können Sie auch gezielt in Blogs und Newsgroups suchen.

3.5 Spezialsuchmaschinen: Experten für bestimmte Themen

So gut die großen Suchmaschinen wie Google oder Bing auch sind, Sie sollten durchaus auch mal eine der Alternativen ausprobieren, um zu sehen, ob die Konkurrenz nicht vielleicht doch noch die eine oder andere interessante Seite aufstöbert. Denn keine der Suchmaschinen kann wirklich das gesamte Internet erfassen, und die Datenbanken der Dienste sind nicht immer mit denselben Inhalten gefüttert.

Zudem gibt es eine Reihe von Fragen, für die diese allgemeinen Suchmaschinen nur begrenzt geeignet sind und für die bestimmte Suchspezialisten die bessere Alternative sein können. Einige Spezialfunktionen haben Suchmaschinen wie *Google* oder *Bing* ja schon integriert, wie etwa die Suche nach Bildern oder nach Produkten.

Wollen Sie beispielsweise vor einer Kaufentscheidung im Internet einen Produkt- bzw. Preisvergleich durchführen, gibt es verschiedene Konsumentenportale wie etwa *Idealo* (*www.idealo.de*), *Kelkoo* (*www.kelkoo.de*), *Billiger.de* (*www.billiger.de*), um nur einige zu nennen. Um interessante Videos zu finden, können Sie auch gleich auf dem wichtigsten Videoportal *YouTube* (*www.youtube.de)* nachsehen.

Bild 3.14 Suchanfragen zwecks Preisvergleich richten Sie am besten gleich an einen Spezialanbieter.

Für die Suche nach Telefonnummern gibt es Nachschlagewerke wie *Das Telefonbuch* (*www.dastelefonbuch.de*) oder *Telefonbuch 11880* (*www.11880.com*). Sind Sie auf der Suche nach Informationen zu mehr oder weniger bekannten Personen, werden Sie mit hoher Wahrscheinlichkeit bei *Yasni* (*www.yasni.de*) fündig.

Sind Sie an allgemeinen, lexikalischen Informationen interessiert, können Sie Ihr Glück auch gleich bei dem wichtigsten Nachschlagewerk im Internet versuchen, der *Wikipedia* (*de.wikipedia.org*).

Daneben gibt es zahlreiche weitere spezialisierte Suchhilfen im Web, deren Aufzählung an dieser Stelle zu weit ginge. Eine erste Anlaufstelle im Web, über die Sie derartige Spezialdienste finden können, ist etwa *Klug Suchen* (*www.klug-suchen.de*).

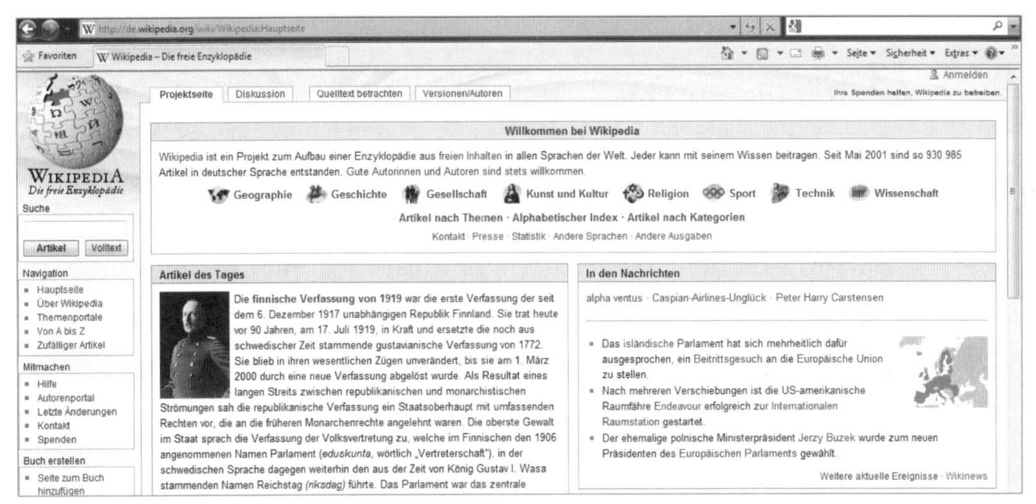

Bild 3.15 Die Wikipedia gehört für die meisten Internetnutzer zu den wichtigsten Informationsquellen.

Meta-Suchmaschinen

Mitunter kann es bei einer Recherche angebracht sein, die Anfrage nicht nur an eine Suchhilfe zu richten, sondern gleich mehrere Suchdienste zu nutzen. Hierbei nehmen Ihnen die sogenannten Meta-Suchmaschinen einen großen Teil der Arbeit ab. Statt nacheinander mehrere Suchmaschinen abzuklappern und jeweils dieselbe Suche zu starten, geben Sie hier nur einmal die Suchbegriffe ein, die von der Suchmaschine dann an verschiedene Suchhilfen weitergeleitet werden. Die von den einzelnen Suchhilfen gelieferten Ergebnisse werden von der Meta-Suchmaschine gesammelt und aufbereitet. Insbesondere werden die vielen identischen Treffer der verschiedenen Suchmaschinen zusammengefasst, sodass die Liste nicht zu unübersichtlich wird. Eine deutschsprachige Meta-Suchmaschine ist etwa *Metager* (*www. metager.de*). Eine zusammengefasste Suche bei den größten internationalen Suchanbietern ermöglicht der *Monster Crawler* (*www.monstercrawler.com*).

Webkataloge

Durch die zunehmende Leistungsfähigkeit der Suchmaschinen haben die früher recht populären Webkataloge deutlich an Bedeutung verloren. Bei diesen Suchhilfen werden nicht einfach alle Webseiten automatisch erfasst und indexiert wie bei den Suchmaschinen, sondern sie umfassen vielmehr Sammlungen von Webadressen, die thematisch geordnet sind.

Die Erfassung der Adressen und die Zuordnung der Webseiten zu den jeweiligen Rubriken erfolgt nicht durch Computer, sondern wird gewissermaßen in Handarbeit durch Mitarbeiter der Anbieter bzw. durch Freiwillige erledigt. Der Umfang dieser Webkataloge kann daher längst nicht an die maschinell erstellten Indizes der großen Suchmaschinen heranreichen, für einige Suchzwecke, etwa bei der Suche nach allgemeinen Informationen zu einem Thema, können die Kataloge allerdings eine brauchbare Alternative sein.

Zu den bekanntesten Webkatalogen gehört etwa das *Open Directory Project* (*www.dmoz.org/World/Deutsch*), aber auch bei *allesklar.de* (*www.allesklar.de*) finden Sie einen umfangreichen Webkatalog.

Von der Startseite dieser Webkataloge aus können Sie hier in die Rubriken und Unterrubriken verzweigen, um dann schon nach wenigen Schritten zu einer Übersicht der im Katalog erfassten Websites zu gelangen. Allerdings hat die übermächtige Konkurrenz durch die Suchmaschinen in jüngster Zeit dazu geführt, dass viele Webkataloge geschlossen wurden und diese Art der Internet-Suchhilfen wohl in absehbarer Zeit aussterben dürfte.

Wenn Sie beispielsweise einmal einen Ausflug in einen botanischen Garten planen, finden Sie im Katalog von *allesklar.de* eine Übersicht etwa unter der Rubrik *Reisen & Tourismus – Ausflugsziele – Gärten & Parkanlagen*. Sie müssen sich jedoch nicht mühsam hierhin durchklicken, sondern können natürlich den entsprechenden Suchbegriff auch direkt in das Eingabefeld eintragen.

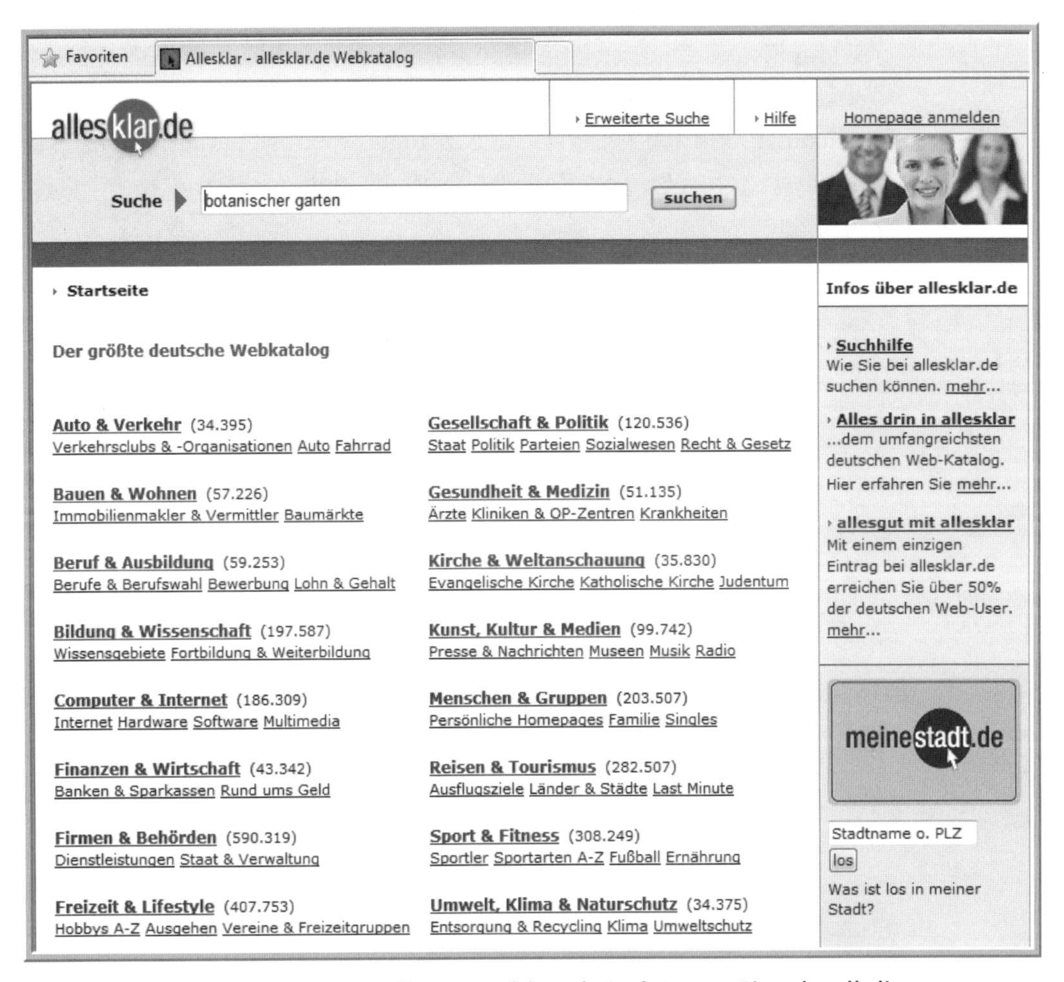

Bild 3.16 Auch über gut gepflegte Webkataloge können Sie schnell die gewünschten Informationen finden.

Lokale Suchmaschinen

Häufig kommt es auch vor, dass Sie nur an Informationen aus Ihrer näheren Umgebung bzw. einer Stadt interessiert sind, etwa wenn Sie ein Dienstleistungsunternehmen suchen oder sich über lokale Freizeit- und Kulturangebote schlau machen wollen. Für solche standortbezogenen Suchanfragen gibt es ebenfalls Spezialisten wie etwa *Suchen.de* (*www.suchen.de*) oder *meinestadt.de* (*www.meinestadt.de*).

Kapitel 4

E-Mails schreiben und lesen

Neben dem Surfen im World Wide Web ist E-Mail die zweite besonders wichtige Nutzungsmöglichkeit im Internet. E-Mails sind gewissermaßen elektronische Briefe, die in Sekundenschnelle quer über den ganzen Globus verschickt werden können. Dabei spielt es keine große Rolle, ob der Empfänger nun in derselben Stadt wohnt wie Sie oder auf einem anderen Kontinent, denn meist dauert es nur wenige Minuten, bis die E-Mail am Bestimmungsort ankommt. Gegenüber der konventionellen Briefpost sind die E-Mails jedoch nicht nur deutlich schneller, sondern auch preiswerter. Falls Sie beispielsweise ohnehin schon eine Flatrate für den Internetzugang nutzen, also einen monatlichen Pauschalpreis zahlen, fallen meist keine weiteren Kosten für das Versenden oder Empfangen der E-Mails an.

Bild 4.1 Ohne eigene E-Mail-Adresse geht heutzutage nicht mehr viel.

Schließlich sind E-Mails auch geeignet, um zusätzliche Informationen wie Bilder oder auch andere Dateien (etwa Audio- und Videodateien, PDF-Dokumente etc.) zu verschicken. Solche Dateien werden einfach als Anhang mitgesendet und der Empfänger kann sie dann auf seinem Computer speichern und öffnen oder ausdrucken. Egal, ob Sie nun Urlaubsfotos oder die Kopie eines Zeitungsberichts verschicken wollen – per E-Mail ist dies eine einfache Sache.

4.1 E-Mail-Grundlagen

Ähnlich wie für den Internetzugang benötigen Sie auch für die E-Mail-Nutzung die Dienste eines Providers. Dieser betreibt gewissermaßen ein elektronisches Postamt in Form eines Mail-Servers, bei dem Sie sich Ihr eigenes E-Mail-Postfach für die an Sie adressierten E-Mails mieten und in dessen elektronischen Briefkasten Sie Ihre E-Mails einwerfen.

Diese Mail-Server sind permanent mit dem Internet verbunden, sodass E-Mail-Nachrichten jederzeit in Ihrem Postfach angenommen werden können. Auch wenn Ihr Rechner also einmal ausgeschaltet ist, bleiben Sie per E-Mail erreichbar. Über ein spezielles E-Mail-Programm oder alternativ auch über einen Web-Browser (mehr zu den beiden Varianten erfahren Sie gleich) können Sie dann immer, wenn Sie es wünschen, nach neuen E-Mails in Ihrem Postfach schauen und sich diese anzeigen lassen. Dabei haben Sie mittlerweile meist auch die Wahl, ob Sie die Nachrichten in diesem Postfach beim Mail-Server belassen wollen oder ob Sie die E-Mails komplett auf Ihren eigenen Rechner herunterladen möchten.

POP und IMAP

Werden die Nachrichten üblicherweise direkt im Postfach gespeichert und verwaltet, also etwa zur besseren Übersicht in verschiedene Ordner einsortiert, spricht der Fachmann von einem IMAP-Server. Werden dagegen die E-Mails beim Abruf gleich auf den eigenen Rechner des Nutzers übertragen, nennt man dies üblicherweise einen POP-Server. Die Abkürzungen stehen für Internet Message Access Protocol (IMAP) und Post Office Protocol (POP). Bei POP hat man also die E-Mails immer auf dem eigenen Rechner und kann sie auch lesen, wenn man gerade einmal keine Internetverbindung hat, bei IMAP kann man dagegen nur bei einer bestehenden Internetverbindung auf die im Postfach gespeicherten E-Mails zugreifen. Im privaten Bereich dominiert bis heute POP. Die Provider hatten aus Kostengründen die Speicherkapazitäten recht eng bemessen, sodass die Postfächer recht schnell voll waren, was dann dazu führte, dass zusätzliche E-Mails hier gar nicht erst angenommen und gespeichert werden konnten. Da mittlerweile jedoch Speicherplatz kaum noch etwas kostet und ohnehin immer mehr Internetnutzer über Breitbandanbindungen quasi dauerhaft mit dem Internet verbunden sind, finden sich auch immer öfter IMAP-Postfächer.

E-Mail-Adresse

Zu Ihrem E-Mail-Konto gehört in jedem Fall auch eine unverwechselbare, weltweit einmalige E-Mail-Adresse, denn nur wenn es jede Adresse nur einmal gibt, ist eine fehlerfreie Zustellung der E-Mails ja überhaupt möglich. Die E-Mail-Adressen sind nach einem ganz einfachen Grundmuster aufgebaut und bestehen aus zwei Komponenten, die durch das typische E-Mail-Kennzeichen, das @, voneinander getrennt werden.

Zunächst einmal gibt es den individuellen Benutzernamen, der entweder identisch mit dem richtigen Namen (z. B. *Peter. Meier*), aber auch ein beliebiges Pseudonym (z. B. *Klausi74* oder *Wurzelsepp*) sein kann. Einige Zeichen wie etwa das Leerzeichen dürfen allerdings nicht direkt verwendet werden, sodass etwa zwischen Vor- und Nachname meist andere Zeichen wie beispielsweise ein Punkt oder ein Unterstrich eingefügt werden. Auch Umlaute können in diesem Teil der E-Mail-Adresse nicht verwendet werden. Zwischen Groß- und Kleinschreibung wird hier üblicherweise nicht unterschieden.

Nach diesem Teil der E-Mail-Adresse kommt als Trennzeichen das Zeichen @ (ausgesprochen wie das englische *at*, also übersetzt etwa *bei*). Das Zeichen geben Sie auf Ihrer PC-Tastatur durch gleichzeitiges Drücken der Tasten `Q` und `AltGr` ein.

Die zweite Komponente der E-Mail-Adresse schließlich steht etwas vereinfacht ausgedrückt für den Rechner, auf dem Ihr E-Mail-Konto verwaltet und geführt wird. Die meisten größeren Firmen und Organisationen unterhalten solche eigenen Rechner bzw. Mailserver. So kann man an den E-Mail-Adressen häufig erkennen, wo eine Person beschäftigt ist. Dieser Teil der Internetadresse wird auch globaler Teil oder Domain-Part genannt. Innerhalb einer solchen Domain kann jeder individuelle Benutzername nur einmal vergeben werden.

Bei den von den Providern vergebenen E-Mail-Adressen besteht dieser Namensteil naheliegenderweise aus dem Providernamen. Endet die E-Mail-Adresse also beispielsweise auf *@t-online* oder *@aol.com*, so kann man davon ausgehen, dass der Besitzer dieser Adresse Kunde bei eben diesem Provider ist. Da bei den großen Providern sehr viele Nutzer registriert sind, sind die Chancen sehr gering, dass Sie hier Ihren regulären Namen als Benutzernamen verwenden können, sofern Sie nicht über einen sehr ausgefallenen Namen verfügen. Selbst einfache Pseudonyme sind meist schon vergeben, sodass Sie schon etwas Fantasie bei der Auswahl der E-Mail-Adresse mitbringen müssen.

4.2 Das eigene E-Mail-Konto

Die Voraussetzungen, um am E-Mail-Austausch teilnehmen zu können, sind schnell geschaffen. Das Wichtigste dabei ist ein

E-Mail-Konto, das Sie sich am einfachsten als Kombination aus Ihrem persönlichen elektronischen Postfach und einem elektronischem Briefkasten vorstellen können. Mit dem E-Mail-Konto bekommen Sie dann auch Ihre individuelle E-Mail-Adresse, die natürlich weltweit nur einmal vergeben werden darf, damit es nicht zu Unstimmigkeiten kommt.

Bild 4.2 Unabhängige E-Mail-Konten gibt es als Gratisversionen oder auch gegen ein meist geringes Entgelt mit Zusatzfunktionen.

Ein solches E-Mail-Konto samt der dazugehörigen E-Mail-Adresse können Sie auf zwei unterschiedliche Arten bekommen. Meist erhalten Sie bereits von Ihrem Internet-Provider ein solches Konto und häufig sogar mehrere Konten. Daneben gibt es aber auch noch viele spezialisierte E-Mail-Dienstleister, bei denen Sie solche Konten samt der dazugehörigen Adressen mieten können. Zumindest in einer Grundversion sind solche Angebote meist kostenfrei. Wenn Sie allerdings besonders viele E-Mails versenden und empfangen, können Sie hier auch besonders leistungsfähige Angebote nutzen, wofür dann allerdings ein Entgelt zu zahlen ist. Mitunter sind bei diesen kostenpflichtigen Angeboten aber noch interessante Extras wie etwa die Möglichkeit zum Versand kostenfreier SMS oder MMS enthalten.

Argumente für ein unabhängiges E-Mail-Konto

Wenn man doch ohnehin schon beim eigenen Internet-Provider ein E-Mail-Konto besitzt, weshalb sollte man dann überhaupt noch ein anderes Konto verwenden? Diese Frage stellen sich die meisten Anwender und verzichten zunächst auf Nutzung einer anderen E-Mail-Adresse. Dagegen ist im Grunde auch gar nichts einzuwenden, problematisch kann dies jedoch dann werden, wenn Sie nach einiger Zeit einmal Ihren Provider wechseln wollen – sei es, dass Sie mit der hier gebotenen Leistung nicht mehr zufrieden sind, sei es, weil andere Anbieter deutlich günstigere Konditionen anbieten, oder aus welchen Gründen auch immer. Nach einem Providerwechsel ist es leider oft so, dass Sie nun auch die alten E-Mail-Konten nicht weiter nutzen können und die alten E-Mail-Adressen damit unbrauchbar werden.

Sie müssen dann allen möglichen Kommunikationspartnern Ihre neue E-Mail-Anschrift mitteilen, was durchaus mit einigem Aufwand verbunden sein kann, besonders wenn Sie Ihre Mailadresse sehr intensiv genutzt haben. Nutzen Sie dagegen eine E-Mail-Adresse bei einem der unabhängigen E-Mail-Dienste, können Sie diese Anschrift natürlich auch bei einem Wechsel des Internet-Providers weiterhin verwenden.

Zum Ausprobieren der E-Mail sind die vom Internet-Provider zur Verfügung gestellten Adressen jedoch in jedem Fall zu gebrauchen. Wenn Sie dann von den Vorteilen der E-Mail-Kommunikation überzeugt sind und feststellen, dass Sie dieses Medium doch intensiver nutzen, können Sie sich immer noch ein zusätzliches E-Mail-Konto bei einem der E-Mail-Dienste einrichten. Wie schon erwähnt, gibt es diese Konten in einer einfachen Ausführung meist gratis, sodass Sie keine weiteren Kosten befürchten müssen – abgesehen von besonderen kostenpflichtigen Premium-Diensten, die meist noch andere Serviceleistungen beinhalten.

E-Mail über ein eigenes Programm und im Browser nutzen

Während das Web und die Web-Browser erst in den 90er Jahren des letzten Jahrhunderts erfunden wurden, ist E-Mail schon seit wesentlich längerer Zeit bekannt. Die allererste E-Mail von einem Computer an einen anderen wurde bereits im Jahr 1971 versendet.

Um E-Mails zu empfangen und zu versenden, benötigt man auch ein spezielles Programm auf dem Rechner, genau wie Sie ja auch einen Browser benötigen, um im Web zu surfen. Viele dieser E-Mail-Programme sind gratis zu bekommen, auf einigen Rechnern sind sie auch schon vorhanden. So lieferte Microsoft etwa bis zur Version Vista zusammen mit seinen Windows-Betriebssystemen eine solche Software mit. Outlook Express bzw. Windows Mail heißen diese Programme, allerdings fehlt in Windows 7 ein solches Programm. Nutzen Sie also noch eines der älteren Windows-Betriebssysteme (XP oder Vista), haben Sie ein E-Mail-Programm bereits auf Ihrem Rechner, unter Windows 7 können Sie sich beispielsweise über Windows Live eine solche Software herunterladen. Wie Sie sich dieses Programm besorgen können und damit E-Mails versenden und empfangen, erfahren Sie etwas später in diesem Kapitel.

Daneben gibt es selbstverständlich auch noch andere E-Mail-Programme. So gehört etwa Outlook, das Bestandteil des Programmpakets Office ist, zu den bekanntesten Programmen dieser Art. Allerdings bietet Outlook neben der E-Mail-Funktionalität noch zahlreiche andere Funktionen wie eine komplexe Aufgaben- und Terminverwaltung sowie umfangreiche Adressbuchfunktionen.

Für die meisten Privatanwender ist dieses Programm damit fast schon überdimensioniert. Wenn Sie allerdings bereits eine Office-Version mit Outlook auf Ihrem PC haben, können Sie dieses Programm natürlich direkt verwenden.

Ein anderes weit verbreitetes E-Mail-Programm ist Thunderbird. Es stammt von derselben Organisation, die auch den Firefox-Browser entwickelt, und kann von jedermann kostenfrei verwendet werden. Das Programm können Sie sich beispielsweise über die Website der Entwickler (*http://de.www.mozillamessaging.com/de/thunderbird*) herunterladen und auf Ihrem Rechner installieren.

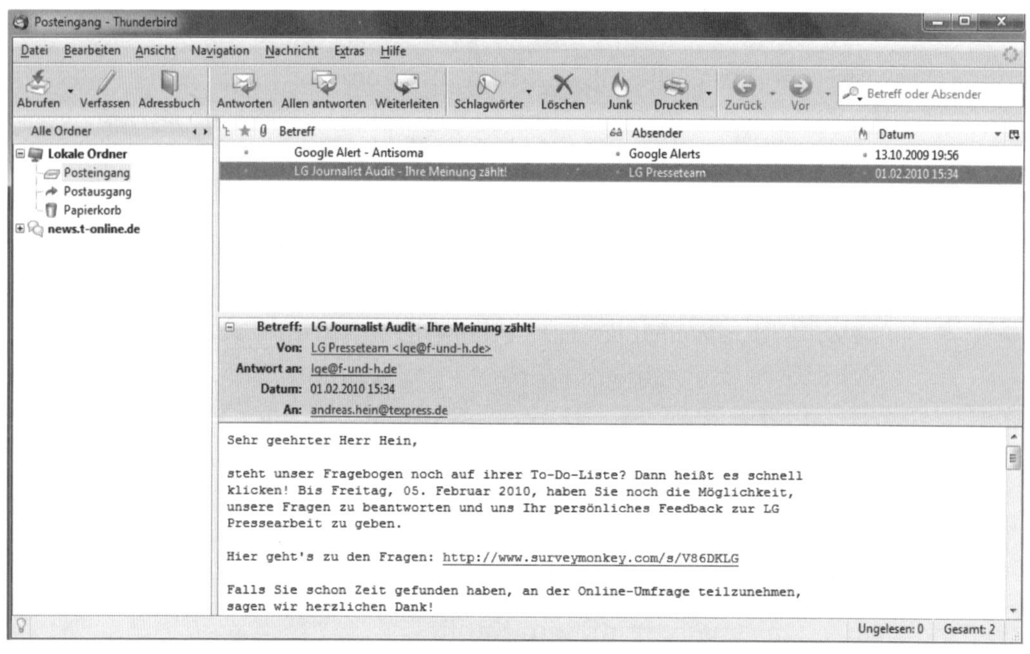

Bild 4.3 Thunderbird ist ein populäres E-Mail-Programm, das Sie kostenfrei nutzen können.

Wenn Ihnen die Nutzung eines zusätzlichen Programms zu kompliziert erscheint, können Sie auch auf eine Alternative zurückgreifen, bei der Sie Ihre E-Mails einfach über den gewohnten

Web-Browser senden und empfangen können. Dazu benötigen Sie im Grunde nur ein sogenanntes Webmail-Konto, das Sie bei allen E-Mail-Dienstanbietern bekommen können. Hierbei läuft die für den Versand und Empfang der E-Mails notwendige Software auf den Rechnern des E-Mail-Dienstleisters und Sie bedienen diese Software über ganz normale Webseiten.

Bei Webmail-Angeboten bleiben die E-Mails ähnlich wie bei den bereits erwähnten IMAP-Postfächern auf dem Server des Anbieters gespeichert. Sie haben also nur dann einen Zugang zu Ihren E-Mails, wenn Sie online, also mit dem Internet verbunden sind. Allerdings können Sie die E-Mails aus dem Postfach hier ebenso wie bei IMAP auch auf Ihren Rechner herunterladen. Vor allem wenn Ihr E-Mail-Anbieter nur einen vergleichsweise geringen Speicherplatz bietet, sollten Sie diese Funktion nutzen, um zu verhindern, dass Ihr Postfach verstopft und nach der vollständigen Auslastung der Speicherkapazität neue E-Mails nicht mehr angenommen, sondern zum Absender zurückgeschickt werden.

Webmail oder E-Mail-Programm?

Ob Sie nun E-Mail besser über einen Webmailer oder über ein E-Mail-Programm nutzen, hängt ganz von Ihren individuellen Anforderungen ab. Für die Verwendung von Webmail spricht, dass Sie hier ein Konto ganz einfach einrichten können und vor allem auch von überall aus darauf zugreifen können. Sind Sie beispielsweise im Urlaub, reicht schon ein beliebiger Rechner mit Internetzugang aus, um auf Ihre E-Mails zugreifen und auch selber E-Mails versenden zu können.

Denn bei dieser Art der E-Mail-Nutzung bleiben die E-Mails üblicherweise auch nach dem Lesen auf dem E-Mail-Server des Anbieters gespeichert. Sie melden sich einfach über den Browser auf der Webseite an, haben dann Zugriff auf alle neuen und hier gespeicherten E-Mails und können natürlich auch jederzeit eigene E-Mails verfassen und abschicken. Auch in einem Internet-

Café oder auf den PCs von Freunden oder Familienangehörigen ist der Zugriff auf Ihre E-Mails daher möglich. Nach dem Abmelden bleiben keine weiteren Spuren auf diesen PCs zurück, sodass trotz der Nutzung der fremden PCs niemand Zugang zu Ihrem E-Mail-Konto hat.

Für die Nutzung eines eigenständigen E-Mail-Programms sprechen dagegen die meist deutlich komfortablere Bedienung und die vielfältigen Einstellungsoptionen. Allerdings können Sie nur auf dem Rechner, auf dem Sie auch die E-Mail-Software mit Ihren persönlichen Zugangsdaten eingerichtet haben, Ihr E-Mail-Konto nutzen. Zudem ist es zumindest beim üblicherweise verwendeten POP-Verfahren so, dass die E-Mails beim Abruf des Kontos automatisch auf den Rechner, von dem aus dieser Abruf erfolgt, übertragen und dann vom Mail-Server des Dienstanbieters gelöscht werden. Alle bereits empfangenen E-Mails sind daher normalerweise nur auf Ihrem Rechner vorhanden, und anders als beim Webmail können Sie daher nicht von anderen Rechnern darauf zugreifen.

4.3 Ein Webmail-Konto beantragen und einrichten

Ein Konto bei einem Webmail-Angebot können Sie online beantragen. Bei den meisten Angeboten können Sie anschließend sofort loslegen, bei anderen werden Ihre Angaben zu den persönlichen Daten zunächst überprüft und bis zur endgültigen Freigabe vergeht dann etwas Zeit.

Zu den bekanntesten Anbietern von Webmail-Diensten gehören etwa Web.de mit seinem Freemail-Angebot (*www.freemail.de*), GMX (*www.gmx.de*), Google Mail (*www.google.de*) oder Yahoo (*de.yahoo.com*). Die Beantragung eines Kontos ist sehr einfach. Neben Ihren persönlichen Daten (Name, Anschrift etc.) werden kaum Informationen benötigt.

Sie können versuchen, Ihre E-Mail-Wunschadresse zu beantragen, wobei Sie lediglich den Teil der Adresse vor dem @ mehr oder weniger frei wählen können, denn der zweite Teil der Adresse wird ja vom Anbieter vorgegeben und bezeichnet dessen Mail-Server. Da die meisten Adressen nach dem Muster *Vorname.Nachname@providername* jedoch bereits vergeben sind, müssen Sie üblicherweise etwas kreativ werden und sich meist Namenszusätze ausdenken oder auf Fantasienamen ausweichen. Meist unterstützt Sie dabei der E-Mail-Dienst und macht von sich aus verschiedene Alternativvorschläge, falls Ihr Wunschname bereits vergeben ist.

WEB.DE Anmeldung für E-Mail & mehr

Auf nur einer Seite richten Sie in vier einfachen Schritten Ihr kostenloses E-Mail-Konto bei WEB.DE FreeMail ein und erhalten Zugriff auf viele weitere WEB.DE Services.

Schritt 1: Persönliche Angaben

Anrede* Herr Frau
Vorname*
Nachname*
Straße / Hausnummer*
Postleitzahl / Ort*
Land Deutschland
Geburtsdatum* . . (z.B. 17.03.1975)

Schritt 2: E-Mail-Adresse wählen

Wählen Sie nun Ihren E-Mail-Wunschnamen mit mindestens 5 Zeichen (den Teil der E-Mail-Adresse **vor** dem @-Zeichen). Sollte dieser nicht mehr verfügbar sein, schlagen wir Ihnen anhand der bisherigen Angaben freie Alternativen vor.

E-Mail-Wunschname* @web.de Verfügbarkeit prüfen
Mindestlänge 5 Zeichen, z.B. "Hans.Mueller"

Schritt 3: Passwort wählen

Bitte geben Sie hier ein Passwort für Ihr neues E-Mail-Postfach mit mindestens 7 Zeichen an. Das Passwort darf übrigens auch Zahlen und Sonderzeichen enthalten, was die Sicherheit erhöht.

Passwort*
Passwort wiederholen*

Bild 4.4 Die Beantragung eines E-Mail-Kontos bei einem Webmail-Dienst ist kein großer Akt und in wenigen Minuten erledigt.

Haben Sie dann eine passende E-Mail-Adresse ausgesucht, wählen Sie noch ein Passwort aus, über das Sie sich auf den Webseiten des E-Mail-Dienstes legitimieren müssen, um auf Ihr E-Mail-Postfach zugreifen zu können. Dieses Passwort sollte nicht zu simpel sein, andernfalls könnte Ihr E-Mail-Konto leicht geknackt werden und fremde Personen könnten Ihre E-Mails lesen oder sogar unter Ihrem Namen E-Mails verschicken. Viele Provider testen daher das von Ihnen eingegebene Passwort und teilen Ihnen mit, wie sicher oder unsicher es ist.

E-Mails senden und empfangen

Die meisten Webmail-Dienste sind weitestgehend selbsterklärend. Nach dem Anmelden beim Dienst mit Benutzername und Passwort gelangen Sie meist auf eine Startseite, von der aus Sie über die entsprechenden Links beispielsweise Ihren Posteingang abrufen können oder zum Erstellen einer eigenen E-Mail auf eine Seite mit einem entsprechenden Formular gelangen.

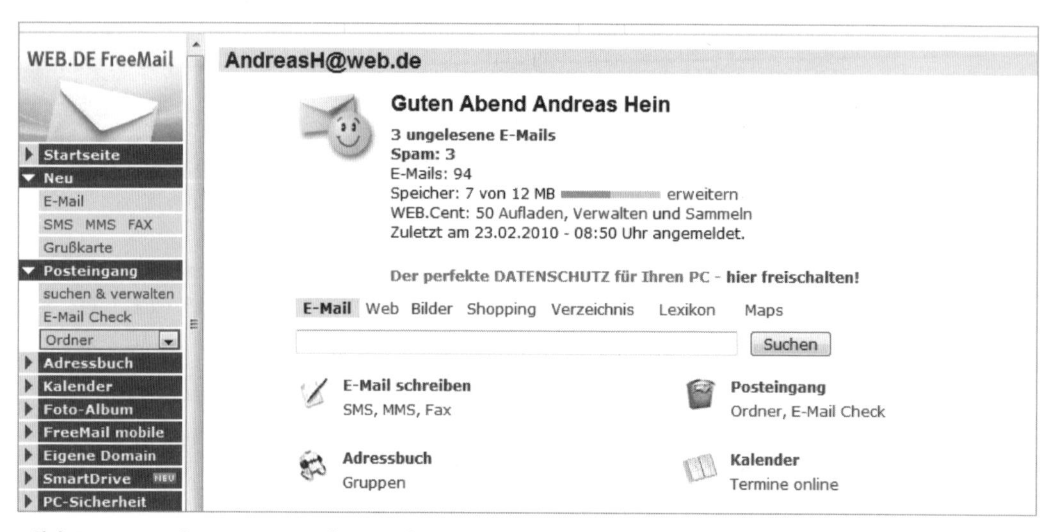

Bild 4.5 Die Nutzung der Webmail-Dienste ist meist selbsterklärend.

Im Detail unterscheiden sich Aussehen und Funktionsumfang der einzelnen Dienste teilweise recht deutlich. Zumindest die

Grundfunktionen sind jedoch überall weitgehend identisch und selbsterklärend, sodass wir hier auf eine weitere Beschreibung verzichten wollen. Stattdessen wollen wir Ihnen nun ausführlich beschreiben, wie Sie mit einem konventionellen E-Mail-Programm ein Konto einrichten und E-Mails senden und empfangen können.

4.4 E-Mail mit Windows Live Mail

Das Microsoft-Programm Windows Live Mail ist der Nachfolger von Windows Mail und kann allein oder zusammen mit anderen Programmen wie dem Microsoft Mail Messenger oder einer Filmbearbeitungssoftware heruntergeladen werden. Um diese Software sowie weitere Online-Dienste nutzen zu können, ist jedoch eine Registrierung notwendig, bei der Sie gleich eine sogenannte Live-ID erhalten. Damit können Sie sich für diesen Online-Dienst anmelden.

Die einfachste Option, um zu einem entsprechenden Downloadangebot zu gelangen, führt in Windows 7 über das Startmenü und hier den Punkt *Erste Schritte – Windows Live Essentials*. Klicken Sie diesen Eintrag im Startmenü an, lädt Ihr Browser eine enstprechende Seite im Microsoft-Webangebot, von der aus Sie die verschiedenen Programme herunterladen können.

Sie finden diese Downloadmöglichkeit auch jederzeit im Web, indem Sie die Adresse *http://download.live.com* im Browser eingeben. Sie haben hier die Möglichkeit, sämtliche Liveprogramme herunterzuladen oder die Auswahl auf bestimmte Anwendungen zu beschränken. Dazu wird zunächst ein Installationsprogramm übertragen, in dem Sie Ihre Auswahl treffen können. Klicken Sie dazu einfach auf die Schaltfläche *Download* und folgen Sie den weiteren Anweisungen.

Bild 4.6 Zum Downloadangebot für Windows Live gelangen Sie auch über das Startmenü und *Erste Schritte*.

Haben Sie sich für einige oder alle Anwendungen entschieden, werden diese übertragen und installiert. Im Startmenü finden Sie unter *Alle Programme* anschließend den Ordner *Windows Live* und in diesem Ordner den Eintrag *Windows Live Mail*.

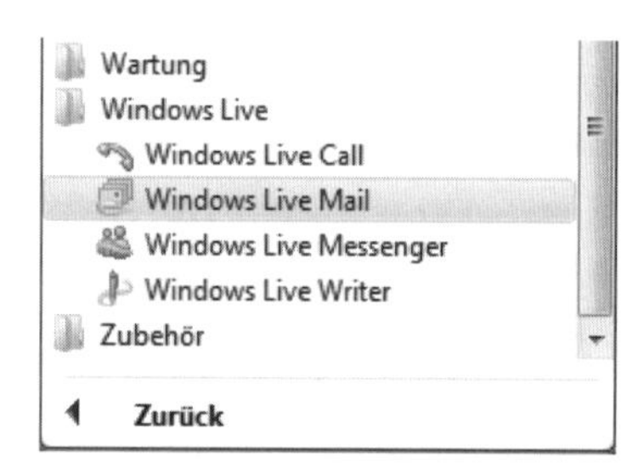

Bild 4.7 Nach der Installation können Sie Windows Live Mail über das Startmenü aufrufen.

Ein E-Mail-Konto mit Windows Live Mail einrichten

Haben Sie auf diesem Wege Windows Live Mail übertragen und installiert, können Sie im Grunde loslegen. Zunächst einmal müssen Sie in diesem Programm jedoch ein E-Mail-Konto einrichten, um hierüber E-Mails senden und empfangen zu können.

Eventuell besitzen Sie schon ein solches Konto bei Ihrem Internet-Provider oder haben sich eines bei einem der spezialisierten E-Mail-Dienstleister besorgt. Damit Sie ein E-Mail-Programm wie Windows Live Mail für den Zugang zu diesem Konto und dem dazugehörigen E-Mail-Server verwenden können, müssen Sie hier zunächst einige Daten eingeben. Dazu gehören neben Ihrer E-Mail-Adresse Benutzername und Passwort sowie eventuell noch die Namen bzw. Adressen des E-Mail-Servers.

Bei einigen der großen E-Mail-Dienste und Provider ergänzt Windows Live Mail diese Angaben zu den E-Mail-Servern schon automatisch, sodass Sie sich darum gar nicht mehr kümmern müssen. Nutzen Sie dagegen ein E-Mail-Konto bei einem der kleineren Anbieter, müssen Sie die Angaben zu den Adressen des Posteingangs- und des Postausgangsservers selbst eintragen.

Die Einrichtung eines E-Mail-Kontos in Windows Live Mail führen Sie dann folgendermaßen durch:

Starten Sie zunächst Windows Live Mail, etwa über das Startmenü. Sollte nach dem Aufruf des Programms keine Menüleiste zu sehen sein, klicken Sie auf die Schaltfläche *Menüs* rechts oben im Programmfenster und dann auf *Menüleiste anzeigen*.

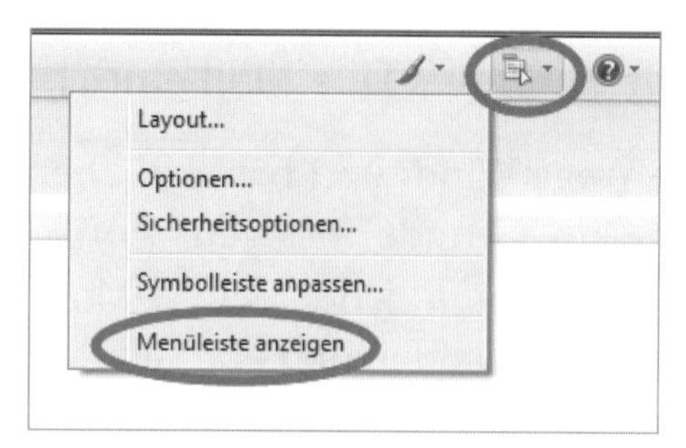

Bild 4.8 Eventuell müssen Sie zunächst die Menüleiste in Windows Live Mail einblenden.

Klicken Sie danach im Menü *Extras* auf *Konten*.

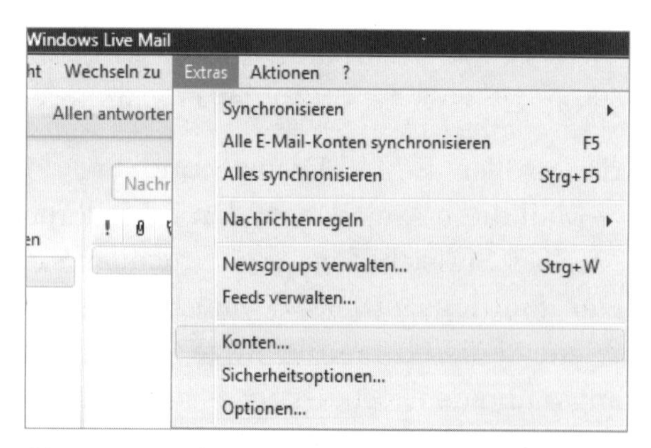

Bild 4.9 Über *Konten* legen Sie ein neues E-Mail-Konto an.

Klicken Sie anschließend auf *Hinzufügen* und im nächsten Fenster (*Kontotyp auswählen*) auf *E-Mail-Konto* und anschließend auf *Weiter*.

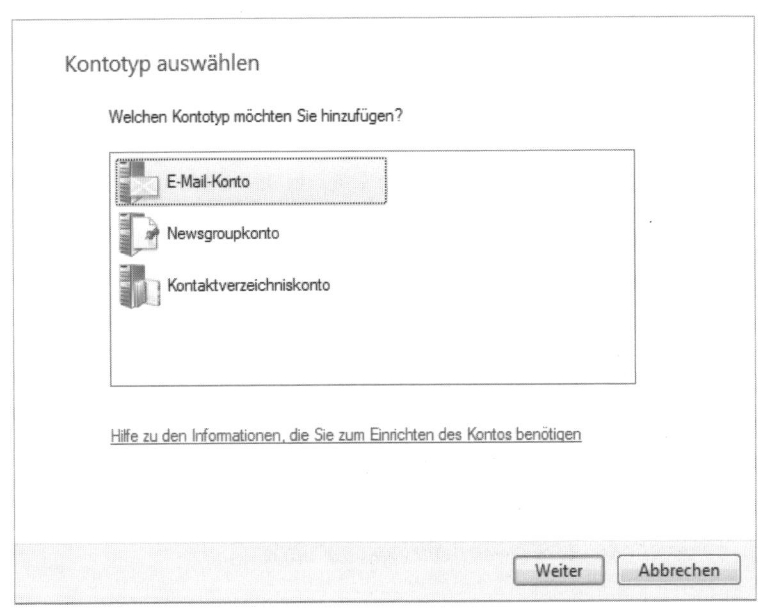

Bild 4.10 Entscheiden Sie sich für die Option *E-Mail-Konto*.

Im nächsten Fenster tragen Sie die zum Konto gehörende E-Mail-Adresse sowie das Kennwort ein. Zudem geben Sie hier Ihren Namen ein, der als Absenderangabe in Ihren E-Mails erscheint. Damit Sie nicht bei jedem Zugriff auf das Postfach umständlich das Kennwort eingeben müssen, sollten Sie die Option zum Speichern des Kennworts in jedem Fall aktiviert lassen. Bei vielen E-Mail-Konten reichen diese Angaben bereits aus und mit dem Klick auf *Weiter* haben Sie das Konto eingerichtet.

Eventuell erscheint noch ein Hinweis auf mögliche Besonderheiten des Kontos. Nach einem Klick auf *Fertig stellen* ist das Konto bereits nutzbar.

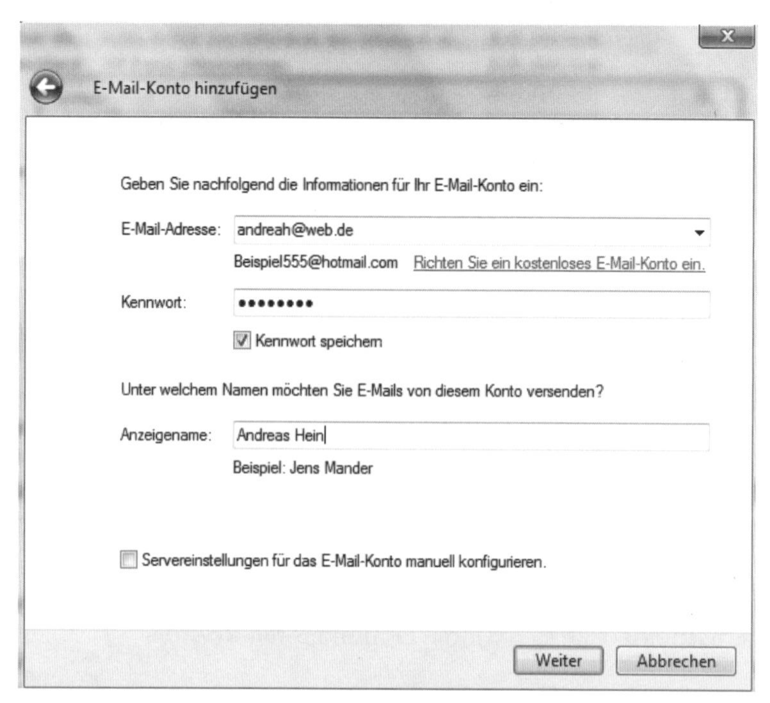

Bild 4.11 E-Mail-Adresse, Kennwort und Ihr Name – mitunter reichen diese Angaben bereits aus.

Gelingt das Erstellen des neuen Kontos auf diese Weise nicht, müssen Sie einige weitere Einstellungen manuell vornehmen. Dazu gehören insbesondere die Adressen des Posteingangs- und Postausgangsservers, die Art des Kontos (üblicherweise POP oder IMAP) sowie die jeweils verwendeten Sicherheitseinstellungen. Diese Daten sollte Ihnen Ihr Anbieter mitgeteilt haben, wenn nicht, müssen Sie dort nachfragen bzw. sich über die Webseiten informieren.

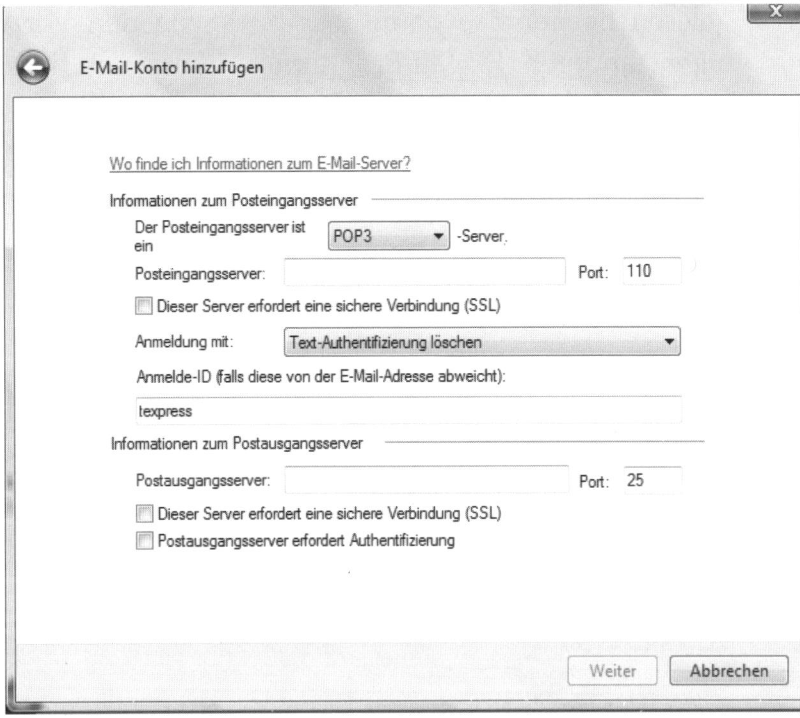

Bild 4.12 Nicht immer funktioniert die verkürzte Anmeldung, mitunter müssen Sie zusätzliche Daten eingeben, die Sie von Ihrem Mail-Anbieter bekommen haben sollten.

Auch mehrere E-Mail-Konten sind möglich

Mit Windows Live Mail können Sie mehrere E-Mail-Konten gleichzeitig nutzen. Falls Sie also beispielsweise neben dem E-Mail-Konto, das Ihnen Ihr Internet-Provider zur Verfügung stellt, noch ein weiteres Konto bei einem anderen Anbieter haben, können Sie auch dieses Konto mit Windows Live Mail nutzen. Die Einrichtung zusätzlicher Konten läuft genauso ab wie oben beschrieben.

Übrigens können Sie in den meisten Fällen auch Webmail-Konten über ein Windows Live Mail- bzw. ein anderes konventionelles E-Mail-Programm nutzen. Wenn Sie also zunächst beispielsweise ausschließlich über den Browser Ihre E-Mails verfasst und gelesen haben, sich dann aber doch von den Vorzügen eines eigenständigen E-Mail-Programms überzeugt haben, können Sie einfach einen Zugang für solch ein Webmail-Konto in einem E-Mail-Programm wie Windows Live Mail einrichten. Die eventuell notwendigen Angaben wie die Namen für Posteingangs- und Postausgangsserver etc. finden Sie meist auf den Webseiten des E-Mail-Dienstes.

GMX Mail-Tarife im Überblick

Mailbox | Sicherheit | Multimedia | Mobile Welt | Preise / Konditionen

	GMX FreeMail Anmelden	GMX ProMail Kostenlos testen	GMX TopMail Kostenlos testen
Speicherplatz für E-Mails und Dateien ⓘ	1 GB	5 GB	unbegrenzt*
E-Mail-Anhänge max. Größe (Empfang & Versand)	20 MB	50 MB	100 MB
Werbefreie Bedienoberfläche	–	✔	✔
GMX E-Mail-Adressen	2	10	50
Exklusive GMX Domains für individuelle E-Mail-Adressen ⓘ	2	7	8
GMX FunDomain-E-Mail-Adressen ⓘ	3	3	10
Faxversand und -empfang	–	✔	✔
GMX ProfiFax ⓘ	–	✔	✔
GMX FreeFax ⓘ	–	–	10 Faxseiten
NEU GMX Wunschrufnummer ⓘ	–	–	✔
GMX Volltextsuche ⓘ	–	✔	✔
Filter zum Sortieren von E-Mails	✔	✔	✔
Profi-Filterregeln ⓘ	–	✔	✔
Persönliche Ordner	10	100	256
Abwesenheitsschaltung und E-Mail-Weiterleitung	✔	✔	✔
E-Mail-Benachrichtigung an andere Adresse	✔	✔	✔
Einschreibe-Mails	–	✔	✔
POP3-Zugriff (MS Outlook, Thunderbird...)	✔	✔	✔
POP3-Sammeldienste für externe Postfächer	3	20	20
POP3-Abruf-Intervall	60 Sek.	unbegrenzt	unbegrenzt
IMAP-Zugriff (MS Outlook, Thunderbird...)	–	✔	✔

Bild 4.13 Optional können Sie bei den meisten Webmail-Diensten auch über ein E-Mail-Programm wie Windows Live Mail auf Ihr Postfach zugreifen.

E-Mails verfassen und abschicken

Nachdem Sie nun Windows Live Mail so eingerichtet haben, dass Sie Ihr E-Mail-Konto darüber nutzen können, brauchen Sie mit dem Verfassen einer ersten E-Mail nicht mehr zu warten. Achten Sie zunächst darauf, dass in Windows Live Mail der Bereich *E-Mail* aktiv ist. Klicken Sie gegebenenfalls auf den Link *E-Mail* im unteren Bereich der Ordnerleiste links.

Bild 4.14 Aktivieren Sie gegebenenfalls durch Anklicken von *E-Mail* in der Ordnerleiste den E-Mail-Bereich von Windows Live Mail.

Um eine E-Mail zu schreiben, klicken Sie in Windows Live Mail nun einfach in der Symbolleiste die Schaltfläche *Neu* an, und schon öffnet sich ein neues Fenster, in dem Sie Ihre Nachricht schreiben und adressieren können.

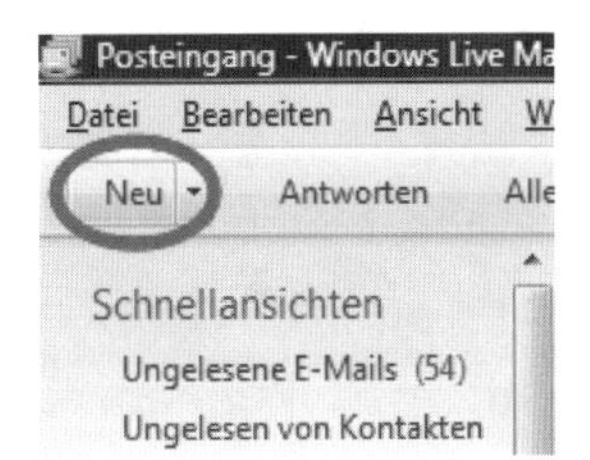

Bild 4.15 Über die Schaltfläche *Neu* rufen Sie das Fenster zum Verfassen einer E-Mail auf.

In diesem Fenster sehen Sie unterhalb der Menü- und Symbolleiste das Eingabefeld *An:*. Tragen Sie in diese Zeile die E-Mail-Adresse des Empfängers ein. Um Ihre Empfängeradressen nicht immer mühsam per Hand einzugeben, können Sie durch Anklicken der Schaltfläche *An:* auch gespeicherte Adressen aus Ihrem Kontaktverzeichnis übernehmen.

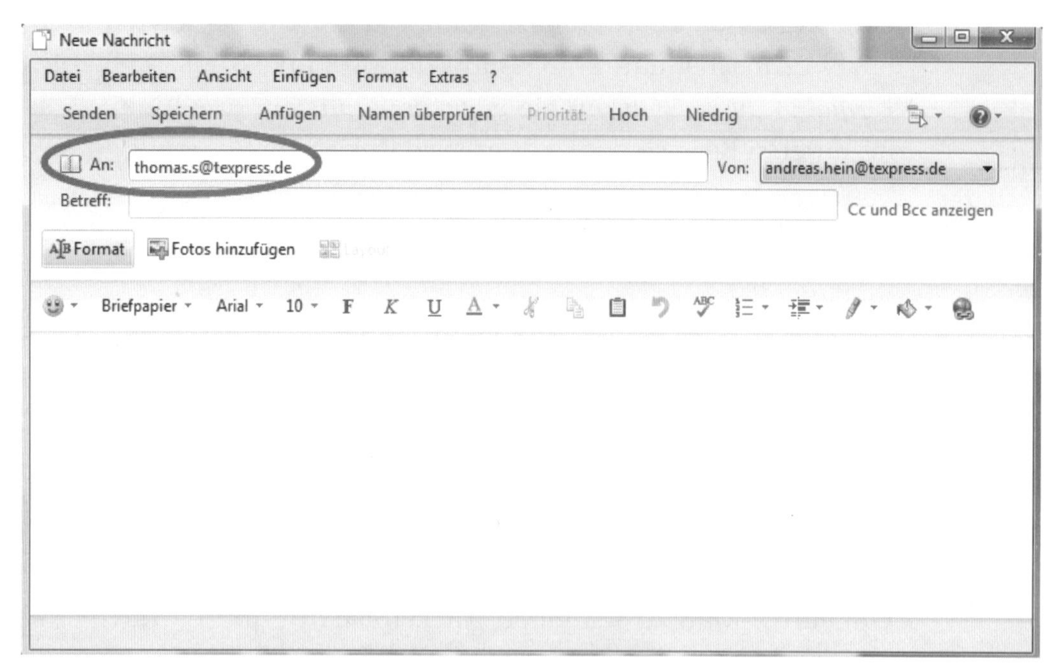

Bild 4.16 Sie können Adressen per Hand eingeben oder aus Ihrem Kontaktverzeichnis übernehmen.

E-Mail-Adressen in das Kontaktverzeichnis eintragen

Über die Ordnerleiste links gelangen Sie in das Kontaktverzeichnis von Windows Live Mail. Sie können hier beispielsweise die E-Mail-Adressen Ihrer Kommunikationspartner eintragen, um sie einfach in das Adressfeld übernehmen zu können. Klicken Sie dazu in der Ordnerliste auf *Kontakte*. Im Fenster *Windows Live-Kontakte* klicken Sie danach auf *Neu* und können im folgenden Fenster unter der Option *Schnell hinzufügen* bereits die wichtigsten Daten wie Name und E-Mail-Adresse eingeben, die für die E-Mail-Kommunikation benötigt werden. Zusätzliche Informationen wie Telefonnummern oder weitere E-Mail-Adressen lassen sich durch Anklicken von *Kontakt* hinzufügen.

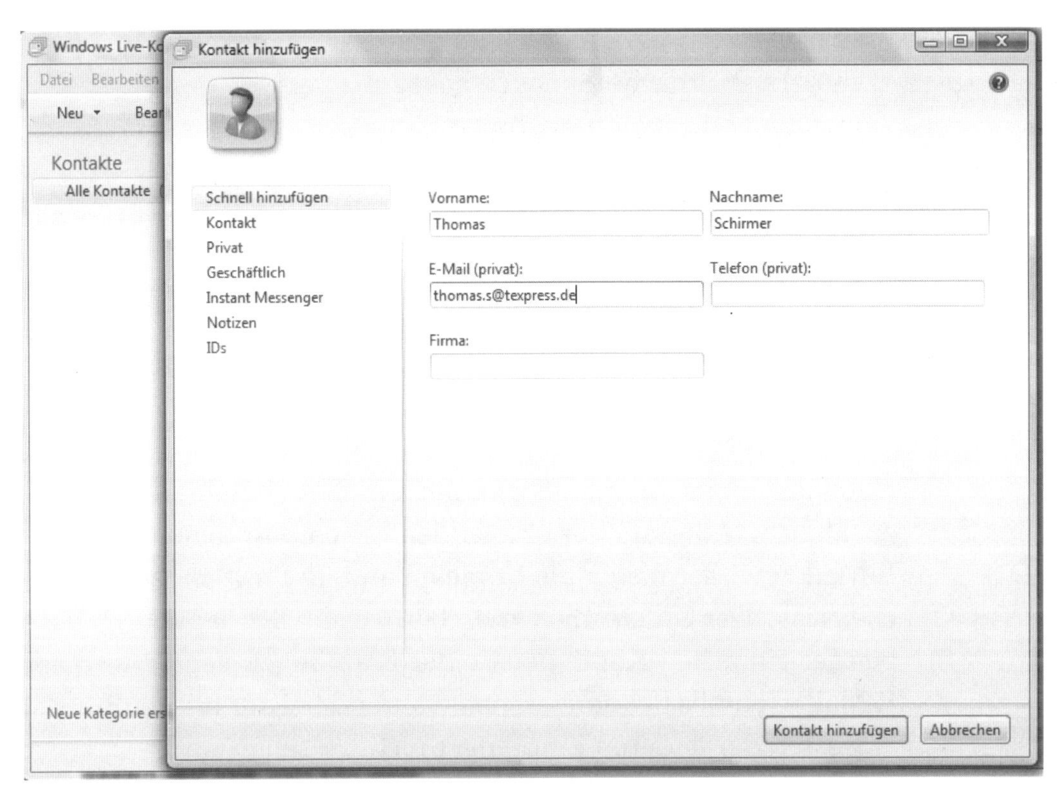

Bild 4.17 Im Kontaktverzeichnis tragen Sie die E-Mail-Adressen Ihrer Kommunikationspartner ein.

Direkt unter der Adresszeile befindet sich die Eingabezeile *Betreff:*. Hier tragen Sie in möglichst knappen, aber treffenden Stichworten ein, um was es in Ihrer E-Mail geht. Denn der Empfänger der E-Mail bekommt zunächst nur diese Betreffzeile sowie den Absendernamen zu sehen. Und da die meisten E-Mail-Nutzer leider sehr viele unerwünschte Nachrichten in ihrem Posteingang vorfinden, entscheidet sich meist schon an diesen Angaben, ob eine E-Mail überhaupt geöffnet oder gleich gelöscht wird. Eine aussagekräftige Betreffzeile hilft auch später, wenn der Empfänger im Nachhinein einmal eine bestimmte Nachricht sucht.

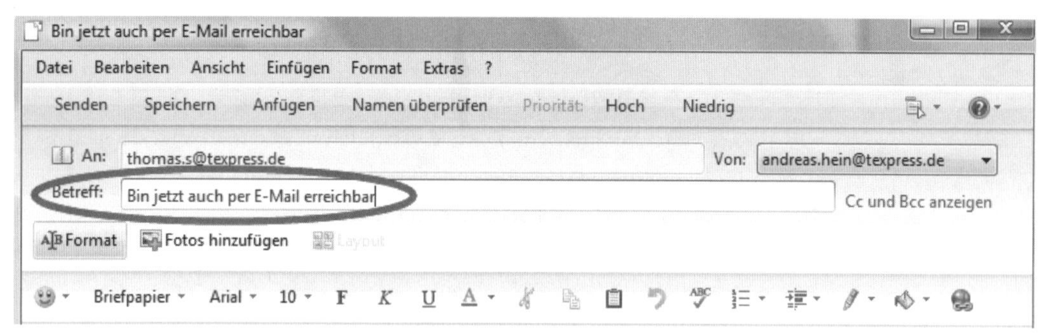

Bild 4.18 Im Betreff sollten Sie die Nachricht knapp und möglichst präzise zusammenfassen.

Über die Links *Cc* und *Bcc* hinter der Betreffzeile können Sie zusätzliche Adressfelder einblenden lassen, mit denen sich eine E-Mail gewissermaßen als Kopie an andere Empfänger verschicken lässt. Der Unterschied zwischen Cc und Bcc liegt darin, dass bei der einfachen Kopie per Cc der Empfänger sieht, wer diese E-Mail ebenfalls bekommen hat, während bei der Blindkopie die Adressen der anderen Empfänger nicht zu sehen sind.

Weiter unten schließlich steht Ihnen das Eingabefeld zur Verfügung, in dem Sie den eigentlichen Text Ihrer E-Mail erfassen können. Windows Live Mail ist so voreingestellt, dass Sie E-Mail ähnlich wie Webseiten aufwendig formatieren können. Sie können über die Symbolleiste etwa ein Hintergrundbild (Briefpapier) verwenden, Smileys einfügen, die teilweise sogar animiert sind, unterschiedliche Textauszeichnungen (fett, kursiv etc.) verwenden oder auch Bilder direkt in die E-Mail einfügen.

HTML-Mail oder Nur-Text?

Mit diesen aufwendigen Formatierungsmöglichkeiten sollten Sie im Zweifelsfall etwas vorsichtig sein. Zwar beherrschen alle moderneren E-Mail-Programme diese Option, allerdings werden zu bunte E-Mails nicht überall gerne gesehen, da sie zusätzliche Sicherheitsprobleme nach sich ziehen können und außerdem ein deutlich größeres Datenvolumen besitzen als Nur-Text-Mails.

Die aufgepeppten E-Mails verbrauchen somit deutlich mehr Speicherplatz. Auch müssen Anwender, die Ihre E-Mails beispielsweise auf dem Handy empfangen, die großen Datenmengen beim Abruf mitunter teuer bezahlen. Einige Anwender bevorzugen einfache E-Mails, die auf diese Gestaltungselemente verzichten, und sehen es daher auch lieber, wenn die Meldungen im Nur-Text-Format geschrieben sind. Zum Wechsel des Formats klicken Sie im Menü *Format* auf den Eintrag *Nur-Text*. Sie sehen, dass sich die Symbolleiste über dem Textfenster entsprechend verändert hat und die Formatierungsoptionen verschwunden sind.

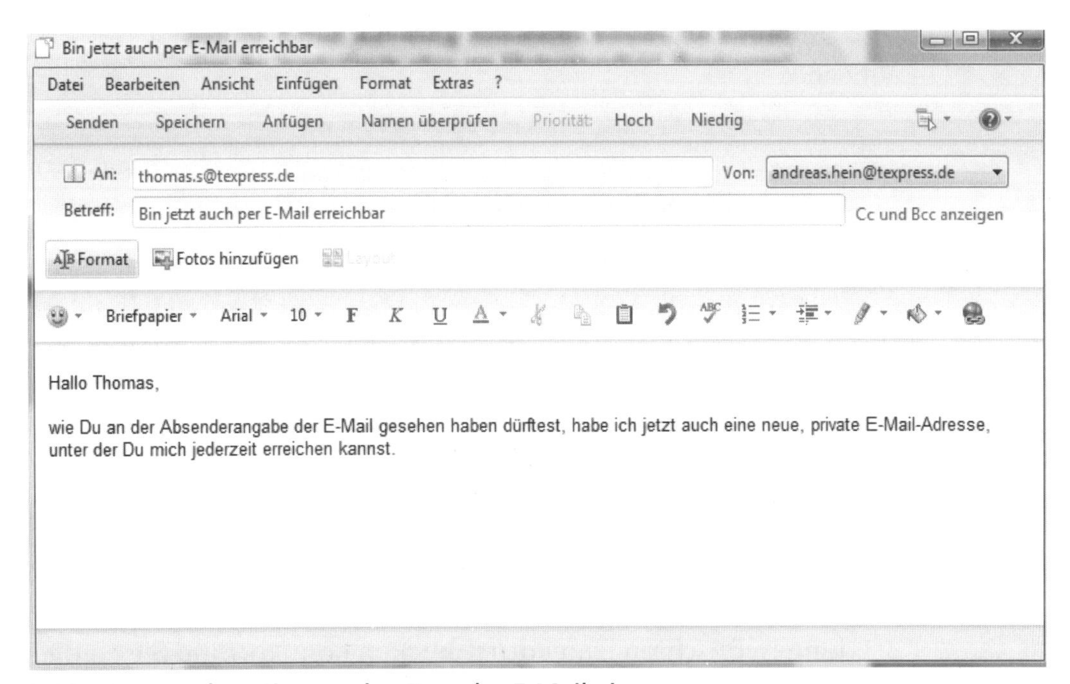

Bild 4.19 Geben Sie nun den Text der E-Mail ein.

Haben Sie den Text der E-Mail fertiggestellt, können Sie die Nachricht versenden. Klicken Sie dazu auf die Schaltfläche *Senden* in der Symbolleiste. Haben Sie beim Verfassen der Mail vergessen, einen Betreff anzugeben, weist das Programm Sie darauf hin, damit Sie dies nachholen können.

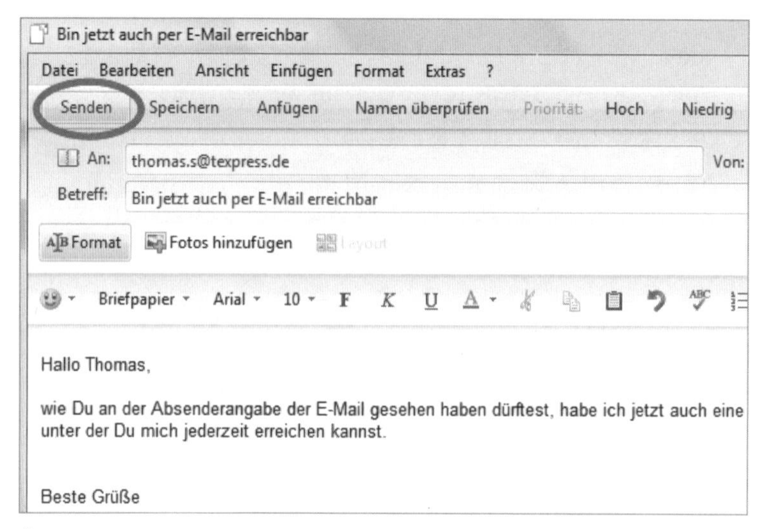

Bild 4.20 Über die Schaltfläche *Senden* bringen Sie Ihre E-Mail direkt auf den Weg.

4.5 Dateien mit der E-Mail verschicken

Zusammen mit einer E-Mail können Sie auch beliebige Dateien versenden, die als Anhang an die E-Mail geheftet werden. Diese Option eignet sich etwa, um Bilder, Videosequenzen, PDF-Dateien oder längere Textdokumente zu übermitteln.

Mit Windows Live Mail ist das Verschicken dieser Anhänge einfach möglich. Klicken Sie dazu einfach auf die Schaltfläche *Anfügen*.

Daraufhin öffnet sich ein Fenster, über das Sie sich zum Speicherort der gewünschten Datei durchklicken können. Sind Sie an diesem Speicherort angekommen, klicken Sie diese Datei entweder doppelt an oder markieren sie zunächst durch einen einfachen Mausklick und klicken dann auf die Schaltfläche *Öffnen*.

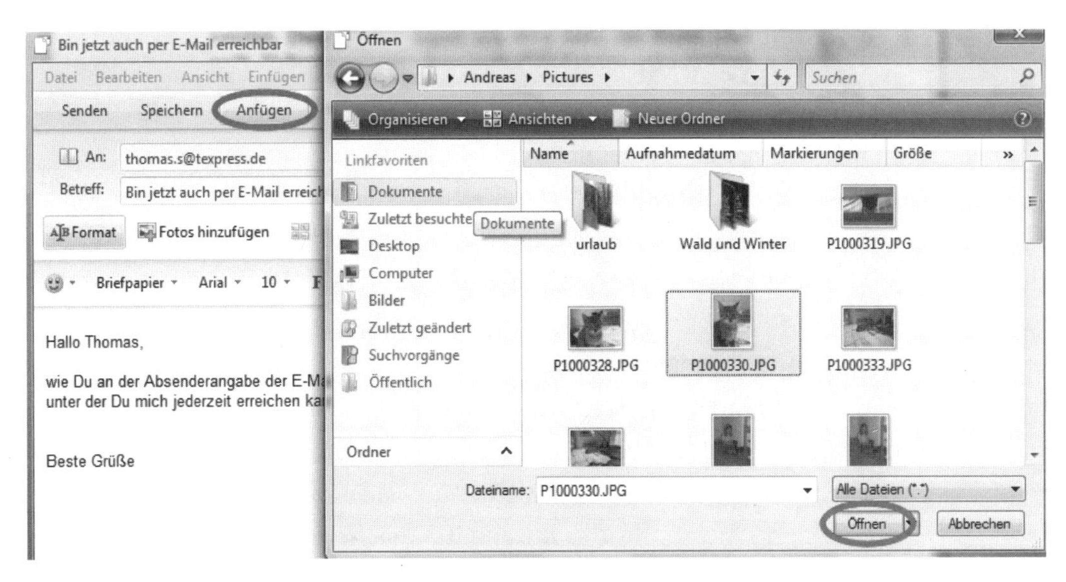

Bild 4.21 Sie können beliebige Dokumente bzw. Dateien als Dateianhang versenden.

Beim Senden von Dateianhängen sollten Sie jedoch zwei Aspekte beachten. Zum einen sollten die verschickten Dateien nicht zu groß werden, um Schwierigkeiten sowohl beim Versenden als auch beim Empfangen zu vermeiden. Bei vielen E-Mail-Diensten gibt es beispielsweise eine Obergrenze für Dateianhänge. Zu große Dateien werden dann eventuell beim Mail-Server des Absenders gar nicht zum Versand angenommen oder der Mail-Server des Empfängers verweigert die Annahme. Auch wenn die noch freie Speicherkapazität des Postfachs beim Empfänger nur sehr gering ist, kann eine zu große Datei abgewiesen und zum Absender zurückgeschickt werden. Problematisch sind große Dateianhänge auch dann, wenn der Empfänger nur über eine langsame Internetanbindung (z. B. Modem) verfügt und die Übertragung dann sehr lange dauert.

Dateien vor dem Versenden verkleinern
Sie können die Problematik der Dateigröße etwas entschärfen, indem Sie die Dateien vor dem Versenden komprimieren und damit die Dateigröße verkleinern. Unter Windows können Sie dies einfach über das Kontextmenü erledigen (*Senden an – Zip komprimierten Ordner*). Fragen Sie im Zweifelsfall vor dem Versenden einer großen Datei beim Empfänger nach, ob sein Mailprogramm dafür gerüstet ist. Eine bequemere und praktische Alternative zum Übertragen von Dateien per E-Mail gibt es etwa in Form der Dateiübertragung in den Instant Messengern. Diese Programme bieten Ihnen nicht nur die Option zum schnellen, direkten Austausch von kurzen Textnachrichten (Chat), sondern ermöglichen auch einen Transfer von Dateien.

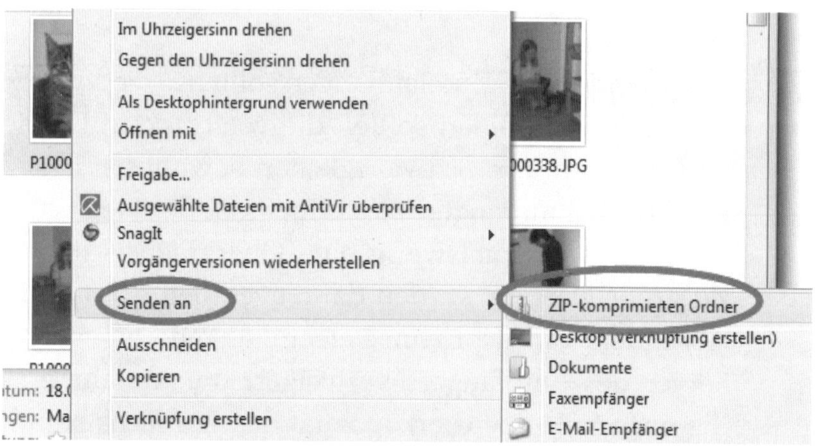

Bild 4.22 Vor dem Versenden von Dateien sollten Sie diese komprimieren, um die Datenmenge zu reduzieren.

Dateianhänge sind aber auch noch aus einem ganz anderen Grund nicht ganz unproblematisch. Immer noch bringen Internetbetrüger auf diesem Wege Schadprogramme in Umlauf. Viele Internetnutzer sind gegenüber Dateianhängen an unverlangt zugesandten E-Mails daher mit Recht skeptisch. Sie sollten daher in den E-Mail-Texten explizit auf die Dateianhänge eingehen und erläutern, was es mit ihnen auf sich hat.

4.6 E-Mails empfangen und beantworten

Wenn Nachrichten in Ihrem elektronischen Postfach auf dem Mail-Server eingegangen sind, werden sie beim Abruf eines POP-Kontos auf Ihren PC übertragen und landen dort zunächst im Posteingang.

Windows Live Mail zeigt Ihnen die Liste der Nachrichten im Posteingang im oberen, rechten Teil des Programmfensters an. Klicken Sie eine der hier aufgelisteten E-Mails an, wird sie im darunter befindlichen Vorschaufenster angezeigt. Zum Lesen einfacher Textmails reicht dieses Vorschaufenster bereits aus, bei aufwendig gestalteten und mit Bildern aufgepeppten Mails empfiehlt es sich dagegen, durch einen Doppelklick ein separates Fenster zu öffnen, das Sie dann beliebig vergrößern können.

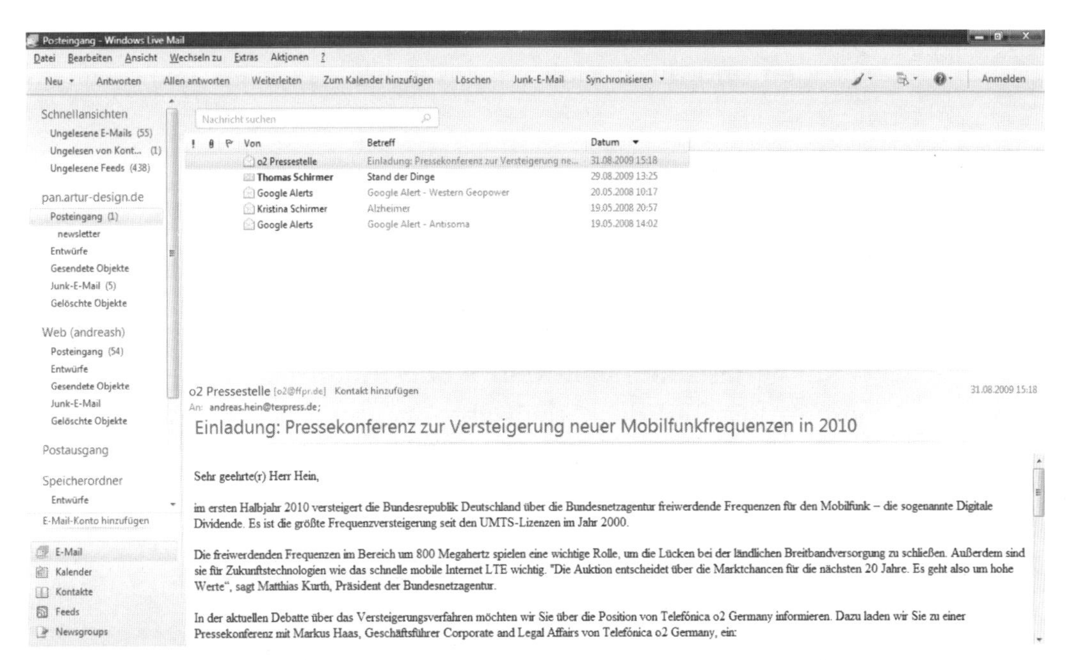

Bild 4.23 Im oberen Fensterbereich werden die E-Mails im Posteingang aufgelistet, darunter befindet sich das Vorschaufenster.

Bilder nachladen

Aus Sicherheitsgründen blockiert Windows Live Mail bei vielen E-Mails die Anzeige der mitgeschickten Bilder. Sie können diese Bilder durch Anklicken des Links *Bilder anzeigen* jedoch nachträglich nachladen. Diese Option sollten Sie jedoch nur dann nutzen, wenn Sie dem Absender der Nachrichten vertrauen.

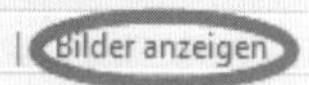

Bild 4.24 Windows Live Mail blockiert aus Sicherheitsgründen viele Bilder in E-Mails. Bei vertrauenswürdigen Absendern können Sie sich diese einfach anzeigen lassen.

Ungelesene E-Mails werden zwecks einfacher Erkennung in der Liste durch Fettdruck hervorgehoben. Wird eine solche Nachricht geöffnet, verschwindet diese Hervorhebung nach einigen Sekunden und die E-Mail wird damit als gelesen gekennzeichnet.

Haben Sie eine E-Mail durch einen Doppelklick in einem separaten Fenster geöffnet, können Sie durch einfaches Anklicken der Schaltfläche *Antworten* die Antwort-Mail vorbereiten.

Hierdurch öffnet Windows Live Mail das bereits bekannte Fenster zum Verfassen einer E-Mail, wobei Ihnen das Programm schon einen großen Teil der Arbeit abgenommen hat. So ist etwa der Empfänger bereits in der Adresszeile eingetragen und auch die Betreffzeile ist schon ausgefüllt. Vor dem Betreff der ursprünglichen E-Mail, auf die Sie antworten, steht nun zusätzlich das Kürzel *Re:* (für Response oder Reply, also Antwort). Damit ist diese E-Mail für den Empfänger direkt als Antwort bzw. Reaktion auf seine E-Mail zu erkennen.

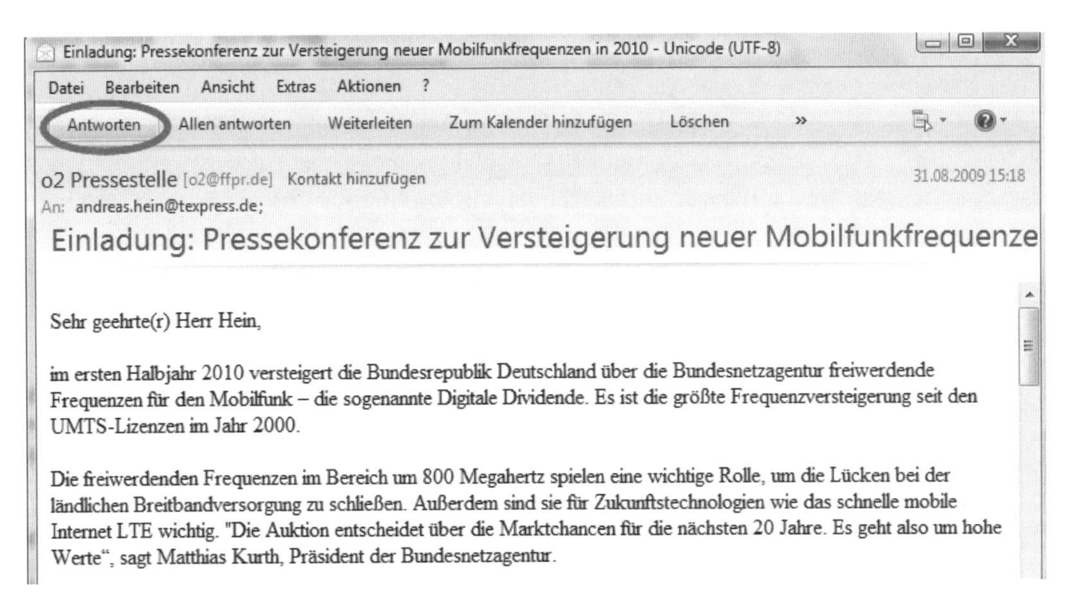

Bild 4.25 Über die Schaltfläche *Antworten* können Sie direkt auf eine E-Mail reagieren.

Darüber hinaus übernimmt Windows Live Mail noch den gesamten Text der ursprünglichen E-Mail in die Antwort. Diese Übernahme ist vor allem im geschäftlichen Umfeld obligatorisch, damit der Angeschriebene auch genau weiß, worauf man antwortet. Allerdings empfiehlt es sich hier, das eingefügte Zitat auf die Passagen zu kürzen, auf die man sich in der Antwort tatsächlich bezieht. Bei privaten E-Mails können Sie normalerweise den gesamten Text löschen, denn in einem Antwortbrief kopieren Sie ja meist auch keine Textpassagen.

Ihre Antwort schreiben Sie dann üblicherweise vor den aus der ursprünglichen E-Mail übernommen Text. Einen entsprechenden Freiraum, in dem Sie die Schreibmarke positionieren können, fügt Windows Live Mail bereits ein. Haben Sie Ihre Antwort fertiggestellt, reicht wiederum ein Klick auf *Senden* aus, um diese E-Mail auf den Weg zu bringen.

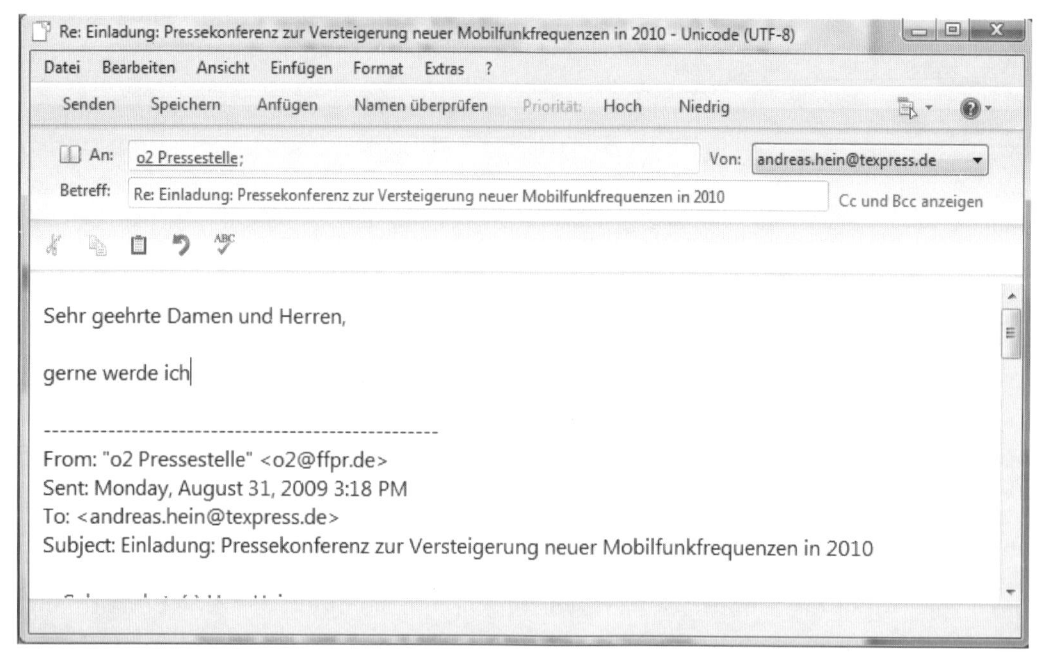

Bild 4.26 Windows Live Mail nimmt Ihnen beim Antworten schon einen Teil der Arbeit ab.

4.7 E-Mails in Ordner einsortieren

Im Laufe der Zeit werden Sie sehr viele E-Mails erhalten und wahrscheinlich auch schreiben. Um den Überblick zu behalten, sollten Sie nicht alle Nachrichten einfach im Posteingang liegen lassen, sondern verschiedene Ordner anlegen, in die Sie die E-Mails nach bestimmten Kriterien einsortieren. Auch bei den gesendeten E-Mails, von denen Windows Live Mail automatisch eine Kopie im Ordner *Gesendete Objekte* erstellt, können Sie entsprechende weitere Ordner anlegen.

Um einen zusätzlichen Ordner im Posteingang anzulegen, klicken Sie in der linken Ordnerleiste von Windows Live Mail den Eintrag *Posteingang* mit der rechten Maustaste an und klicken dann im Kontextmenü den Eintrag *Neuer Ordner* an.

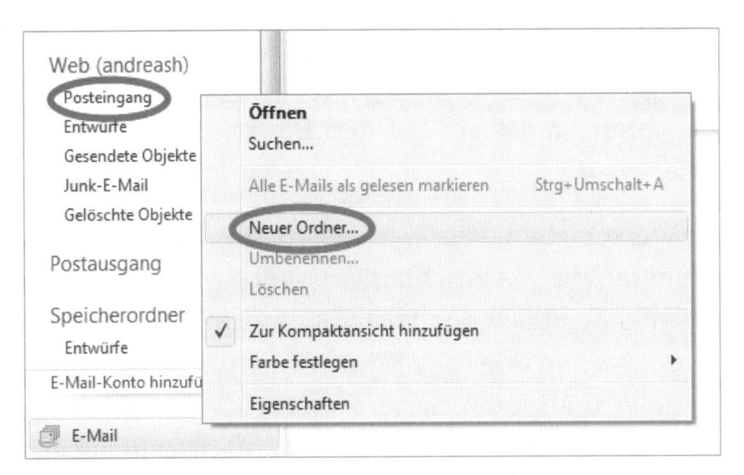

Bild 4.27 Über das Kontextmenü legen Sie im Posteingang einen Unterordner an.

Im daraufhin eingeblendeten Fenster *Ordner erstellen* geben Sie nun dem neuen Ordner noch einen passenden Namen und bestätigen mit *OK*. Der neue Ordner wird nun an der gewünschten Stelle angelegt.

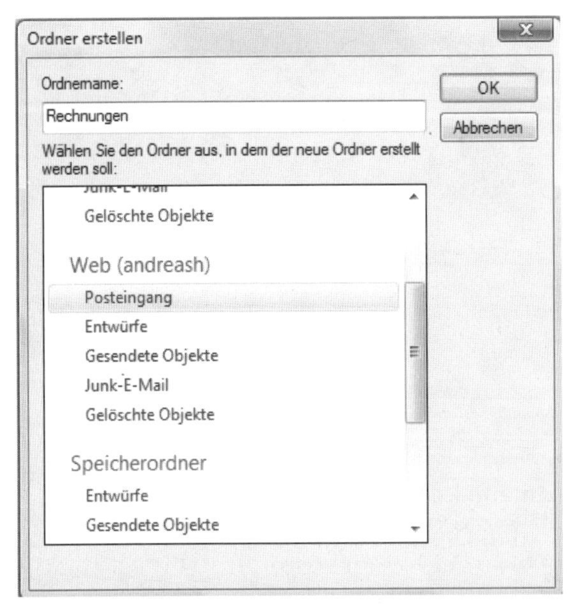

Bild 4.28 Sie müssen dem Ordner nur noch einen Namen geben.

Wollen Sie einen zusätzlichen Ordner im Ordner *Gesendete Objekte* anlegen, gehen Sie genauso vor, klicken aber am Anfang mit der rechten Maustaste auf den Eintrag *Gesendete Objekte* in der Ordnerleiste.

Zum Verschieben von E-Mails in die neu angelegten Ordner können Sie die Nachrichten entweder per Drag & Drop mit der Maus aus der Liste des Posteingangs in den gewünschten Ordner verschieben oder das Kontextmenü nutzen. Beim Ziehen mit der Maus markieren Sie die Nachricht durch Anklicken, und bei weiterhin gedrückt gehaltener Maustaste schieben Sie den Mauszeiger auf den neuen Ordner, wo Sie die Maustaste loslassen. Bei Nutzung des Kontextmenüs klicken Sie die Nachricht mit der rechten Maustaste an und klicken dann im Kontextmenü den Eintrag *In Ordner verschieben* an. Anschließend wählen Sie den gewünschten Zielordner aus und bestätigen mit *OK*.

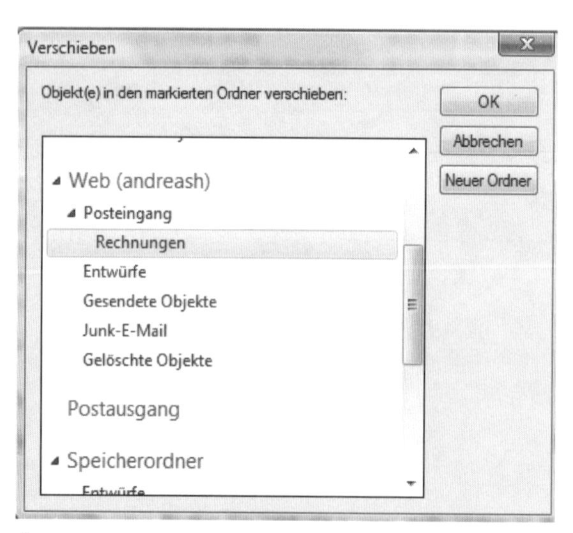

Bild 4.29 Über das Kontextmenü können Sie E-Mails auch in die neu angelegten Ordner verschieben.

Weitere Einstellungsmöglichkeiten
Sie können Windows Live Mail in vielerlei Hinsicht an Ihre individuellen Präferenzen anpassen. So können Sie etwa das grundsätzliche Erscheinungsbild des Programms ändern, aber auch bestimmte Funktionalitäten verändern. So lässt sich etwa die Zeitspanne ändern, nach der eine geöffnete E-Mail als gelesen markiert wird, oder die automatische Übernahme des E-Mail-Textes bei einer Antwort unterbinden. Diese und zahlreiche weitere Möglichkeiten erreichen Sie über das Menü *Extras – Optionen*.

4.8 Ärgerliche Spam-Mails und was Sie dagegen tun können

So einfach und praktisch E-Mail auch ist, es zeigt sich für die meisten Nutzer schon nach einiger Zeit leider auch ein negativer Aspekt dieser Kommunikationsform in Form massenhaft in Umlauf gebrachter Werbemails.

Spam, so werden diese unerwünschten Massenmails genannt, macht mittlerweile den weitaus größten Teil des gesamten E-Mail-Verkehrs aus und sorgt nicht nur bei den Empfängern für Verdruss. Während die normalen Internetnutzer mit vollen Posteingängen zu kämpfen haben, aus denen mit einigem Aufwand die wirklich erwünschten bzw. relevanten E-Mails herausgefischt werden müssen, bedeutet das hohe Spam-Volumen für die E-Mail-Dienstleister und Provider eine direkte finanzielle Belastung, denn die Kapazitäten für die Übertragung und Speicherung müssen deswegen ja größer ausgelegt sein, als es ohne Spam nötig wäre.

Spam-Filter benutzen

In den meisten E-Mail-Programmen, so auch in Windows Live Mail, ist daher schon ein Spam-Filter eingebaut, der zumindest beim Sortieren der E-Mails helfen kann und verdächtige E-Mails gleich in einen speziellen Ordner verschiebt, sodass sie im regulären Posteingang gar nicht mehr auftauchen. Auch die meisten Webmail-Dienste haben einen solchen Filter bereits eingebaut.

Solche Filter löschen die als Spam eingestuften E-Mails nicht gleich komplett, sondern verschieben sie zunächst automatisch in einen speziellen Ordner. In Windows Live Mail trägt dieser beispielsweise die Bezeichnung *Junk-E-Mail*.

So leistungsfähig diese Filter mittlerweile auch sind, so können sie doch niemals wirklich hundertprozentig richtig sortieren, denn mitunter hängt es auch von der subjektiven Einschätzung des Anwenders ab, ob eine bestimmte E-Mail als Spam eingestuft wird oder nicht. So werden etwa häufig auch seriöse E-Mail-Newsletter, die von einem Internet-Surfer eigens abonniert wurden, von den Spam-Filtern aussortiert und landen im Spam-Ordner. Auch eine unglückliche Formulierung in der Betreffzeile kann unter Umständen zur Aussortierung einer E-Mail führen, da die Filter auf bestimmte Schlüsselbegriffe reagieren.

Es empfiehlt sich daher, zumindest ab und zu den Spam-Ordner zu kontrollieren und nachzusehen, ob hier nicht aus Versehen doch erwünschte E-Mails gelandet sind. Umgekehrt werden aber immer wieder auch Spam-Mails die Filter umgehen und doch im Posteingang landen.

Meist gibt es daher auch die Möglichkeit, die Spam-Filter anzupassen, sodass sie entweder noch rigoroser aussortieren oder weniger streng bei der Spam-Einstufung vorgehen. Bei Windows Live Mail finden Sie diese Einstellungsoption etwa unter *Extras – Sicherheitsoptionen – Optionen*.

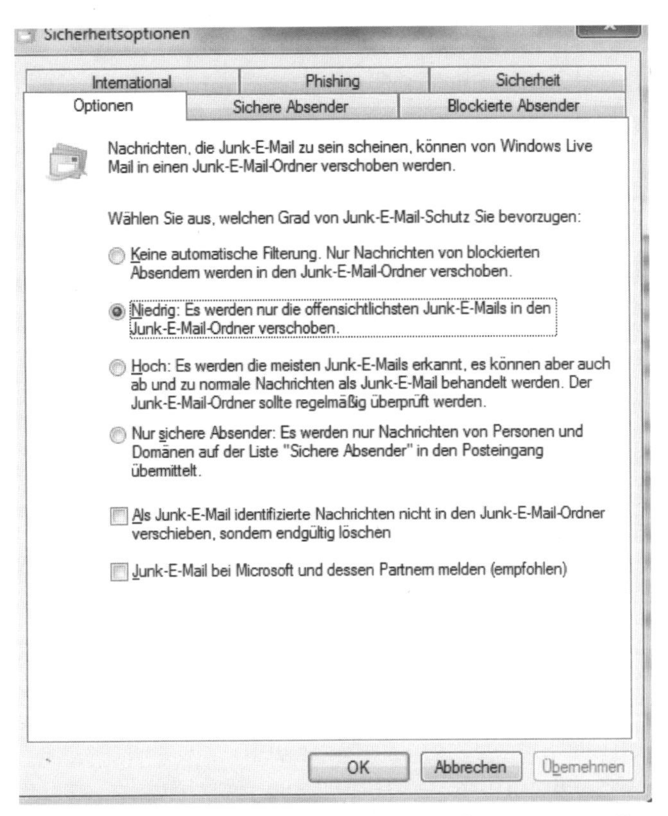

Bild 4.30 Sie können den Spam-Filter von Windows Live Mail auch neu justieren.

So vermeiden Sie Spam-Mails

Ein Allheilmittel gegen Spam gibt es leider nicht. Eigentlich jede E-Mail-Adresse, die auch genutzt wird, kann früher oder später in die Hände der Spam-Versender gelangen, womit leider unweigerlich auch unerwünschte Werbemails im elektronischen Postfach landen.

Den besten Schutz bietet ein vorsichtiger Umgang mit der eigenen E-Mail-Adresse. Problematisch ist es etwa, wenn Sie bei der Teilnahme bei Gewinnspielen die E-Mail-Adresse angeben müssen oder sich damit auf Webseiten mit Gratisdiensten registrieren. Denn meist ist hier entweder ohnehin eine Weitergabe der Daten zu Werbezwecken explizit vorgesehen, oder die Anbieter nehmen es mit dem Datenschutz nicht so genau. Dann landet die E-Mail-Adresse schließlich doch bei Dritten, auch bei Spam-Versendern.

Nicht nur eine Notlösung ist es daher, mehr als nur eine E-Mail-Adresse zu verwenden. Nutzen Sie eine private Adresse ausschließlich zur Kommunikation mit Freunden, Bekannten oder auch mit seriösen Unternehmen etc. Für andere Zwecke, etwa die Registrierung auf Webseiten oder bei der Teilnahme an Internetforen oder anderen Angeboten, bei denen die E-Mail-Adresse veröffentlicht und anderen Teilnehmern zugänglich wird, verwenden Sie dagegen eine Zweitadresse. Diese können Sie sich ja wie beschrieben kostenfrei und unkompliziert bei einem Webmail-Dienst besorgen. Gerät diese Adresse dann auf die Spam-Listen, bleibt zumindest die wichtigere private Adresse verschont.

Erkennbaren Spam am besten gleich löschen

Erkennbare Spam-Mails sollten Sie möglichst direkt löschen, denn häufig werden diese E-Mails auch genutzt, um die Empfänger auf gefährliche Webseiten zu locken. Zudem sollten Sie niemals auf eine Spam-Mail reagieren und antworten, dadurch erfahren die Absender lediglich, dass diese E-Mail-Adresse tatsächlich genutzt wird, was zu noch mehr Spam führt.

Kapitel 5
Trend: Chatten und Videotelefonate führen

E-Mail gehört zu den ältesten Kommunikationsformen im Internet und hat noch viel mit dem konventionellen Schreiben eines Briefes gemeinsam. Es gibt seit längerem jedoch noch weitere Möglichkeiten, mit anderen Personen über das Internet zu kommunizieren. Zum einen ist dies über den direkten Austausch von schriftlichen Kurznachrichten in Form der sogenannten Chats möglich, zum anderen können Sie das Internet auch für Telefongespräche nutzen und dabei sogar Videotelefonate führen. In diesem Kapitel wollen wir Ihnen zeigen, wie dies geht und was Sie dazu benötigen.

5.1 Plaudern am PC per Instant Messenger und Chat

E-Mail ist ja noch eine vergleichsweise langsame Art der Kommunikation. Zunächst nimmt sich der Verfasser der E-Mail die Zeit, die Nachricht in Ruhe zu formulieren. Die Übertragung erfolgt dann zwar recht schnell, mitunter können aber schon einige Minuten vergehen, bis die E-Mail beim Empfänger ankommt. Dabei kann dem Adressaten die Nachricht natürlich nur dann auch zugestellt werden, wenn er gerade online ist. Hat er seinen Rechner nicht an, sondern ruft sein Konto erst Stunden später oder am nächsten Tag ab, wird er die Nachricht natürlich auch erst dann lesen und bei Bedarf beantworten können.

Das Internet ist jedoch ein sehr schnelles Medium und erlaubt auch die direkte Kommunikation zwischen den Nutzern. Vor einigen Jahren wurden daher verschiedene Möglichkeiten realisiert, um mehr oder weniger echte Gespräche führen zu können, wobei man sich zunächst auf die schnelle Übermittlung schriftlicher Nachrichten, sozusagen in »Echtzeit«, konzentrierte.

So entstanden verschiedene Systeme, bei denen die Teilnehmer diese Kurznachrichten austauschen konnten. Dazu gibt man einen meist kurzen Text per Tastatur ein, drückt auf die Eingabe-Taste und schon erscheint die Nachricht ohne jegliche Verzögerung auf dem Monitor des Gesprächspartners, der nun seinerseits direkt antworten kann. Dabei sind nicht nur Unterhaltungen zwischen zwei Teilnehmern möglich, es können ganz einfach auch größere Gruppen an einer solchen Diskussion teilnehmen.

Diese „Tastatur-Gespräche" werden üblicherweise als Chat bezeichnet. Das englische Verb *to chat* lässt sich mit plaudern übersetzen, und genau diesem Zweck dienen die meisten Chat-Angebote.

Chat-Varianten

Es gibt verschiedene Varianten des Chats. Ursprünglich war das Chat-System ähnlich wie E-Mail ein besonderer Dienst im Internet, für den die Nutzer eine spezielle Software verwenden mussten. Diesen Dienst, den *IRC* (Internet Relay Chat), gibt es zwar bis heute, er spielt jedoch keine große Rolle mehr.

Die zweite Variante sind die Webchats. Ähnlich wie bei Webmail ersetzt auch hier der Browser das spezielle Chat-Programm. Auf verschiedenen Webseiten sind dann Chatrooms eingerichtet, auf denen man meist mit mehreren anderen Besuchern der Seite reden kann. Häufig werden innerhalb dieser Angebote moderierte Chats mit Prominenten oder Experten angeboten. Auch im Bildungsbereich oder bei Beratungs- bzw. Hilfsangeboten findet man Chats. Zur Nutzung dieser Angebote benötigen Sie nur einen modernen Web-Browser, zudem ist auf den meisten Seiten eine kostenfreie Registrierung erforderlich. Sie müssen sich dann jeweils mit Benutzernamen und Passwort anmelden, um an dem Chat teilnehmen zu können.

Bild 5.1 Auf vielen Webangeboten gibt es die Möglichkeit, mit anderen Surfern in einem Chatroom zu plaudern.

Schließlich gibt es als dritte Variante das sogenannte *Instant Messaging*. Hier kommt wieder eine spezielle Software zum Einsatz, der *Instant Messenger*. Ein grundlegendes Kennzeichen dieser Systeme ist eine Art Anwesenheitsliste (Buddy-Liste), an der ein Anwender sehen kann, ob bestimmte andere Personen, die dieses System ebenfalls nutzen, gerade online sind und Zeit für eine Unterhaltung haben oder nicht. Ursprünglich ermöglichten diese Instant Messenger vor allem den Austausch von Textnachrichten, mittlerweile bieten sie in aller Regel auch Sprach- und Bildübertragung, sodass die Teilnehmer hierüber telefonieren bzw. sogar Videotelefonate führen können.

Diese Instant Messenger sind sehr populär, nicht zuletzt aufgrund ihrer Vielseitigkeit. So sind Chats sowohl zwischen zwei Personen möglich als auch in größeren Gruppen. Zudem bieten die meisten Programme noch weitere Optionen an. So können die Teilnehmer etwa in kleineren Online-Spielen wie Schach oder Dame gegeneinander antreten. Auch lassen sich sehr große Dateien, je nach Anbieter sogar bis zu mehreren GByte groß, zwischen den Teilnehmern direkt übertragen. Dies ist beispielsweise eine gute Alternative zur Übersendung von E-Mails, wenn beispielsweise aufgrund der Größenbeschränkung für Dateianhänge ein Mailversand nicht funktioniert.

Bild 5.2 Moderne Instant Messenger bieten neben dem Textchat zahlreiche weitere Möglichkeiten. (Quelle: Microsoft)

Instant-Messenger-Anwendungen gibt es von zahlreichen Anbietern. Zu den bekanntesten gehören *ICQ*, *AIM* (*AOL Instant Messenger*), *Yahoo Messenger* oder *Windows Live Messenger*.

Unterschiedliche Messenger-Systeme

Die unterschiedlichen Messenger-Systeme schotteten sich lange Zeit weitgehend voneinander ab und sperrten die Nutzer anderer Systeme von ihren Plattformen aus. Das hatte zur Folge, dass ausschließlich solche Nutzer miteinander kommunizieren konnten, die auch dieselbe Software verwendeten.

Dies versuchten Anbieter von unabhängigen Messenger-Systemen zu umgehen, deren Programme mehrere Systeme parallel nutzen konnten. Mittlerweile kooperieren aber auch einige der großen Systeme miteinander. Allerdings funktionieren dabei meist nur die Grundfunktionen wie etwa der eigentliche Text-Chat über die Systemgrenzen hinweg, nicht aber alle Zusatzfunktionen wie etwa die Videotelefonie.

Nicht wundern: Chatten hat eine eigene Sprache

Chats werden besonders oft von jüngeren Inernet-Surfern genutzt, die dabei auch einen ganz besonderen Sprachstil in den eingegebenen Texten pflegen. Für Chat-Neueinsteiger ist dieser Jargon oft nur mit einigen Schwierigkeiten zu verstehen. Auf korrekte Rechtschreibung oder die Einhaltung grammatikalischer Regeln wird hier beispielsweise weitgehend verzichtet.

Ein weiterer Bestandteil der Chat-Sprache sind die zahlreichen Abkürzungen und Akronyme, die von den Teilnehmern nahezu durchgängig verwendet werden. Bekannte Beispiele der meist aus der englischen Sprache stammenden Kürzel sind etwa *lol* (*laughing out loud* also übersetzt *in lautes Gelächter ausbrechen*) oder *cu* (ausgesprochen *see you*, was man mit *man sieht sich* übersetzen könnte).

Chats lehnen sich eher der gesprochenen Sprache als der Schriftsprache an, allerdings fehlen hier verschiedene zusätzliche Mittel des gesprochenen Wortes. Daher werden etwa zum Ausdruck von Stimmungslagen zusätzliche Mittel wie Emoticons verwendet. Emoticon ist ein Kunstwort aus Emotion (Gefühl) und Icon (Bild), mit dem mehr oder weniger grafisch gestaltete Symbole bezeichnet werden. Zu den bekanntesten gehört etwa das belustigte oder ironische Augenzwinkern ;-), das über die drei Zeichen Semikolon, Bindestrich und Klammer erzeugt wird. Daneben können derartige Gefühlsäußerungen auch über spezielle Abkürzungen ausgedrückt werden. So steht etwa <*g*> bzw. **g** für ein Grinsen. In vielen Messenger-Systemen werden diese Zeichen durch Grafiken (Smileys) ersetzt, die teilweise animiert sind und das „Texten" entsprechend auflockern.

:)	glücklich	:|	ernste Miene	(:|	gähnen
:(	traurig	/:)	hochgezogene Augenbraue	=P~	sabbern
;)	zwinkern	=))	Vor Lachen auf dem Boden rollend	:-?	Denker
:D	grinsen			#-o	Oh Mann!
;;)	Augenaufschlag	O:-)	Engel	=D>	Applaus
>:D<	umarmen	:-B	Computerfreak	:-SS	Nägel kauen

Bild 5.3 In vielen Messenger-Systemen können die Texte über grafisch umgesetzte Emoticons illustriert werden. (Quelle: Yahoo)

Ohne Grundkenntnisse dieses recht umfangreichen Jargons steht man in vielen Chats auf verlorenem Posten und versteht mitunter nur Bahnhof. Es bedarf schon einer gewissen Übung und Eingewöhnungszeit, bis man sich an diese spezielle Sprache gewöhnt hat.

In vielen organisierten Chats, in denen auch ältere Internet-Surfer in größerer Zahl teilnehmen, herrscht jedoch ein etwas verständlicherer Umgangston vor, sodass Sie hier deutlich weniger Schwierigkeiten haben werden, den Gesprächen zu folgen.

Chatten in Sozialen Netzwerken

Eine weitere Option zum Chatten bieten die sogenannten Sozialen Netzwerke oder Communities. Zu den bekanntesten Angeboten dieser Art gehört Facebook (*www.facebook.de*), bei dem sich weltweit bereits mehrere hundert Millionen Teilnehmer angemeldet haben.

> Diese Dienste ermöglichen es u. a., sich auf eigenen Profilseiten zu präsentieren und Bilder oder Videos hochzuladen. Die Teilnehmer können sich hier in Gruppen organisieren und dann eben auch über ein integriertes Chat-Modul miteinander reden.

5.2 Chatten und telefonieren mit Skype

Wie Sie mit einem Instant-Messenger-Programm kommunizieren können, wollen wir Ihnen am Beispiel von Skype aufzeigen. Zwar ist Skype vor allem als Programm zur Internettelefonie bekannt, doch es bietet ebenso die Möglichkeit zum Austausch schriftlicher Sofortnachrichten.

Das brauchen Sie für Skype

Um Skype im vollen Umfang, also auch für Telefonate und Videotelefonate nutzen zu können, benötigen Sie neben dem PC mit Internetzugang und der Skype-Software auch die entsprechenden Ein- und Ausgabegeräte in Form von Mikrofon und Lautsprecher sowie eine Webcam für die Videotelefone. Und bevor Sie eine Verbindung über die Software aufbauen können, müssen Sie sich wie üblich registrieren und einen Benutzernamen und ein Passwort auswählen. Wollen Sie Skype zunächst nur zum Chatten verwenden, benötigen Sie außer der Software kein weiteres Zubehör.

Beim Internetzugang werden keine besonderen Ansprüche gestellt, lediglich bei einem analogen Modemzugang ist die Geschwindigkeit zu gering, selbst ein ISDN-Zugang reicht bereits aus, um Telefonate zu führen.

Mikrofon und Lautsprecher sind bei vielen Computerausstattungen schon eingebaut. Eigentlich alle Notebooks verfügen über diese Komponenten, und wenn man hier auch kaum gehobene

Qualität erwarten darf, reicht es zumindest für den Anfang bzw. zum Ausprobieren allemal aus.

Bei den Desktop-PCs finden sich diese Komponenten oftmals in den Bildschirmen. Falls nicht, lassen sich für ein paar Euro Lautsprecher und ein Mikrofon erwerben, die einfach mit dem PC verbunden werden. In ruhigen Umgebungen, wo keine Störgeräusche aus der Umgebung zu befürchten sind, erreichen selbst diese Komponenten eine beachtliche Qualität, die meist sogar über der eines konventionellen Telefonats liegt.

Noch bessere Qualität mit Headset

Wenn Sie öfter per Skype (oder auch mit einem anderen Programm) via Internet telefonieren möchten, sollten Sie sich die Anschaffung eines Headsets überlegen. Die Qualität dieser Kopfhörer-/Mikrofon-Kombinationen ist meist besser als die, die mit den in Notebooks bzw. Displays eingebauten Komponenten erreichbar ist. Bereits einfache Lösungen, die meist nicht viel mehr als 10 Euro kosten, bringen schon eine erhebliche Qualitätssteigerung, die teureren Modelle von Markenherstellern wie Sennheiser genügen dann auch hohen Ansprüchen professioneller Anwender.

Auch eine Webcam ist bei vielen neueren Notebooks schon eingebaut, nutzen Sie dagegen einen konventionellen PC, müssen Sie sich diese Komponente für die Videotelefonie meist zusätzlich anschaffen. Allerdings halten sich die hierfür notwendigen Ausgaben in Grenzen. Schon ab etwa 15 Euro sind einfache Kameras, die für diese Zwecke jedoch bereits ausreichend sind, zu bekommen. Es gibt auch Komplettpakete, bei denen Webcam und Headset zusammen angeboten werden. Unter anderem können Sie bei Skype selbst dieses Zubehör erstehen.

Bild 5.4 Skype selbst bietet ein umfangreiches Sortiment an Headsets und Webcams an.

Sind die notwendigen Hardwarevoraussetzungen erfüllt, können Sie die Skype-Software auf Ihren Rechner herunterladen und installieren. Die Software gibt es gratis bei Skype unter *www.skype.de*.

Nach dem Herunterladen und der Installation des Programms müssen Sie sich natürlich auch bei Skype registrieren und einen Benutzernamen und Passwort wählen. Zusätzlich können Sie ein Profil mit persönlichen Daten anlegen, das die anderen Nutzer dann abrufen können. Sie können diese Daten aber auch auf ein Minimum beschränken, sodass außer Ihrem Benutzernamen nur noch die E-Mail-Adresse sichtbar ist. Haben Sie diese Prozedur hinter sich, können Sie das Programm über das Startmenü oder die üblicherweise auf dem Desktop angelegte Verknüpfung starten.

Ihr erster Chat mit Skype

Nach dem Start bzw. der Anmeldung können Sie dann nach Bekannten oder sonstigen potenziellen Gesprächspartnern für einen Chat Ausschau halten, der dazu natürlich auch bei Skype registriert sein muss. Über die Schaltfläche *Im Nutzerverzeichnis suchen* oder auch *Personen oder Firmen suchen* beginnen Sie Ihre Suche. Dabei können Sie beispielsweise den richtigen Namen der gewünschten Person eingeben oder, falls Sie diesen schon kennen, den jeweiligen Skype-Benutzernamen. Die dritte Suchmöglichkeit führt über die E-Mail-Adresse des Gesuchten.

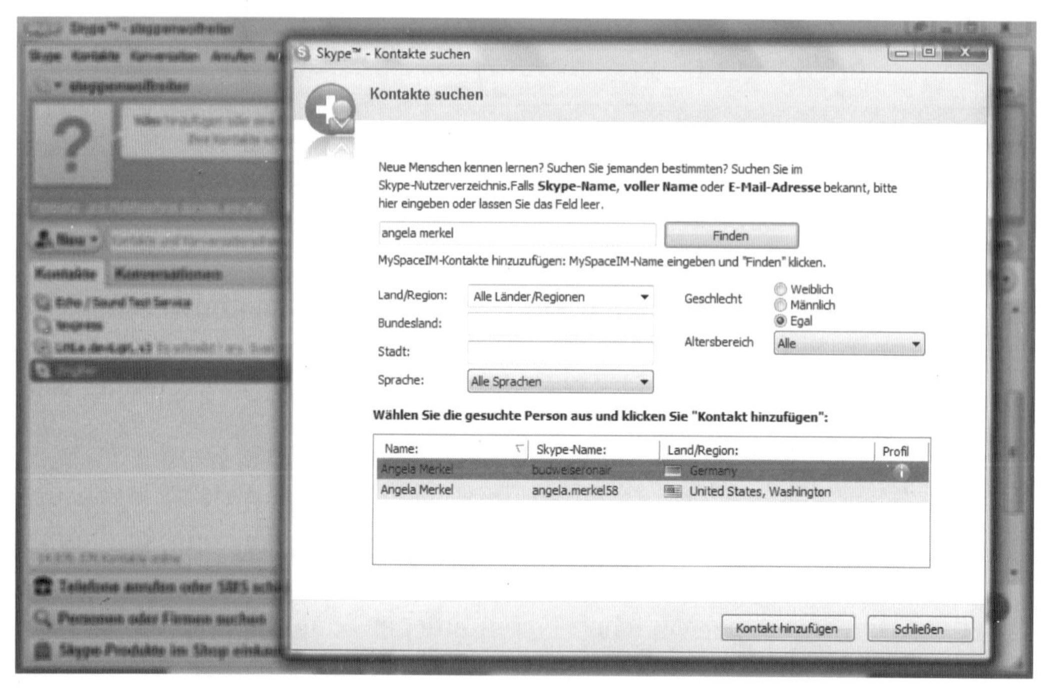

Bild 5.5 Sie können das Skype-Verzeichnis anhand verschiedener Kriterien durchsuchen.

Während es die E-Mail-Adressen und Skype-Nutzernamen immer genau nur einmal geben kann, sind bei den echten Namen durchaus mehrere Treffer möglich. Sie müssen dann anhand der Zusatzinformationen entscheiden, welcher der Einträge der richtige ist. Mitunter sind Personen zwar angemeldet, haben aber in ihrem Profil keine Angaben zum Namen gemacht und können so nicht gefunden werden.

Führt die Suche zum Erfolg, können Sie diese Adresse dann in Ihr Kontaktverzeichnis übernehmen. Diese Liste sehen Sie am linken Bildrand des Skype-Programmfensters. Bevor Sie eine Adresse in Ihre Kontaktliste übernehmen können, ist es obligatorisch, dass Sie zunächst eine Nachricht übermitteln und Ihr Gegenüber damit über diesen Vorgang informieren. Stimmt die Person zu bzw. antwortet sie auf diese Nachricht, so sehen Sie diesen Eintrag nun in Ihrer Kontaktliste und können erkennen, ob die Person gerade online oder offline ist. Alle Einträge in der Kontaktliste sind dazu mit entsprechenden Symbolen (*Online, Abwesend, Beschäftigt, Offline*) gekennzeichnet, sodass Sie jederzeit sehen können, ob eine Kontaktaufnahme momentan möglich ist oder nicht.

Zum Chatten mit einem Gesprächspartner wählen Sie diesen nun einfach in Ihrer Kontaktliste aus, geben dann in das Eingabefenster rechts unten den Text ein und klicken auf *Senden*. Ihr Gesprächspartner kann darauf antworten und Sie bekommen dann seinen Text angezeigt. Ein eingeblendeter kleiner Stift zeigt dabei an, dass Ihr Gegenüber gerade eine Nachricht schreibt. Auch wenn dies einmal etwas länger als üblich dauert, erkennen Sie daran die Aktivität Ihres Kommunikationspartners und können sich Rückfragen oder Ähnliches ersparen. Über die Schaltfläche mit dem Smiley lassen sich jederzeit verschiedene Emoticons in Ihren Text einfügen. Über *Optionen* ist u. a. die Übermittlung von Dateien möglich.

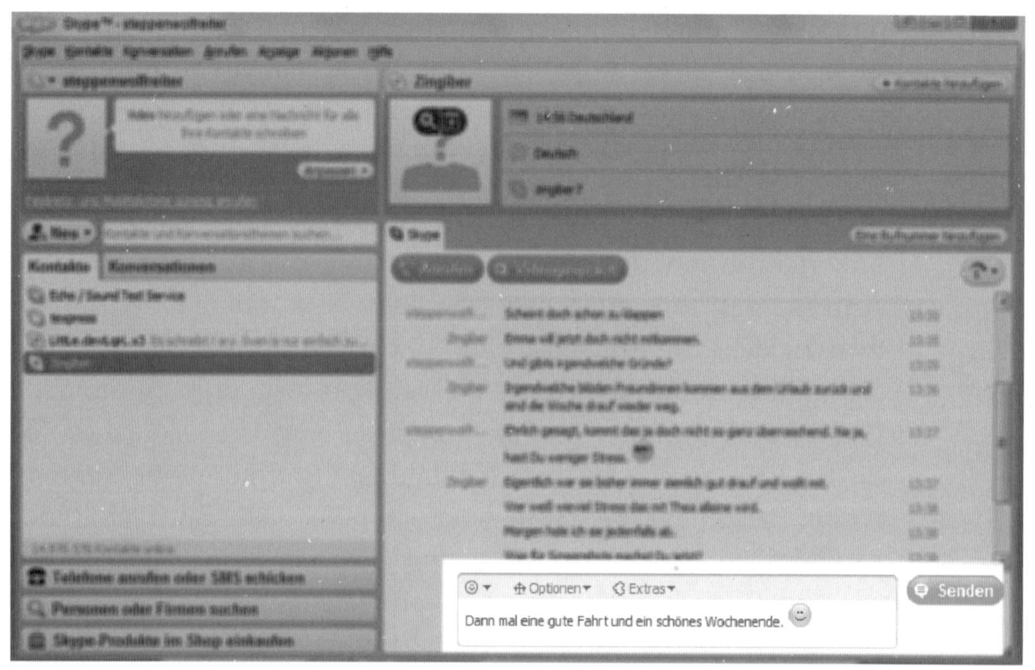

Bild 5.6 Das Chatten in Skype bereitet auch Laien kein Problem.

Einen Skype-Kontakt anrufen

Zur Herstellung einer Skype-Telefonverbindung von PC zu PC klicken Sie einfach auf die grüne Schaltfläche *Anrufen*. Die Skype-Software ist i. d. R. in der Lage, die hierzu notwendigen Geräte wie Mikrofon und Lautsprecher zu erkennen und direkt zu verwenden. Die Anrufe von Skype zu Skype über das Internet sind wie schon gesagt kostenfrei und die oftmals gute Sprachqualität dürfte die meisten Nutzer überraschen. Beenden können Sie das Gespräch jederzeit wieder über die während eines laufenden Telefonats eingeblendete rote Taste.

Genau so einfach sind Videotelefonate. Sie klicken hier einfach auf die Schaltfläche *Videogespräch* und schon wird Ihre Webcam aktiviert und auch Ihr Gesprächspartner kann nun den Videomodus nutzen, sodass Sie sich gegenseitig sehen können. Ebenso wie normale Anrufe sind auch diese Videotelefonate kostenfrei möglich, die Bildqualität hängt dabei aber nicht nur von den verwendeten Webcams ab, sondern auch von der Geschwindigkeit der Internetanschlüsse. Die meisten Webcams erkennt Skype wiederum völlig selbstständig, sodass Sie sich nicht umständlich mit irgendwelchen Einstellungen herumplagen müssen.

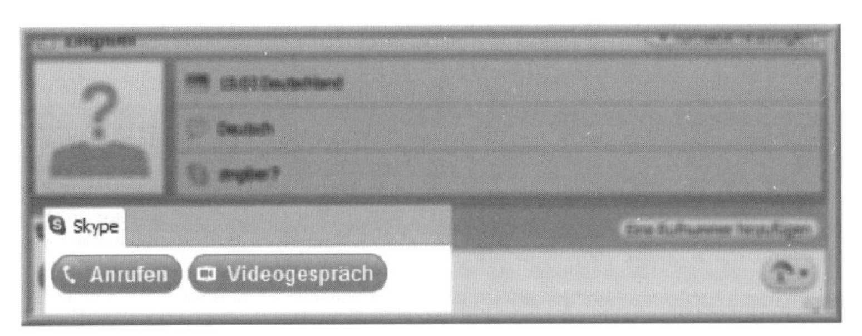

Bild 5.7 Telefonate, aber auch Videoanrufe zu anderen Skype-Nutzern sind einfach per Knopfdruck möglich.

Skype-Anrufe ins Telefonnetz

Wie bereits erwähnt, können Sie mit Skype aber auch ganz normale Telefonanschlüsse im In- und Ausland anrufen. Diese Anrufe sind allerdings nicht mehr kostenfrei, sondern es fallen Gesprächsgebühren an, die meist jedoch recht niedrig sind. Gespräche ins Festnetz der meisten europäischen Länder kosten beispielsweise zwischen 2 und 3 Cent pro Minute, und auch Ziele wie die USA, Japan oder Australien sind zu diesen Preisen erreichbar. Anrufe zu Mobilfunkanschlüssen kosten derzeit meist zwischen 20 und 30 Cent pro Minute. Die jeweils aktuellen Konditionen erfahren Sie auf der Skype-Website.

Bezahlt wird bei Skype üblicherweise über ein Prepaid-System. Sie erwerben also ein Guthaben, das Sie dann abtelefonieren. Zum Ausprobieren sollte diese Art der Bezahlung ausreichend sein. Wenn Sie dann von Skype überzeugt sind, können Sie auch eine Art Pauschaltarif-Abonnement abschließen. Für eine Flatrate ins deutsche Festnetz zahlen Sie derzeit beispielsweise weniger als 5 Euro pro Monat, für eine Flatrate in 20 europäische Länder noch nicht einmal 6 Euro.

Zum Ausprobieren dieser Funktion bietet Ihnen die neue Skype-Software einen Gratisanruf. Über die Schaltfläche *Telefone anrufen oder SMS schicken* rufen Sie diese Skype-Komponente auf. Geben Sie hier die gewünschte Rufnummer über die abgebildete Tastatur ein, klicken Sie auf *Anruf* und schon wird die Verbindung hergestellt. Möchten Sie diese Funktion weiterhin nutzen, finden Sie hier auch eine Schaltfläche, über die Sie direkt das notwendige Guthaben erwerben können.

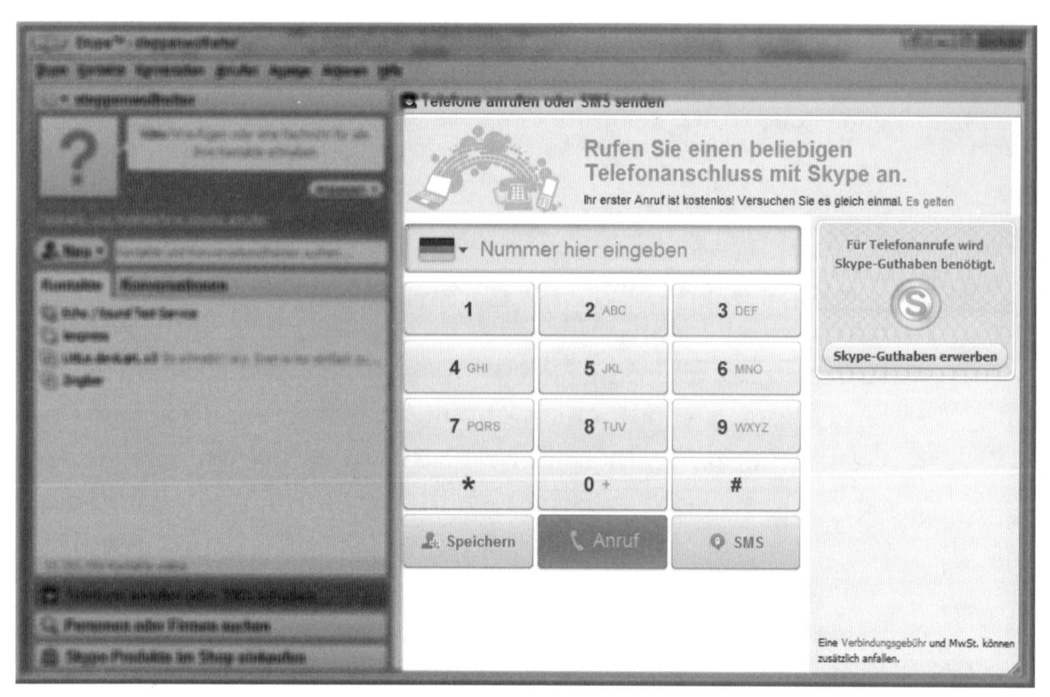

Bild 5.8 Sie können mit Skype gegen Bezahlung auch normale Telefonanschlüsse erreichen.

Kapitel 6

Praktisch: Einkaufen im Internet

In den vorhergehenden Kapiteln haben wir Ihnen die wichtigsten Grundlagen zur Nutzung des Internets aufgezeigt und Sie wissen jetzt etwa, wie Sie den Browser bedienen müssen, um Webseiten aufzurufen, wie Sie sich im Web über Suchmaschinen orientieren und wie Sie Ihren Rechner und das Internet nutzen, um mit anderen Internetnutzern zu kommunizieren. In den folgenden Kapiteln wollen wir Ihnen nun noch verschiedene Anwendungsbereiche vorstellen, bei denen das Internet Ihnen im alltäglichen Leben von Nutzen sein kann. Beginnen wollen wir mit dem Internet als Einkaufshilfe und Einkaufsquelle.

6.1 Die Vorteile des Online-Shopping

Das Web hat sich in den letzten Jahren zu einer beträchtlichen Größe im Einzelhandel entwickelt. Während die meisten Kaufhausketten in die Krise geraten sind und sich der stationäre Handel insgesamt mit rückläufigen oder stagnierenden Umsätzen zufrieden geben muss, sind die Wachstumsraten bei den Online-Shops immer noch beträchtlich. Für die Konsumenten hat das Internet deutliche Vorteile gebracht. Waren beispielsweise Preisvergleiche früher aufwendig und langwierig, lassen sie sich heute mit ein paar Mausklicks erledigen. Zudem profitieren die Käufer von einem vielfältigeren Angebot. Ausgefallene Produkte oder Spezialitäten sind nun auch in Kleinstädten oder auf dem Lande deutlich einfacher erhältlich als noch vor einigen Jahren.

Wie im echten Leben müssen Sie aber auch beim Einkaufen im Internet einige Regeln beachten, um nicht unseriösen Anbietern und Betrügern auf den Leim zu gehen. Wenn Sie sich allerdings etwas auskennen und vorsichtig bleiben, besteht hier kein größeres Risiko als bei sonstigen Einkaufsquellen.

Das Internet bringt uns als Verbrauchern zwei ganz große Vorteile. Zum einen erhalten wir deutlich bessere Vergleichsmöglichkeiten, wenn wir ein bestimmtes Produkt kaufen wollen. Es reicht aus, eines der vielen Verbraucherportale aufzurufen, um etwa Preisvergleiche zwischen zahllosen Anbietern eines Produkts durchzuführen oder auch Meinungen bzw. Erfahrungsberichte anderer Käufer einzusehen. Die Markttransparenz für die Konsumenten hat sich mit diesen Optionen daher deutlich erhöht. Selbst wenn Sie dann das Produkt oder die Dienstleistung nicht im Internet erstehen, können Sie mit diesen Informationen beim Händler vor Ort durchaus für eine bessere Verhandlungsposition sorgen.

Der zweite Vorteil liegt in der deutlichen Ausweitung des Angebots. Über die Internet-Shops haben Sie jetzt einen einfachen Zugang zu zahllosen Spezialitäten und Waren, die Sie früher nur sehr schwer bekommen konnten. Sicher konnten Sie sich auch schon vor Jahren ausgefallenere Artikel über Versandunternehmen ins Haus schicken lassen, doch sowohl schon das Auffinden derartiger Anbieter als auch das Bestellen dutzender Kataloge war alles andere als einfach. Und auch wenn Sie nicht gerade in einer Großstadt wohnen, steht Ihnen nun die große weite Konsumwelt offen und Sie haben über das Internet jetzt eine deutlich größere Auswahl als früher.

Im Internet wurden darüber hinaus auch neue Geschäftsmodelle realisiert. Zu den besonders populären Shopping-Angeboten vor allem für Schnäppchenjäger gehören etwa Websites, die nur ein sehr eingeschränktes Sortiment bieten, diese Produkte dann jedoch in sehr großen Stückzahlen einkaufen und entsprechend hohe Mengenrabatte erhalten, die sie dann an die Konsumenten weitergeben können. Bekannte Anbieter sind etwa *Preisbock* (*www.preisbock.de*) oder *Guut* (*www.guut.de*), die pro Tag immer nur ein einziges Produkt im Angebot haben.

Bild 6.1 Jeden Tag nur ein Produkt, dann jedoch zu einem günstigen Preis – diese Internet-Geschäftsidee ist derzeit populär.

Eine andere neue Idee sind die Shopping-Clubs, bei denen ähnlich wie bei Factory-Outlets vor allem Markenartikel zu günstigen Preisen angeboten werden. Eher als Marketinggag ist bei einigen dieser Club die Vorgabe zu verstehen, dass neue Mitglieder nur auf Einladung anderer Kunden aufgenommen werden. Denn selbst wenn man keinen anderen Kunden kennt, bieten die Shops selbst entsprechende Hilfestellungen, um eine solche Einladung zu bekommen. Der Preisvorteil, den es bei diesen Clubs geben kann, resultiert auch hier meist aus den vergleichsweise großen Stückzahlen bei zeitlich befristeten Aktionsangeboten.

Solche Clubangebote sind etwa *4Clever* (*www.4clever-shop.de*) oder *Pauldirekt* (*www.pauldirekt.de*).

Das dritte besonders erfolgreiche Geschäftsmodell im Internet sind die Internetauktionen, wobei es in diesem Bereich mit *eBay* (*www.ebay.de*) im Grunde nur einen wirklich dominierenden Anbieter gibt, dessen Name meist auch als Synonym für Online-Auktionen verwendet wird.

6.2 Einkaufen im Online-Shop

Die verschiedenen Internet-Shops unterscheiden sich zum Teil natürlich erheblich, etwa bei der Präsentation der Produkte, andererseits läuft der eigentliche Kaufprozess meist nach demselben Grundmuster ab.

Haben Sie einen Shop gefunden, können Sie im Sortiment stöbern und nach dem gewünschten Produkt Ausschau halten. Entweder nutzen Sie die in den Shops vorhandenen Suchfunktionen zum direkten Auffinden eines bestimmten Artikels oder Sie nehmen sich etwas Zeit und klicken sich durch die verschiedenen Produktkategorien, bis Sie den Artikel gefunden haben.

Haben Sie sich zum Kauf entschieden, legen Sie den Artikel per Mausklick in Ihren virtuellen Einkaufskorb. Möchten Sie gleich noch andere Waren einkaufen, suchen Sie diese auf demselben Weg aus und legen sie ebenfalls in diesen Warenkorb. Um diese Warenkorbfunktion nutzen zu können, muss Ihr Internet-Browser bestimmte Funktionen unterstützen, vor allem die sogenannten Cookies. Eventuell müssen Sie diese Cookies zunächst zulassen bzw. aktivieren. Ein entsprechender Hinweis wird dann eingeblendet. Allerdings sind die meisten Internet-Browser bereits so voreingestellt, dass Cookies akzeptiert werden. Mitunter setzen die Online-Shops auch JavaScript voraus, das allerdings auch alle modernen Browser beherrschen.

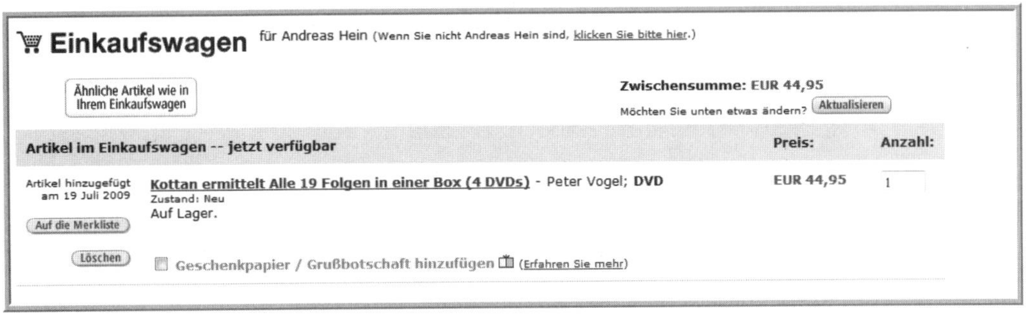

Einkaufswagen für Andreas Hein (Wenn Sie nicht Andreas Hein sind, klicken Sie bitte hier.)

Ähnliche Artikel wie in Ihrem Einkaufswagen

Zwischensumme: EUR 44,95
Möchten Sie unten etwas ändern? Aktualisieren

Artikel im Einkaufswagen -- jetzt verfügbar		Preis:	Anzahl:
Artikel hinzugefügt am 19 Juli 2009 Auf die Merkliste Löschen	Kottan ermittelt Alle 19 Folgen in einer Box (4 DVDs) - Peter Vogel; DVD Zustand: Neu Auf Lager. Geschenkpapier / Grußbotschaft hinzufügen (Erfahren Sie mehr)	EUR 44,95	1

Bild 6.2 Wie im Supermarkt legen Sie auch im Online-Shop die gewünschten Artikel einfach in den Einkaufswagen.

Haben Sie Ihren Einkauf abgeschlossen, geht es wie im echten Leben zur Kasse. Falls Sie zum ersten Mal in dem Shop einkaufen, müssen Sie hier zunächst noch Name, Anschrift und einige weitere Daten wie die E-Mail-Adresse angeben, denn üblicherweise erhalten Sie die Ware ja auf dem Postweg, sodass diese Angaben notwendig sind. Um bei späteren Einkäufen dann nicht immer wieder diese umfangreichen Daten eingeben zu müssen, bekommen Sie in den meisten Shops ein Kundenkonto samt Benutzernamen und Passwort. Damit können Sie sich bei künftigen Käufen gewissermaßen ausweisen.

Zahlungsdaten nur verschlüsselt übertragen

Bleibt noch das leidige Thema Bezahlen. Beim Bezahlen bieten die meisten Internet-Shops mittlerweile eine Reihe von Möglichkeiten. Gängige Varianten sind Zahlen per Rechnung, Lastschrift und Kreditkarte. Während in anderen Ländern vor allem Kreditkartenzahlungen getätigt werden, hält sich die Begeisterung der Bundesbürger für die Zahlung per Plastikgeld im Internet in überschaubaren Grenzen. Vor allem Sicherheitsbedenken lassen viele Kunden zurückschrecken, allerdings bietet so gut wie jeder Internet-Shop zur Übermittlung der Zahlungsdaten eine sichere Verbindung (SSL), sodass die Daten nicht abgefangen und in falsche Hände gelangen können.

Wichtige Daten nur über eine sichere Verbindung senden

Gerade beim Online-Shopping sollten Sie unbedingt darauf achten, dass sensible Informationen wie etwa Kreditkartendaten oder auch die Kontoverbindung stets über eine abhörsichere Verbindung (SSL) übertragen werden. Sie erkennen eine derart gesicherte Webseite unter anderem daran, dass im Adressfeld statt des Kürzels *http* die Abkürzung *https* steht. Zudem erscheint im Internet Explorer auch das Symbol des geschlossenen Vorhängeschlosses. Durch Anklicken dieser Schaltfläche können Sie weitere Informationen über die Sicherheit dieser Webseite abrufen.

Sind die Voraussetzungen der sicheren Übertragung erfüllt, können Ihre Daten auf dem Übertragungsweg durch das Internet nicht abgefangen werden und in falsche Hände geraten. Dem Händler selbst müssen Sie allerdings ohnehin vertrauen. Dazu gibt es allerdings verschiedene Hilfsmittel wie etwa Gütesiegel oder Bewertungen der Händler auf den Preisvergleichsseiten bzw. Verbraucherportalen.

Bild 6.3 Die verschlüsselte Datenübertragung erkennen Sie beispielsweise am Kürzel *https* in der Internetadresse.

Vorsicht bei Vorkasse!

Die größte Vorsicht ist natürlich bei der Zahlungsmethode Vorkasse angebracht, denn immer wieder gibt es Beispiele, dass Kunden für Güter bezahlen, die dann nie bei ihnen ankommen, sei es weil der Anbieter vor vornherein Betrugsabsichten hatte oder weil er zwischenzeitlich pleite gegangen ist. Sich das verlorene Geld dann zurückzuholen ist meist ein sehr mühseliges und oftmals aussichtsloses Unterfangen.

Die meisten Online-Shops bieten daher neben der Vorkasse noch eine Reihe anderer Zahlungsverfahren an, allerdings gibt es mit eBay eine ganz große Ausnahme, denn hier ist dieses Verfahren meist immer noch die Regel. Eventuell sichern sich jedoch auch einige kleinere Shops zumindest bei Erstkäufern noch auf diese Weise ab, um Ausfälle durch nicht zahlungswillige oder -fähige Kunden auszuschließen.

Nachdem Sie alle Formalitäten an der Kasse hinter sich gebracht haben, ist der Kaufvorgang abgeschlossen und Sie erhalten in aller Regel eine Bestätigung per E-Mail. Die Ware sollte dann innerhalb der genannten Lieferfrist bei Ihnen ankommen.

Zahlen per PayPal

Ein weiteres, immer beliebter werdendes Zahlungsverfahren im Internet ist *PayPal* (*www.paypal.de*). PayPal erhöht gleich in mehrfacher Hinsicht die Sicherheit beim Bezahlen, denn Daten wie Kontonummer oder Kreditkartennummer werden hierbei gar nicht zum Empfänger übertragen, sondern die Zahlung wird von Ihrem PayPal-Konto aus beglichen. Beim Einkaufen bei eBay bietet PayPal sogar noch einen zusätzlichen Schutz, über den Sie bei Problemen mit dem Verkäufer sogar Ihr Geld zurückbekommen können. Zur Nutzung des PayPal-Dienstes ist eine Anmeldung notwendig, zusätzliche Kosten entstehen nicht. Neben eBay bieten mittlerweile immer mehr Shops diese Zahlungsmethode an.

6.3 So finden Sie vertrauenswürdige Online-Shops

Bei der Vielzahl von Online-Shops fällt die Orientierung naturgemäß etwas schwer. Zudem bleibt bei vielen Angeboten eine gewisse Unsicherheit, denn ob sich hinter einem beeindruckenden Web-Shop immer auch ein seriöser Anbieter versteckt, lässt sich gar nicht so leicht erkennen. Allerdings gibt es ein paar Merkmale, die jeder Online-Shop zwingend aufweisen muss.

Impressum, AGB und Widerrufsrecht

So ist jeder Online-Shop verpflichtet, ein Web-Impressum zu veröffentlichen, dem Sie entnehmen können, wer genau für das Angebot verantwortlich ist. Darüber hinaus müssen hier Kontaktadresse sowie Telefonnummer und E-Mail-Adresse des Händlers angegeben werden. Auch die Angabe der Umsatzsteuer-Ident-Nummer ist Pflicht.

Ebenfalls vorgeschrieben ist die Veröffentlichung der Allgemeinen Geschäftsbedingungen (AGB) auf der Website. Diese sollten ebenfalls möglichst direkt über die Homepage des Shops erreichbar sein.

Bild 6.4 Die Allgemeinen Geschäftsbedingungen und das Impressum sollten auf den Webseiten des Shops leicht zu finden sein.

Bei einem Kauf in einem Internet-Shop gilt bei den meisten Produkten ein Widerrufsrecht nach dem Fernabsatzgesetz, nach dem Sie innerhalb von 14 Tagen nach Erhalt die Ware ohne Angabe von Gründen zurückgeben können. Sofern der Warenwert über 40 Euro liegt, muss der Online-Händler die Kosten der Rücksendung übernehmen. Der Hinweis auf dieses Widerrufsrecht muss auf den Webseiten des Online-Shops ebenfalls enthalten sein. Häufig findet sich ein entsprechender Passus im Rahmen der Allgemeinen Geschäftsbedingungen. Einige Händler bieten sogar von sich aus eine verlängerte Zeitspanne für die Rücknahme der Waren an.

Preisauszeichnung und Lieferkosten

Aufpassen müssen Sie beim Online-Shopping im Hinblick auf die Lieferkosten. Verpackung und Versand der Waren kosten den Händler nun einmal Geld und es ist daher völlig legitim, diese Kosten separat in Rechnung zu stellen.

Allerdings sollte es ebenso selbstverständlich sein, dass Sie als Kunde über die zusätzlichen Kosten vorher informiert werden und mit entsprechenden Angaben nicht erst während des Bestellvorgangs konfrontiert werden.

Einzelhändler im Web, die direkt an Endkunden verkaufen, sind zudem verpflichtet, bei den Preisangaben stets die Mehrwertsteuer mit einzurechnen. Ein entsprechender Vermerk sollte für Klarheit sorgen.

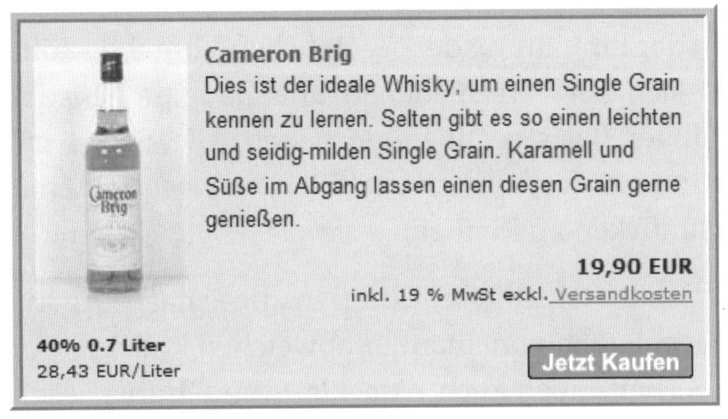

Bild 6.5 So soll es sein: Neben dem Hinweis auf die enthaltene Mehrwertsteuer gibt es hier auch gleich noch einen Link zu den Versandkosten. (Quelle: The Whisky Store)

Lieferkosten beim Preisvergleich berücksichtigen

Beim Preisvergleich zwischen mehreren Online-Shops, aber auch zwischen Internetangeboten einerseits und dem Handel vor Ort andererseits müssen Sie die Versandkosten in jedem Fall berücksichtigen. Gerade bei einem geringen Warenwert kann durch einen Versandzuschlag aus einem vermeintlichen Schnäppchen ein eher teurer Einkauf werden. Bei vielen Internet-Shops werden zudem ab einem bestimmten Mindestbestellwert keine Versandkosten mehr in Rechnung gestellt. Damit möchten die Händler natürlich zu größeren Bestellungen animieren. Wenn Sie ohnehin schon mit den ausgewählten Produkten nahe an diesem Wert sind, kann es aber auch aus Sicht des Kunden angebracht sein, noch eine Kleinigkeit in den Warenkorb zu legen, um sich die Versandkostenersparnis nicht entgehen zu lassen und dann vielleicht sogar weniger zu zahlen als ohne diesen Extra-Artikel.

Gütesiegel

Neben der Einhaltung der gesetzlichen Vorgaben können Online-Shops sich bei verschiedenen unabhängigen Institutionen auf freiwilliger Basis zertifizieren lassen. Die Shops müssen dann bestimmte Anforderungen erfüllen, um sich mit einem Gütesiegel schmücken zu können.

Es gibt eine Vielzahl von Kriterien, die je nach Organisation bzw. Gütesiegel auch voneinander abweichen können. Vor allem Liefersicherheit, aber auch eine klare und transparente Preisauszeichnung, eindeutige und ausreichende Informationen, umfassender Kundenservice oder Sicherheit für die Kundendaten gehören zu den üblicherweise überprüften Eigenschaften.

Einige der Organisationen bieten zusätzlich einen Käuferschutz. Kommt es hier wider Erwarten doch einmal zu einer Nichtlieferung einer bezahlten Ware durch den Anbieter oder wird nach einer Rücksendung der Ware innerhalb der Widerspruchsfrist der Kaufpreis nicht erstattet, so kommt die Vergabe-Organisation für den Schaden auf.

Zu den bekanntesten und renommiertesten Gütesiegeln dieser Art gehört hierzulande Trusted Shops (*www.trustedshops.de*), dem sich bereits mehr als 5.000 Online-Händler angeschlossen haben. Dieses Gütesiegel beinhaltet auch den eben erwähnten Käuferschutz.

Bild 6.6 Das Gütesiegel Trusted Shops verspricht sicheres und unbeschwertes Einkaufen.

Ein anderes weit verbreitetes Siegel kommt vom TÜV Süd, der sein Angebot s@fer-shopping nennt. Obwohl hier insbesondere die Technik der Shops und die Datensicherheit geprüft werden, gibt es dieses Siegel optional auch mit einer Geld-zurück-Garantie. Hier verpflichtet sich der Online-Shop zur Rückzahlung des Kaufpreises, wenn es mit der Bestellung einmal zu Problemen kommen sollte, etwa ein Liefertermin nicht eingehalten wurde.

Bild 6.7 Auch dem s@fer-shopping-Siegel des TÜV Süd können Sie vertrauen.

Ein weiteres bekanntes Gütesiegel trägt die Bezeichnung »Geprüfter Online-Shop« und wird vom EHI vergeben, einem wissenschaftlichen Institut des Handels. Weitere Informationen zu dem Siegel, das ebenfalls auf sehr vielen Web-Shops zu finden ist, finden Sie auf der Homepage *www.shopinfo.net*.

Bild 6.8 Das EHI-Institut des Handels vergibt das Siegel »Geprüfter Online-Shop«.

Über jeden Zweifel erhaben ist schließlich auch das ips-Gütesiegel, das seinen Schwerpunkt allerdings weitgehend auf die Einhaltung der Datenschutzvorgaben beim Umgang mit den Kundendaten legt. Vergeben wird dieses Siegel von der Datenschutz cert GmbH (*www.datenschutz-cert.de*).

Es gibt neben diesen weitestgehend unabhängigen und neutralen Siegeln auch noch eine Reihe anderer vorgeblicher Qualitätssiegel, deren Kriterien jedoch nicht so transparent und nachvollziehbar sind wie die der oben genannten Institutionen.

Beurteilungen durch Verbraucher

Von einem hohen Informationsgehalt können auch die Erfahrungen sein, die andere Kunden bereits mit den Online-Shops gemacht haben und die sie dann in Verbraucherportalen oder auf Preisvergleichsseiten anderen Konsumenten mitteilen. Beispiele für diese Bewertungen finden Sie etwa bei Diensten wie Ciao (*www.ciao.de*) oder Kelkoo (*www.kelkoo.de*).

Je mehr Beurteilungen auf den Seiten für die einzelnen Shops veröffentlicht sind, desto größer ist der Informationsgewinn. Umgekehrt ist bei einer geringen Zahl von Bewertungen und Erfahrungsberichten durchaus etwas Skepsis angebracht, denn letztlich handelt es sich ja immer um subjektive Meinungen, aus denen man nur unter Vorbehalt auf die tatsächliche Qualität eines Shops schließen kann.

Bild 6.9 Auf vielen Preisvergleichsseiten und Verbraucherportalen finden Sie auch Bewertungen der Online-Shops durch Kunden.

Meist werden bei den Bewertungen zudem Durchschnittswerte für die verschiedenen Beurteilungskriterien errechnet. Bei einer kleinen Zahl von Beurteilungen kann eine einzelne abweichende Meinung diesen Durchschnitt beträchtlich nach unten oder oben verschieben.

6.4 Einkaufen bei eBay

Die Verkaufsplattform eBay nimmt in verschiedener Hinsicht eine Sonderrolle beim Online-Shopping ein. Zum einen ist eBay kein Online-Shop im konventionellen Sinne, bei dem es einen Anbieter gibt, der seine Waren zum Verkauf anbietet, sondern es ist lediglich eine technische Plattform, über die zahllose Händler und auch Privatpersonen Waren verkaufen können.

Zum anderen werden viele Artikel hier nicht zu einem Festpreis, sondern in Form einer Versteigerung angeboten. Neben Neuwaren können Sie auch viele gebrauchte Artikel erwerben, die hier von Privatpersonen versteigert werden. Gerade die Form der Versteigerung macht einen nicht unbeträchtlichen Teil des Kaufreizes aus, und die Aussicht auf ein Schnäppchen lockt täglich riesige Mengen von Interessenten an.

Neben den Auktionen findet man bei eBay aber auch viele konventionelle Angebote, bei denen der Anbieter einen Festpreis verlangt. Gerade bei den sogenannten Power-Sellern, also professionellen Anbietern mit hohen Verkaufs- und Umsatzzahlen, setzen sich diese Festpreise immer mehr durch. Seit einiger Zeit gibt es zwischen den beiden Varianten Festpreis und Versteigerung noch eine dritte Version in Form eines Preisvorschlags. Hier gibt der Anbieter zunächst einen festen Verkaufspreis vor, eröffnet den Interessenten jedoch gleichzeitig die Option, einen eigenen Preisvorschlag zu machen. Diesen kann er in einer bestimmten Zeitspanne entweder ablehnen oder annehmen und teilt seine Entscheidung dann dem Kunden mit.

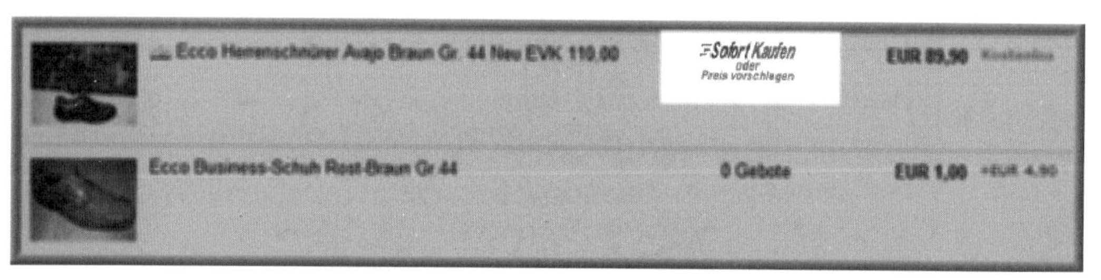

Bild 6.10 Zwischen Festpreis und Auktion angesiedelt ist die dritte Option, bei der Sie versuchen können, einen günstigeren Preis auszuhandeln.

So können Sie mitbieten und Artikel ersteigern

Das Mitmachen bei eBay ist sehr einfach. Bevor Sie allerdings an den Versteigerungen teilnehmen bzw. Artikel kaufen können, müssen Sie sich anmelden und ein eBay-Konto einrichten. Auf der eBay-Homepage finden Sie dazu eine entsprechende Schaltfläche, über die Sie auf eine Webseite mit einem Anmeldeformular gelangen.

Bild 6.11 Über die eBay-Homepage können Sie sich jederzeit anmelden.

Hier tragen Sie die persönlichen Daten ein, die für ein Konto bei eBay benötigt werden. Neben Name, Anschrift und Alter benötigen Sie in jedem Fall eine gültige E-Mail-Adresse. (Wie Sie eine solche Adresse erhalten, haben Sie ja bereits in einem der vorhergehenden Kapitel erfahren.) Danach legen Sie noch einen Benutzernamen fest, unter dem Sie auf eBay geführt werden, und zum Schutz Ihres Kontos wählen Sie schließlich noch ein Passwort aus. Dieses Passwort sollte nicht zu leicht erraten werden können, weil dann die Gefahr besteht, dass Fremde Ihr Konto übernehmen und für illegale Geschäfte missbrauchen. Tipps zur Passwortwahl bietet der entsprechende Link auf dem Anmeldeformular. Schließlich wählen Sie noch eine Passwort-Sicherheitsabfrage aus. Mit dieser können Sie sich dann legitimieren, wenn Sie einmal Ihr Passwort vergessen haben.

Haben Sie alle Angaben gemacht und den Geschäftsbedingungen sowie der Verarbeitung und Nutzung Ihrer Daten zugestimmt, überprüft eBay Ihre Angaben bei Organisationen wie der Schufa auf ihre Richtigkeit. Gibt es keine Beanstandungen, wird eine E-Mail an die angegebene E-Mai-Adresse geschickt.

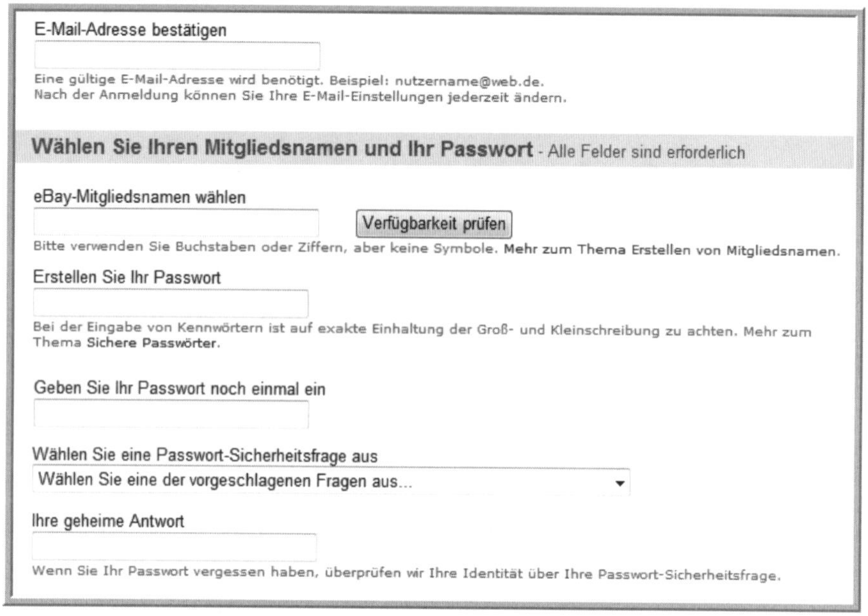

E-Mail-Adresse bestätigen

Eine gültige E-Mail-Adresse wird benötigt. Beispiel: nutzername@web.de.
Nach der Anmeldung können Sie Ihre E-Mail-Einstellungen jederzeit ändern.

Wählen Sie Ihren Mitgliedsnamen und Ihr Passwort - Alle Felder sind erforderlich

eBay-Mitgliedsnamen wählen

Verfügbarkeit prüfen

Bitte verwenden Sie Buchstaben oder Ziffern, aber keine Symbole. **Mehr zum Thema Erstellen von Mitgliedsnamen.**

Erstellen Sie Ihr Passwort

Bei der Eingabe von Kennwörtern ist auf exakte Einhaltung der Groß- und Kleinschreibung zu achten. Mehr zum Thema **Sichere Passwörter.**

Geben Sie Ihr Passwort noch einmal ein

Wählen Sie eine Passwort-Sicherheitsfrage aus

Wählen Sie eine der vorgeschlagenen Fragen aus...

Ihre geheime Antwort

Wenn Sie Ihr Passwort vergessen haben, überprüfen wir Ihre Identität über Ihre Passwort-Sicherheitsfrage.

Bild 6.12 Sie benötigen eine gültige E-Mail-Adresse, um bei eBay mitmachen zu können. Zur Wahl eines sicheren Passworts können Sie sich Zusatzinformationen anzeigen lassen.

In dieser E-Mail ist ein Link enthalten, den Sie anklicken müssen. Damit ist nun auch die Richtigkeit der E-Mail-Adresse bestätigt und Ihr Konto aktiviert. Sie können nun mit dem Einkaufen bzw. Mitbieten bei eBay beginnen.

Rufen Sie die eBay-Startseite auf, können Sie sich hier gleich anmelden, was im Internet-Jargon auch einloggen heißt. Beim Einloggen legitimieren Sie sich durch die Eingabe Ihres Benutzernamens und Ihres Passworts.

Loggen Sie sich in Ihr Mitgliedskonto ein

Möchten Sie noch mehr erleben? Loggen Sie sich jetzt ein und kaufen, bieten und verkaufen Sie oder verwalten Sie Ihr Konto.

Mitgliedsname abcdefg ehicjk

Ich habe meinen Mitgliedsnamen vergessen

Passwort •••••••

Ich habe mein Passwort vergessen

Ich möchte heute eingeloggt bleiben. Aktivieren Sie dieses Feld nicht, wenn Sie an einem öffentlichen oder von mehreren Benutzern verwendeten Computer arbeiten.

Einloggen

Bild 6.13 Mit Ihrem Benutzernamen und dem Passwort melden Sie sich bei eBay an.

Gute Angebote finden

Das Angebot bei eBay ist riesig, und angesichts dieser Vielfalt schnell zu den gesuchten Artikeln zu gelangen daher nicht immer ganz einfach.

Es gibt verschiedene Möglichkeiten, zu den gewünschten Produkten zu gelangen. So können Sie sich beispielsweise schrittweise der jeweiligen Produktkategorie annähern. Dazu bewegen Sie einfach den Mauszeiger auf den Eintrag *Kategorien*. Daraufhin erscheint ein Fenster mit einer Reihe von Warengruppen von *Antiquitäten & Kunst* bis zu *Uhren & Schmuck*. Unter diesen Rubriken finden Sie jeweils Unterkategorien, und auch diese können noch weiter unterteilt sein.

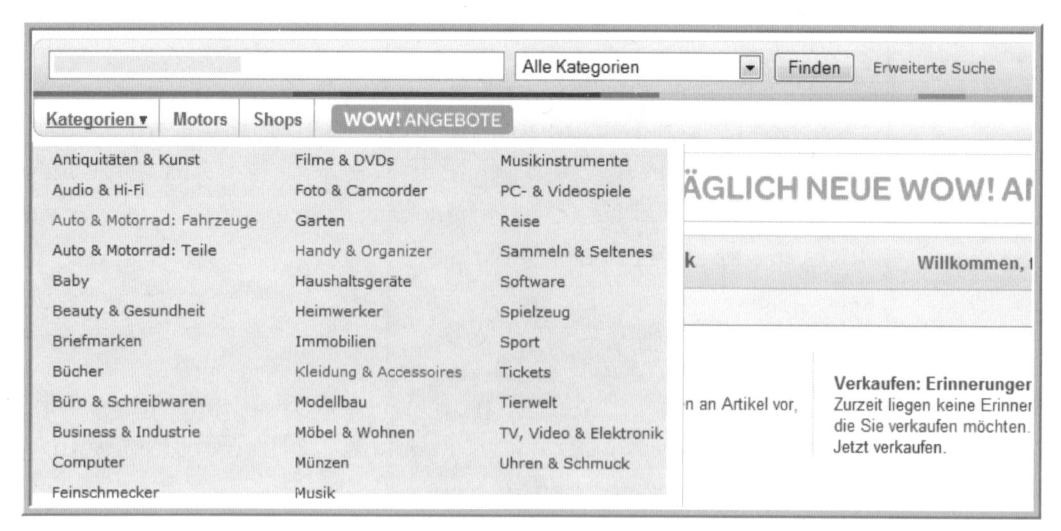

Bild 6.14 Über die Produktkategorien gelangen Sie schnell zur gewünschten Produktgruppe und den jeweiligen Produkten.

Über *Mode & Accessoirs – Herrenbekleidung – Jeans* können Sie sich beispielsweise das Angebot an Herrenjeans anzeigen lassen. Hier haben Sie auch die Möglichkeit, die Auswahl anhand weiterer Vorgaben, etwa zur gewünschten Größe oder zur Jeansmarke, zu beschränken. Die zweite Suchmöglichkeit besteht darin, dass Sie direkt den Suchbegriff in das Suchfeld eingeben und dann auf die Schaltfläche *Finden* klicken. Standardmäßig werden hierbei leidglich die Artikelbezeichnungen zur Suche herangezogen. Sollen auch die Beschreibungstexte durchsucht werden, müssen Sie diese Option entsprechend anklicken.

Bild 6.15 Sie können die gewünschten Artikel auch über eine direkte Suche ausfindig machen.

Auf der Seite mit den Fundstellen können Sie zudem zahlreiche weitere Eingrenzungen vornehmen. So können Sie etwa festlegen, ob Sie ausschließlich Auktionsangebote oder nur Sofortkauf-Angebote angezeigt bekommen möchten. Weitere Kriterien sind etwa der Artikelstandort (Deutschland, Europa, weltweit). Sie können auch eine maximale Entfernung zu Ihrem Wohnort vorgeben, etwa wenn Sie sperrige Güter suchen, die nur an Selbstabholer abgegeben werden.

Kaufen und Bieten

Haben Sie schließlich den gewünschten Artikel gefunden, sollten Sie sich zunächst einmal genau die Artikelbeschreibung und auch die Informationen zum Versand bzw. den Versandkosten sowie die angebotenen Zahlungsmethoden durchlesen.

Gewerbliche Händler müssen Sie hierbei immer auch explizit auf das Widerrufsrecht hinweisen. Eigentlich gibt es dieses Widerrufsrecht auch bei Privatverkäufen, allerdings können private Anbieter die Widerrufsmöglichkeit und damit die Rücknahme ausschließen, wovon eigentlich immer Gebrauch gemacht wird.

Haben Sie sich nun entschieden, einen Sofort-Kauf-Artikel zu erwerben, klicken Sie einfach die Schaltfläche *Sofort-Kauf* an und bestätigen auf der anschließend eingeblendeten Seite diese Entscheidung. Details zum Zahlungsverfahren und die weitere Abwicklung erfahren Sie dann ebenfalls.

Handelt es sich um eine Auktion, können Sie ein beliebiges Gebot abgeben, das natürlich über dem aktuellen Höchstgebot liegen muss. Zum Mitbieten tragen Sie also den Preis, den Sie zu zahlen bereit sind, in das Eingabefeld ein und klicken auf *Bieten*. Anschließend müssen Sie Ihr Gebot noch einmal bestätigen, damit es akzeptiert wird. Daraufhin erfahren Sie, ob Ihr Gebot tatsächlich höher liegt als das bereits vorliegende Angebot und ob Sie daher momentan der Höchstbietende sind oder nicht. Falls nicht, können Sie Ihr Gebot erhöhen.

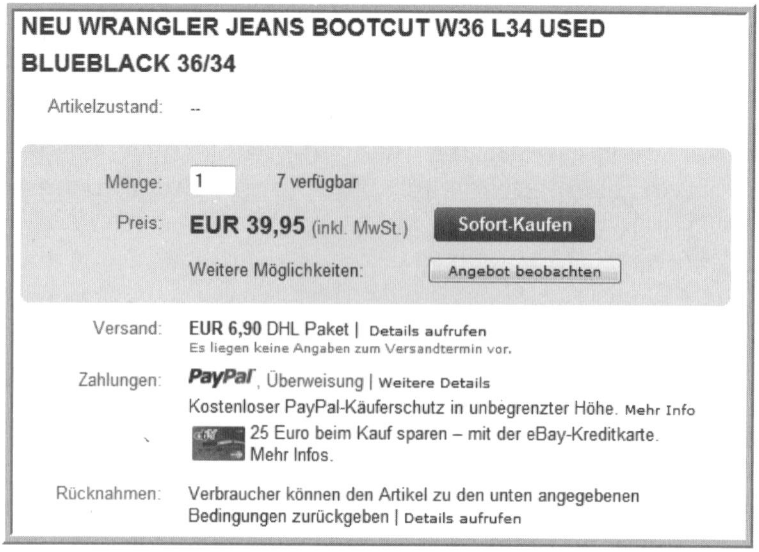

Bild 6.16 Über *Sofort-Kaufen* erwerben Sie den Artikel direkt zum angegebenen Preis.

Der Preis muss nicht zwangsläufig auch derjenige Preis sein, den Sie am Ende zahlen müssen, sondern sie zahlen tatsächlich nur etwas mehr als das nächsthöhere Gebot eines Mitbieters. Die Auktionen bei eBay laufen immer über eine bestimmte Zeitdauer und der Anbieter mit dem höchsten Gebot am Ende dieser Frist bekommt den Zuschlag.

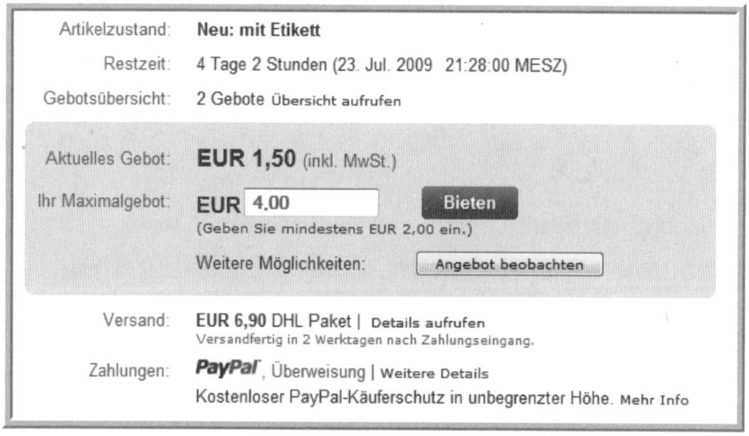

Bild 6.17 Sie geben Ihr Maximalangebot ein und klicken dann auf *Bieten*.

Angenommen, ein anderer Bieter hat 10 Euro als Höchstbetrag geboten und Sie sind bereit, bis zu 15 Euro zu zahlen und haben diesen Betrag daher auch eingetragen. In diesem Fall kommen Sie schon zum Preis von 10,10 Euro zum Zuge. Gezahlt wird also immer nur der Betrag, der minimal über dem zweithöchsten liegt. Selbst wenn Sie also 20 Euro geboten hätten, wäre der Kaufbetrag bei 10,10 Euro geblieben.

Dieses Verfahren führt aber auch dazu, dass das aktuell angezeigte Preisgebot nicht immer auch dem tatsächlich gebotenen Maximalangebot entspricht. Hat etwa ein Bieter 15 Euro als Maximalangebot angegeben und damit das bisherige Höchstgebot, das nur bei 5 Euro lag, überboten, so erscheint als aktuelles Gebot eben nur 5,10 Euro. Bieten Sie nun beispielsweise 10 Euro, in der Annahme, die 5,10 Euro damit sicher zu überbieten, werden Sie schnell eines Besseren belehrt, denn automatisch wird nun das ja schon vorliegende Gebot des anderen Bieters aktiv, das dann bei 10,10 Euro liegt. Sie haben in diesem Fall jedoch sofort die Möglichkeit, erneut ein Angebot abzugeben. Erst wenn Sie mehr als die 15 Euro des anderen Bieters als Höchstbetrag eingeben, kommen Sie tatsächlich zum Zuge.

Nicht in das Versteigerungsfieber verfallen!

Niedrige Startpreise und die geringen Preiserhöhungen im Verlauf der Versteigerungen führen bei vielen Teilnehmern dazu, dass sie am Ende doch auf einmal recht hohe Preise zahlen, weil sie sich den Kauf dieses einen Artikels fest vorgenommen haben und andere Anbieter unbedingt ausstechen wollen. Immer wieder kann man beobachten, dass Gebrauchtwaren zu Preisen neuer Artikel verkauft werden oder dass bei einigen Auktionen deutlich mehr gezahlt wird als bei Versteigerungen desselben Artikels zur selben Zeit. Sie sollten sich daher nicht auf derartige Bieterwettkämpfe einlassen, sondern sich am besten schon vor der ersten Gebotsabgabe einen Höchstpreis setzen, den Sie dann bei späteren Erhöhungen des Gebots durch Mitbieter auch nicht überschreiten.

Bieten in letzter Minute

Bei den meisten begehrten Artikeln geht der Bieterkampf meist erst in den letzten Minuten oder sogar Sekunden so richtig los. Hier kann der Gebotspreis dann noch deutlich in die Höhe schnellen. Dies liegt auch daran, dass viele eBay-Experten ihre Gebotsabgabe mit speziellen Programmen automatisch auf die letzten Sekunden legen (z. B. mit *www.gebotsagent.de*), um es damit anderen Interessenten unmöglich zu machen, ihr Angebot noch einmal aufzustocken.

Angebote beobachten

Um erst einmal ein Gefühl für die realistischen Preise bestimmter Angebote zu bekommen und die typischen Abläufe der Versteigerungen nachvollziehen zu können, empfiehlt es sich gerade für eBay-Neulinge, zunächst verschiedene Auktionen zu beobachten.

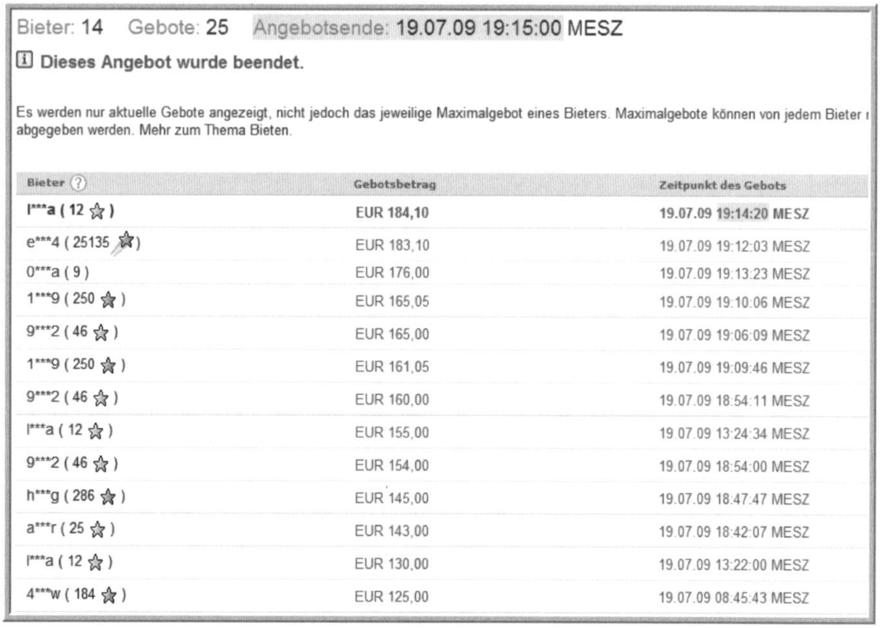

Bieter: 14 Gebote: 25 Angebotsende: 19.07.09 19:15:00 MESZ

Dieses Angebot wurde beendet.

Es werden nur aktuelle Gebote angezeigt, nicht jedoch das jeweilige Maximalgebot eines Bieters. Maximalgebote können von jedem Bieter abgegeben werden. Mehr zum Thema Bieten.

Bieter	Gebotsbetrag	Zeitpunkt des Gebots
l***a (12 ☆)	EUR 184,10	19.07.09 19:14:20 MESZ
e***4 (25135 ☆)	EUR 183,10	19.07.09 19:12:03 MESZ
0***a (9)	EUR 176,00	19.07.09 19:13:23 MESZ
1***9 (250 ☆)	EUR 165,05	19.07.09 19:10:06 MESZ
9***2 (46 ☆)	EUR 165,00	19.07.09 19:06:09 MESZ
1***9 (250 ☆)	EUR 161,05	19.07.09 19:09:46 MESZ
9***2 (46 ☆)	EUR 160,00	19.07.09 18:54:11 MESZ
l***a (12 ☆)	EUR 155,00	19.07.09 13:24:34 MESZ
9***2 (46 ☆)	EUR 154,00	19.07.09 18:54:00 MESZ
h***g (286 ☆)	EUR 145,00	19.07.09 18:47:47 MESZ
a***r (25 ☆)	EUR 143,00	19.07.09 18:42:07 MESZ
l***a (12 ☆)	EUR 130,00	19.07.09 13:22:00 MESZ
4***w (184 ☆)	EUR 125,00	19.07.09 08:45:43 MESZ

Bild 6.18 Über die Gebotsübersicht können Sie sehen, wie die Auktion genau verlaufen ist. Viele Auktionen werden erst in den letzten Sekunden entschieden.

Zum Beobachten einer Auktion klicken Sie in der Angebotsseite auf die Schaltfläche *Angebot beobachten*. Um dann den Verlauf dieser Auktion anzusehen, klicken Sie im Bereich *Mein eBay* den Punkt *Beobachten* an. Hier wählen Sie dann die entsprechende Auktion aus der Liste aus, in der alle von Ihnen beobachteten Auktionen aufgeführt sind. Über den Link *Übersicht aufrufen* können Sie dann auch sehen, wann genau welche Angebote abgegeben wurden.

So vermeiden Sie böse Überraschungen

Beim Einkaufen bei eBay sollten Sie unbedingt einige Grundregeln beachten, denn hier ist das Einkaufen meist doch etwas risikoreicher als bei regulären Online-Shops. So ist etwa bei Privatverkäufen, aber auch bei vielen Händlern immer noch die Vorab-Zahlung des Kaufpreises per Überweisung obligatorisch. Sie müssen also dem Anbieter schon ein gewisses Vertrauen entgegenbringen, denn die Ware erhalten Sie zumeist erst dann, wenn der Verkäufer Ihr Geld bereits auf dem Konto hat.

Von zentraler Bedeutung bei eBay ist daher das Bewertungssystem. Nach jedem Kauf können die Käufer den Verkäufer anhand verschiedener Kriterien beurteilen. Diese Bewertungen sind dann für alle Nutzer abrufbar. Bereits in der Auktionsseite wird angezeigt, wie viele Bewertungen der Anbieter bereits gesammelt hat und wie hoch der Anteil der positiven Bewertungen ist. Über den Link *Bewertungsprofil aufrufen* können Sie dann die Beurteilungen im Detail nachlesen.

Einen zusätzlichen Schutz gerade bei Auktionen, die per Vorkasse abgewickelt werden, kann das bereits erwähnte PayPal-System bieten, das unter anderem auch einen Käuferschutz enthält, sodass Sie unter Umständen auch nach unlösbaren Problemen mit dem Verkäufer dennoch Ihr Geld zurückbekommen.

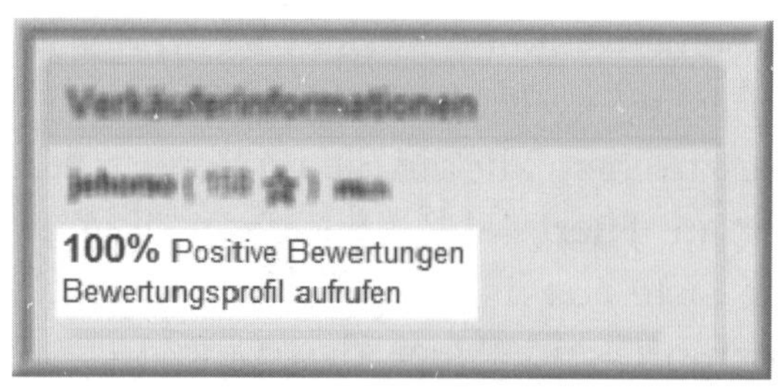

Bild 6.19 Die Bewertungen eines Anbieters sollten Sie sich vor einem Kauf in jedem Fall ansehen.

Zusätzlich gibt es auch noch einen speziellen Treuhandservice, bei dem der Kaufbetrag zunächst auf ein Treuhandkonto überwiesen und erst dann an den Verkäufer weitergeleitet wird, wenn der gekaufte Artikel beim Käufer angekommen ist. Allerdings ist dieser Treuhandservice kostenpflichtig und wird daher vergleichsweise selten angeboten. Bei teureren Artikeln ist diese Option aber in jedem Fall eine gute Möglichkeit, um sich entsprechend abzusichern.

Bleiben Sie vorsichtig!

Bei eBay-Auktionen sollten Sie in jedem Fall vorsichtig bleiben. Das fängt schon beim genauen Lesen der Produktbeschreibungen an. Mitunter finden sich erst hier wichtige Hinweise, etwa auf Defekte oder sonstige Beeinträchtigungen des Artikels. Achten Sie zudem auf die Versandkosten, die teilweise ganz erheblich voneinander abweichen, und beziehen Sie diese in Ihren Preisvergleich mit ein. Seien Sie auch bei vermeintlichen Superschnäppchen skeptisch, denn mitunter könnten Ihnen Plagiate oder Diebeswaren angeboten werden. Und wenn Sie ganz großes Pech haben, bekommen Sie durch Erwerb derartiger Produkte sogar Ärger mit der Justiz.

Kapitel 7

Internet-Banking: Sichere Geldgeschäfte online

Wenn Sie schon im Internet einkaufen, wieso sollten Sie dann nicht auch gleich via Internet bezahlen? Online-Banking bietet verschiedene Vorteile gegenüber dem Besuch der Bankfiliale. So können Sie hier Überweisungen oder andere Transaktionen unabhängig von Öffnungszeiten vornehmen und zur Abfrage des aktuellen Kontostands müssen Sie nicht extra den Auszugsdrucker bemühen. Zudem honorieren die meisten Geldinstitute die Nutzung des Online-Banking durch günstigere Konditionen, schließlich werden dadurch die Mitarbeiter von vielen Routineaufgaben entlastet. Allerdings sollten Sie sich auch der möglichen Risiken dieser Art von Bankgeschäft bewusst sein und die notwendigen Sicherheitsmaßnahmen beachten.

7.1 Vor- und Nachteile des Online-Banking

Online-Banking bringt sowohl den Geldinstituten als auch den Kunden einige Vorteile. Für Sie als Bankkunde bedeutet diese Art der Kontoführung zunächst einmal deutlich mehr Flexibilität und auch Komfort. Sie müssen nicht mehr für jede Überweisung ein Papierformular ausfüllen und bei Ihrer Bankfiliale abgeben, sondern können Rechnungen beispielsweise direkt am Computer bezahlen. An die Öffnungszeiten der Geldinstitute sind Sie auch nicht gebunden, Sie können auch nach Feierabend oder am Wochenende jederzeit Ihre Geldgeschäfte erledigen oder sich über Kontostand und Umsätze informieren.

Auch die Banken profitieren vom Online-Banking, denn mit der Automatisierung der Vorgänge entfällt einiges an Routinearbeit, wodurch Personal für diese Aufgaben eingespart werden kann. Diese Kostenentlastung geben die meisten Institute in Form niedrigerer Kontoführungsgebühren zumindest teilweise an die Kunden weiter, sodass beide Seiten profitieren.

Zu den Nachteilen beim Online-Banking gehört zweifellos das Sicherheitsrisiko, denn längst haben auch Betrüger diese Form des Geldgeschäfts entdeckt und versuchen mit immer neuen Tricks, die Konten von Kunden zu plündern, indem sie sich über diverse Manipulationen Zugang zu und Verfügungsgewalt über die Online-Konten verschaffen. Allerdings können Sie dieses Risiko deutlich verringern, wenn Sie einige grundlegende Sicherheitsregeln beachten und die gebotene Vorsicht walten lassen.

7.2 Angebote und Möglichkeiten

Um das Online-Banking nutzen zu können, müssen Sie in aller Regel kein neues oder zusätzliches Konto einrichten, sondern nahezu alle Geldinstitute, gleichgültig ob nun Privatbanken, Sparkassen oder Genossenschaftsbanken, bieten die Option an, ein bestehendes Konto auch online zu führen.

Sie können also mit einem Online-Konto auch weiterhin sämtliche Beratungsangebote und andere Dienstleistungen Ihres Instituts in Anspruch nehmen und bekommen die Optionen des Online-Banking gewissermaßen nur als Zugabe.

Um ein bestehendes konventionelles Konto für das Online-Banking freischalten zu lassen, reicht es zumeist aus, in Ihrer Bankfiliale einen einfachen Auftrag mit einer entsprechenden Zusatzvereinbarung zu stellen. Nach wenigen Tagen erhalten Sie die notwendigen Unterlagen mit den Zugangsdaten und können im Prinzip gleich loslegen.

Direktbanken

Eine andere Variante sind Direkt- bzw. Online-Banken, die mehr oder weniger ausschließlich über den Internetzugang oder auch telefonisch erreichbar sind. Direktbanken locken oft mit attraktiven Angeboten, sowohl günstigen Gebühren für die Kontoführung als auch attraktiven Verzinsungen etwa für Tages- oder Festgeld. Allerdings ist hier die persönliche Beratung sehr reduziert bzw. nur in Ausnahmefällen vorgesehen. Wenn Sie sich in Gelddingen aber gut auskennen, sind Direktbanken eine gute Option. Denn schließlich bestätigen Tests von Verbraucherorganisationen schon seit Jahren, dass es bei der Beratungsqualität der Geldinstitute alles andere als gut aussieht und eine wirklich angemessene Beratung eher die Ausnahme ist.

Wollen Sie ein neues Konto bei einer Direkt- bzw. Online-Bank eröffnen, ist dagegen meist der Weg über das sogenannte Postident-Verfahren notwendig. Die Antragstellung und die meisten Formalitäten können Sie hierbei zwar direkt über das Internet erledigen, allerdings ist für eine Kontoeröffnung zusätzlich die Überprüfung der Personalien anhand der Ausweispapiere notwendig, was eben über dieses Postident-Verfahren geschieht. Mit einigen Unterlagen der Online-Bank und Ihrem Ausweis müssen Sie sich einmalig zu einer Postfiliale begeben, wo ein Mitarbeiter nach Überprüfung der Papiere die Identität des Antragstellers bescheinigt.

Viele Institute bieten Interessenten auch vorab die Möglichkeit, die Funktionalität des Online-Banking über ein Demokonto auszuprobieren.

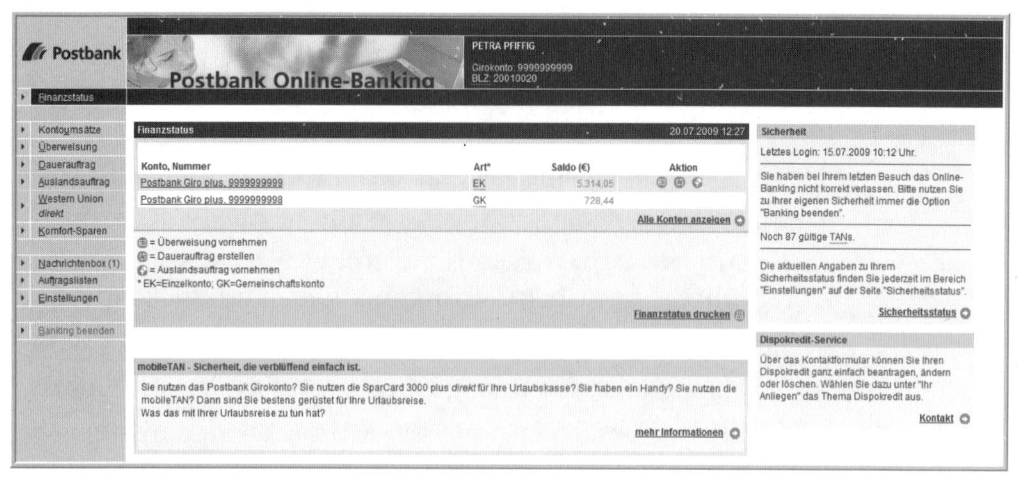

Bild 7.1 Über ein Demokonto können Sie unverbindlich einmal die Möglichkeiten des Online-Banking testen.

Online-Banking: Direkt im Browser oder per Software

Beim Online-Banking unterscheidet man zwischen zwei unterschiedlichen Verfahren. Zum einen können Sie direkt über den Browser auf das Webangebot der Bank gehen und hier die gewünschten Aktionen durchführen. Daneben gibt es die Option, eine zusätzliche Software zu verwenden, bei der Sie Rechnungen und andere Transaktionen zunächst auch ohne bestehende Internetverbindung vorbereiten und dann gebündelt gewissermaßen in einem Rutsch per Internet zur Bank übertragen können. Diese Banking-Software beinhaltet meist zahlreiche Zusatzfunktionen, die über die normalen Funktionen etwa eines Girokontos hinausgehen. So finden Sie hier oftmals etwa Software zum Führen eines Haushaltbuchs oder zur Vermögensverwaltung.

Für die Privatnutzung reicht in den meisten Fällen der Webzugang bereits aus, und daher wollen wir uns bei den folgenden Ausführungen auf diese Art des Online-Banking konzentrieren.

Was genau Sie alles beim Online-Banking erledigen können, hängt ganz vom jeweiligen Angebot Ihres Geldinstituts ab. Üblich sind bei Girokonten etwa folgende Möglichkeiten:

- Abfrage des Kontostandes
- Abfrage der Umsätze
- Durchführen von Überweisungen ins In- und Ausland
- Terminüberweisungen
- Einrichten, Ändern oder Löschen von Daueraufträgen

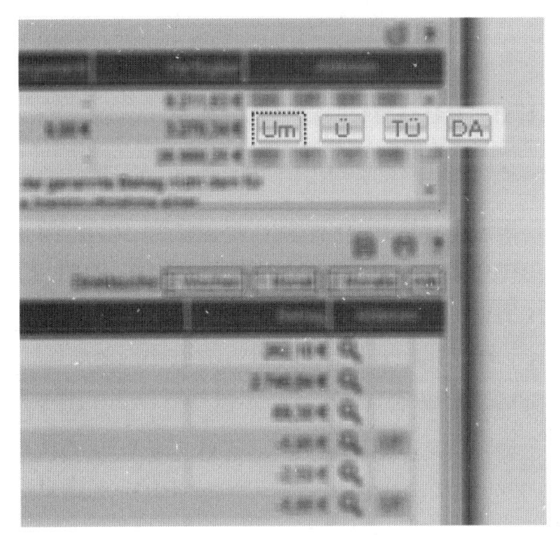

Bild 7.2 Umsatzabfrage, Überweisungen, Terminüberweisungen und Daueraufträge gehören zum Standardprogramm beim Online-Banking.

Teilweise lassen sich auch Einzüge, die per Lastschriftverfahren abgebucht wurden, direkt rückgängig machen. Adressänderungen bzw. Änderungen anderer Kontaktdaten können ebenfalls online vorgenommen werden. Für andere Aktivitäten, etwa die Erstellung oder Änderung eines Freistellungsauftrags, gibt es zumeist Formulare, die Sie auf Ihren PC herunterladen und ausdrucken können.

Kontoauszüge abholen
Bei einem konventionellen Girokonto, das Sie lediglich für das Online-Banking freigeschaltet haben, sollten Sie daran denken, auch weiterhin in regelmäßigen Abständen die Kontoauszüge an Ihrer Filiale ausdrucken zu lassen. Sie werden dort nach wie vor erstellt und Ihnen sonst kostenpflichtig per Post zugeschickt. Bei reinen Online-Konten gibt es diese Papierauszüge dagegen üblicherweise nicht mehr. Hier können Sie sich die Auszüge lediglich in elektronischer Form herunterladen und auf Ihrem Rechner speichern. Bei Bedarf können Sie diese Auszüge natürlich auch selbst ausdrucken.

7.3 Online-Banking im Web

Die Nutzung eines Online-Bankkontos über die Webangebote der Banken ist meist recht ähnlich. Zunächst einmal müssen Sie sich für den Zugang zu Ihrem Konto legitimieren. Dazu geben Sie beispielsweise Ihre Kontonummer sowie die Geheimnummer (PIN) ein, die Sie von Ihrer Bank erhalten haben. Diese *Persönliche Identifikationsnummer* unterscheidet sich von der PIN, die Sie für Ihre EC-Karte bekommen haben, und gilt nur für das Online-Banking. Üblicherweise können Sie diese PIN selbst ändern. Sie sollten sie auch regelmäßig ändern, um es möglichen Gaunern, die sich einmal in den Besitz Ihrer Zugangsdaten gebracht haben, so schwer wie möglich zu machen. Bei einigen Instituten können statt der einfachen Kontonummer auch andere Anmeldenamen abgefragt werden.

Nach der erfolgreichen Anmeldung können Sie nun direkt Ihren Kontostand abrufen oder auch die Umsätze anzeigen lassen. Wollen Sie dagegen bestimmte Transaktionen vornehmen oder Daten ändern, benötigen Sie eine zusätzliche Legitimation, die Sie sich etwa als Ersatz für die Unterschrift auf einem Beleg vorstellen können. In den meisten Fällen arbeiten die Banken dabei mit den sogenannten Transaktionsnummern (TANs). Diese TANs hat Ihnen die Bank nach der Eröffnung eines Online-Kontos in Form einer ausgedruckten Liste per Post zugesandt. Bewahren Sie diese TAN-Liste sorgsam und möglichst an einem sicheren Ort auf. Auf keinen Fall sollten Sie Ihre PIN zusammen mit der TAN-Liste aufheben. Geraten diese Daten gemeinsam in die falschen Hände, kann Ihr Konto jederzeit geplündert werden.

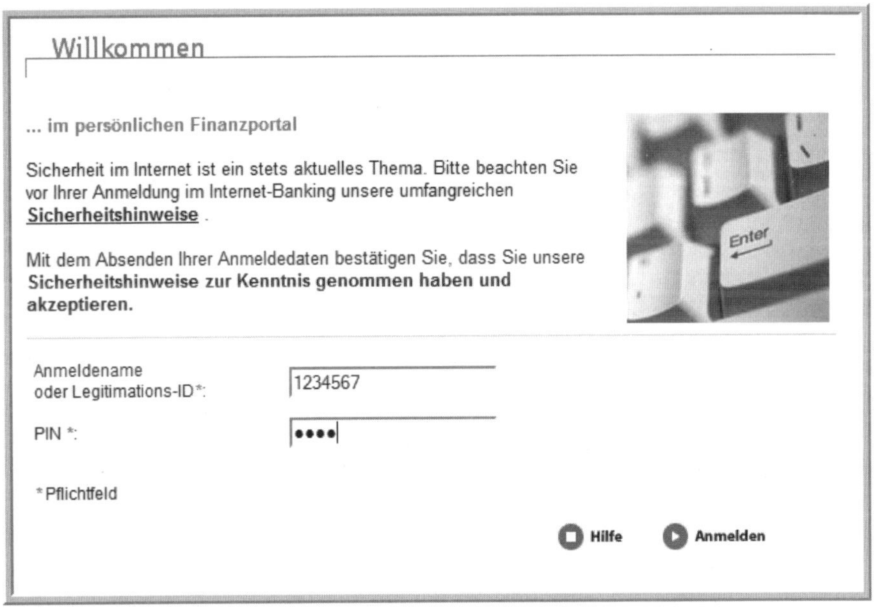

Bild 7.3 Zur Anmeldung benötigen Sie Ihre Geheimzahl für das Online-Konto (PIN).

Wollen Sie also beispielsweise eine Überweisung vornehmen, klicken Sie den entsprechenden Link an und füllen dann das eingeblendete Online-Formular aus, das dieselben Datenfelder besitzt wie ein klassisches Papierformular. Sie haben dann noch einmal die Möglichkeit, die eingegebenen Daten auf ihre Korrektheit zu überprüfen, und werden aufgefordert, eine TAN einzugeben. Erst nach Eingabe der korrekten TAN wird der Auftrag ausgeführt.

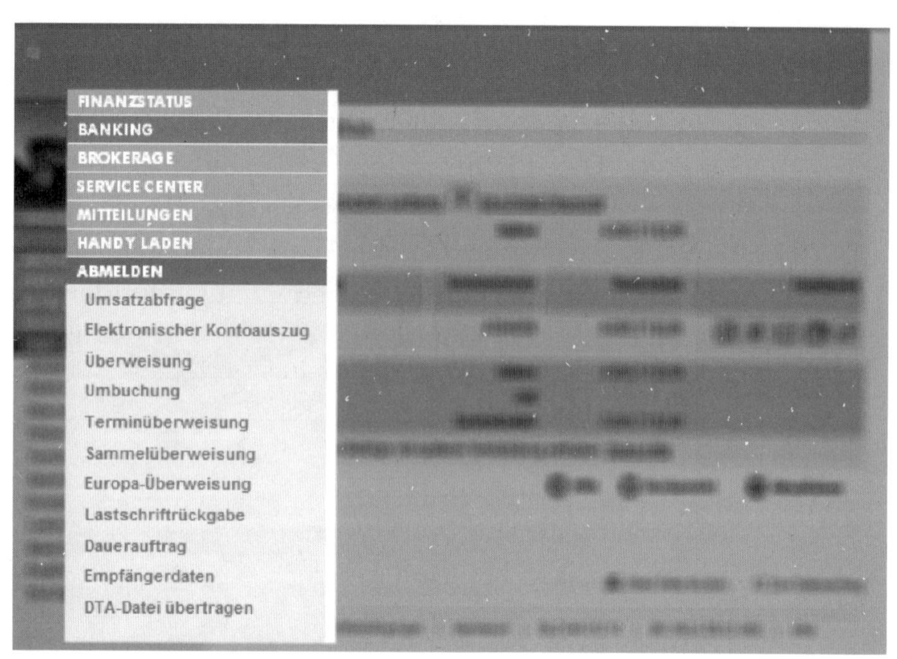

Bild 7.4 Nach der Anmeldung können Sie die gewünschten Aktionen durchführen.

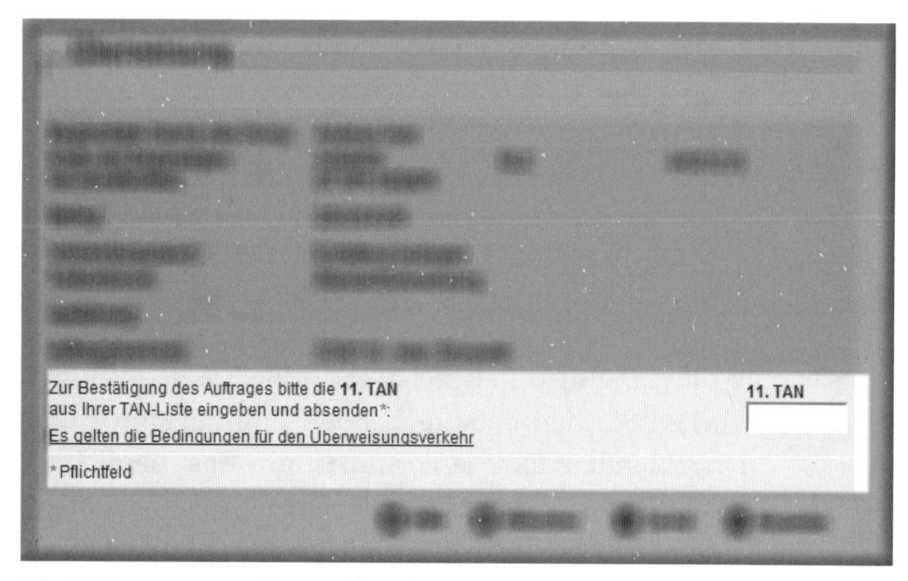

Bild 7.5 Die TAN ersetzt gewissermaßen Ihre Unterschrift auf einem Zahlungsbeleg.

Sicherer bezahlen mit iTAN

Mittlerweile verwenden die allermeisten Geldinstitute das iTAN-Verfahren, wobei das i für indiziert steht. Dabei werden Sie nach einer ganz bestimmten der durchnummerierten TANs gefragt, und nur mit dieser TAN können Sie diesen einen Auftrag legitimieren. Nachdem eine TAN einmal genutzt wurde, ist sie verbraucht und kann für keine weiteren Aktionen mehr verwendet werden. Sobald sich der Vorrat an unverbrauchten TANs auf der Liste dem Ende zuneigt, wird Ihnen Ihr Geldinstitut eine neue Liste zuschicken.

Mit iTAN und anderen Verfahren gegen Phishing

Das iTAN-Verfahren hat gegenüber dem klassischen TAN-Prinzip, bei dem für eine Legitimation eine beliebige Nummer aus dem Vorrat verwendet werden konnte, die Sicherheit deutlich erhöht. Denn immer wieder hatten Betrüger über sogenannte Phishing-Attacken Anwender des Online-Banking dazu bringen können, ihre PIN, aber auch mehrere TANs preiszugeben. Meist wurden dazu E-Mails mit gefälschten Absenderangaben in Umlauf gebracht, in denen die Empfänger unter frei erfundenen Vorwänden aufgefordert wurden, sich auf Seiten der Online-Bank anzumelden und hier auch TANs einzugeben. Diese landeten dann bei den Ganoven, die zu einem späteren Zeitpunkt damit die Konten plündern konnten. Mit der iTAN ist dieses einfache Prinzip des Phishing jedoch nicht mehr möglich. Optional bieten einige Institute auch andere Verfahren wie mTAN an. Bei dieser *mobilen TAN* bekommen Sie die TAN für eine Transaktion direkt per SMS auf Ihr Handy geschickt, sodass ausgeschlossen ist, dass TANs in die falschen Hände geraten.

7.4 Sicherheitsrisiken beim Bezahlen im Web

Obwohl das iTAN-Verfahren gegenüber dem klassischen TAN-Prinzip schon eine erhebliche Verbesserung darstellt, bedeutet auch diese Technik leider keine absolute Sicherheit. Denn mittlerweile arbeiten die Ganoven mit neueren, wesentlich raffinierteren Phishing-Methoden.

Die aktuelle Variante des Phishing etwa kommt über eine spezielle Schadsoftware auf den Rechner, die sich dabei auf ganz unterschiedliche Art und Weise tarnt. Mal kommt sie als E-Mail-Anhang daher, mal reicht es schon aus, eine manipulierte Webseite mit dem Browser aufzurufen, um sich so einen Schädling einzufangen. Und leider sind nicht immer alle Antivirenprogramme in der Lage, diese unerwünschten Gäste zu entdecken und zu eliminieren.

Ist es einmal auf dem Rechner, kann ein solches Schadprogramm komplexe Funktionen ausführen. So können einige Varianten etwa sämtliche Tastatureingaben überwachen, sodass hierüber auch beispielsweise eine PIN und die Kontonummer ausspioniert werden können. Wird an einem befallenen PC eine Verbindung zu einer Online-Bank aufgerufen und beispielsweise eine Überweisung vorgenommen, können einige Programme sich gewissermaßen zwischen den Computer und die Bank mogeln. Sie fangen dann die vom PC des Kunden gesendeten Daten ab, fälschen Zielkonto und Betrag und verwenden dann die noch gültige TAN für diese Überweisung.

Kontrolle notwendig

Wer Online-Banking nutzt, sollte auf jeden Fall besonders wachsam sein, wenn sein Computer sich auf einmal seltsam verhält. Besonders kritisch kann es werden, wenn während des Besuchs einer Online-Bank auf einmal Fehlermeldungen erscheinen oder die ansonsten stabile Verbindung abbricht.

Behalten Sie insbesondere nach derartigen Vorkommnissen Ihr Konto sorgfältig im Auge und informieren Sie das Institut unverzüglich, wenn Sie unberechtigte Abbuchungen oder Überweisungen bemerken. Wenn ein solcher unberechtigter Kontenzugriff früh genug bemerkt wird, lässt sich das Geld immer noch relativ problemlos wieder zurückbuchen.

Mehr Sicherheit mit Chipkarte und Kartenlesegerät

Gegen diese neue Art der Bedrohung helfen iTAN und auch die anderen TAN-Verfahren nur bedingt weiter. Wichtig ist es daher, dass diese Schadprogramme erst gar nicht auf Ihren PC gelangen. Wie Sie sich vor derartigen Attacken schützen können, erfahren Sie später in diesem Buch.

Mehr Schutz als die TAN-Verfahren bietet das sogenannte HBCI (Home Banking Computer Interface). Hier kommt eine Chipkarte zum Einsatz, die gewissermaßen die TANs ersetzt und dazu eine Art elektronische Unterschrift ermöglicht. Um diese Chipkarte zu verwenden, benötigen Sie zudem noch ein Kartenlesegerät, das an den Computer angeschlossen wird. Dieses Kartenlesegerät sollte zudem über ein eigenes Display und auch eine Tastatur verfügen. Nur dann kann ein eventuell mit Schadsoftware verseuchter PC keinen Schaden mehr anrichten. Weder kann dann die zur Nutzung der Chipkarte notwendige PIN mitgelesen werden, noch können die im Kartenlesegerät angezeigten Daten manipuliert werden.

Die Anschaffung eines solchen Lesegeräts und die Chipkarte mit der elektronischen Unterschrift sind allerdings mit zusätzlichen Kosten verbunden und schränken die Flexibilität des Online-Banking wieder ein, denn ohne ein Kartenlesegerät können Sie keine Transaktionen durchführen.

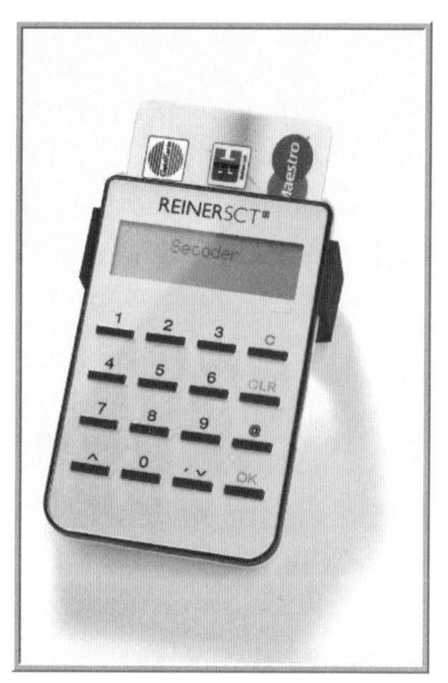

Bild 7.6 Die derzeit sicherste Methode des Online-Banking führt über eine Chipkarte und ein modernes Lesegerät. (Quelle: Reinert SCT)

Achtung vor Phishing-Attacken

Lange Zeit arbeiteten die Ganoven mit einem vergleichsweise einfachen Trick. Sie brachten massenhaft E-Mails in Umlauf, in denen die Empfänger unter einem Vorwand aufgefordert wurden, die Zugangsdaten (PIN) und auch mehrere TANs in ein Webformular einzugeben. Ein Link auf die entsprechende Webseite war der E-Mail beigefügt und nach Anklicken dieses Links landete der Mail-Empfänger scheinbar auf der Website der Bank. Tatsächlich handelte es sich jedoch um eine nachgestellte Seite auf den Servern der Betrüger. Wurden nun tatsächlich PIN und TANs eingegeben, konnten die Betrüger das Konto mit diesen Informationen leer räumen.

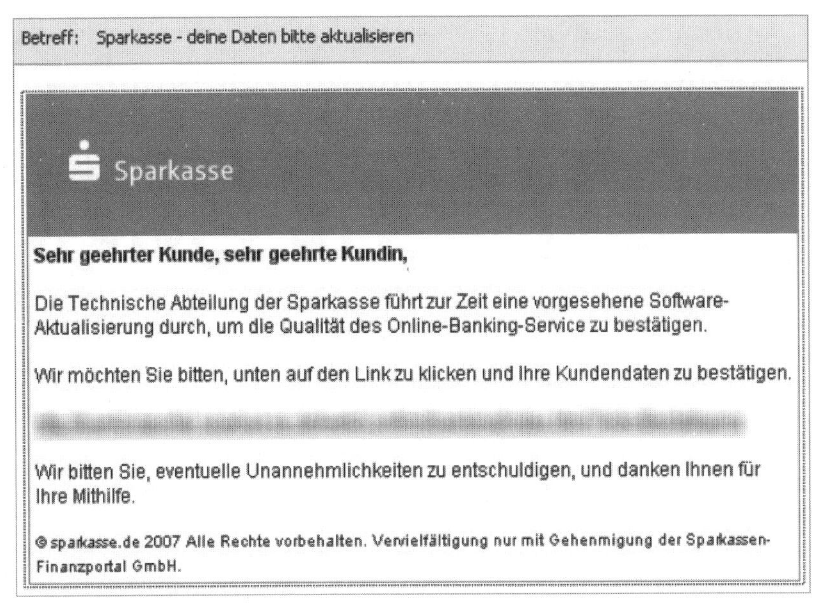
Betreff: Sparkasse - deine Daten bitte aktualisieren

Sparkasse

Sehr geehrter Kunde, sehr geehrte Kundin,

Die Technische Abteilung der Sparkasse führt zur Zeit eine vorgesehene Software-Aktualisierung durch, um die Qualität des Online-Banking-Service zu bestätigen.

Wir möchten Sie bitten, unten auf den Link zu klicken und Ihre Kundendaten zu bestätigen.

Wir bitten Sie, eventuelle Unannehmlichkeiten zu entschuldigen, und danken Ihnen für Ihre Mithilfe.

© sparkasse.de 2007 Alle Rechte vorbehalten. Vervielfältigung nur mit Gehenmigung der Sparkassen-Finanzportal GmbH.

Bild 7.7 Beim klassischen Phishing werden Sie aufgefordert, auf gefälschten Webseiten Ihre PIN und TAN-Nummern einzugeben.

Mit den verbesserten TAN-Verfahren wie dem oben beschriebenen iTAN haben die Banken nun jedoch den Schutz bereits deutlich verbessert, zudem sind die allermeisten Kunden beim Online-Banking mittlerweile so gut informiert, dass sie auf diese Tricks nicht mehr hereinfallen.

Auch bieten moderne Browser wie etwa der Internet Explorer einen Schutz vor Phishing-Webseiten. Werden im Browser verdächtige Seiten aufgerufen, erscheint ein Warnhinweis oder die Seiten werden gleich geblockt. Dabei vergleichen die Browser die aufgerufenen Adressen mit den Adressen einer Datenbank, in der die Adressen der als gefährlich eingestuften Webseiten zusammengefasst sind. Allerdings können derartige Phishing-Filter nur einen begrenzten Schutz bieten, denn bis eine solche Webseite als gefährliche Seite eingestuft wird, braucht es einige Zeit. Und wenn Sie Pech haben und noch vor der Enttarnung auf eine solche Webseite gelangen, gibt es eben keinen Warnhinweis. Trotz dieser Problematik bieten Phishing-Filter einen guten

Schutz. Aktivieren Sie sie deshalb in Ihrem Browser bzw. lassen Sie sie eingeschaltet.

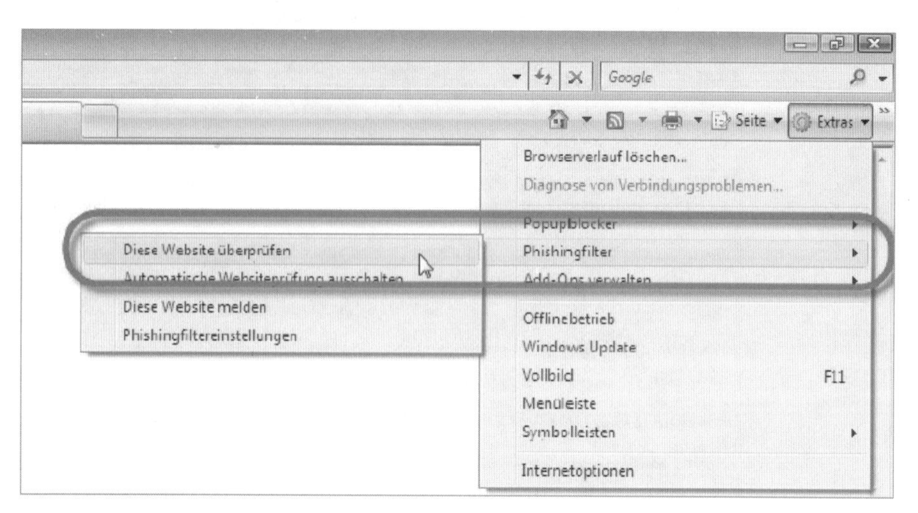

Bild 7.8 Einen Schutz vor Phishing-Webseiten bieten moderne Browser mit entsprechenden Filtern.

Keine Panik

Auch wenn die Zahl der Betrügereien beim Online-Banking in den letzten Jahren zugenommen hat und die Methoden der Ganoven wie eben beschrieben deutlich gefährlicher geworden sind, sollten Sie nicht gleich in Panik verfallen.

Ganz ohne Risiko geht es bei Geldgeschäften nun mal nirgendwo ab. Bargeld wird schließlich auch jeden Tag gestohlen, Konten werden durch ausgespähte PIN-Nummern von EC-Karten geplündert, und auch beim Bezahlen über Kreditkarte ist man nicht wirklich sicher. Das Online-Banking nimmt hier keine besonders unrühmliche Stellung ein, und wenn Sie bei der Internetnutzung vorsichtig bleiben und die wichtigsten Sicherheitsregeln beachten, haben Sie gute Chancen, Ihre Geldgeschäfte in Ruhe erledigen zu können.

Kapitel 8
Das Internet als Reisebüro

Die Bundesbürger verreisen bekanntlich gerne und häufig, und vielleicht gehören Sie ja auch zu denjenigen, die gerne unterwegs sind. Bei der Planung einer Reise kann das Internet sinnvolle Hilfestellung leisten, denn hier finden Sie jede Menge interessante und nützliche Informationen, um Ihren Ausflug oder den Urlaub vorzubereiten. Wir wollen Ihnen daher an dieser Stelle kurz vorstellen, was es so alles an Möglichkeiten zur Reisevorbereitung im Internet gibt und wie Sie sie nutzen können.

8.1 Routenplaner im Web

Auch wenn heutzutage immer mehr Autofahrer ihr Gefährt mit einem Navigationsgerät ausgestattet haben, besitzen auch die Routenplaner im Internet durchaus noch ihre Berechtigung. Zum einen können Sie sich damit schon vor dem Fahrtbeginn die geplante Strecke genauer ansehen, zum anderen gibt es natürlich immer noch eine große Zahl von Autofahrern, für die sich ein Navi eigentlich nicht lohnt, da sie sich nur hin und wieder in die Fremde wagen.

Google-Maps

Einen sehr leistungsfähigen Routenplaner gibt es von Google, der sich im Google-Maps-Angebot befindet. Über die Adresse *maps.google.de* rufen Sie die Deutschlandkarte auf. Hier sehen Sie auch den Link *Route berechnen*. Nach dem Anklicken dieses Links können Sie nun Start- und Zieladresse eingeben, wobei Sie relativ viele Freiheiten haben. So können Sie etwa statt der genauen Adresse auch die Namen von Sehenswürdigkeiten oder Namen von Hotels etc. eintragen. Zumeist erfolgt dann noch eine Nachfrage und Sie wählen gegebenenfalls aus einer Liste von möglichen Adressen die richtige aus. Anschließend wird Ihnen die Route auf der Karte angezeigt und in Tabellenform erhalten Sie eine Wegbeschreibung. Über den Link *Drucken* können Sie diese Informationen bei Bedarf auch ausdrucken und als Orientierungshilfe auf der Fahrt verwenden.

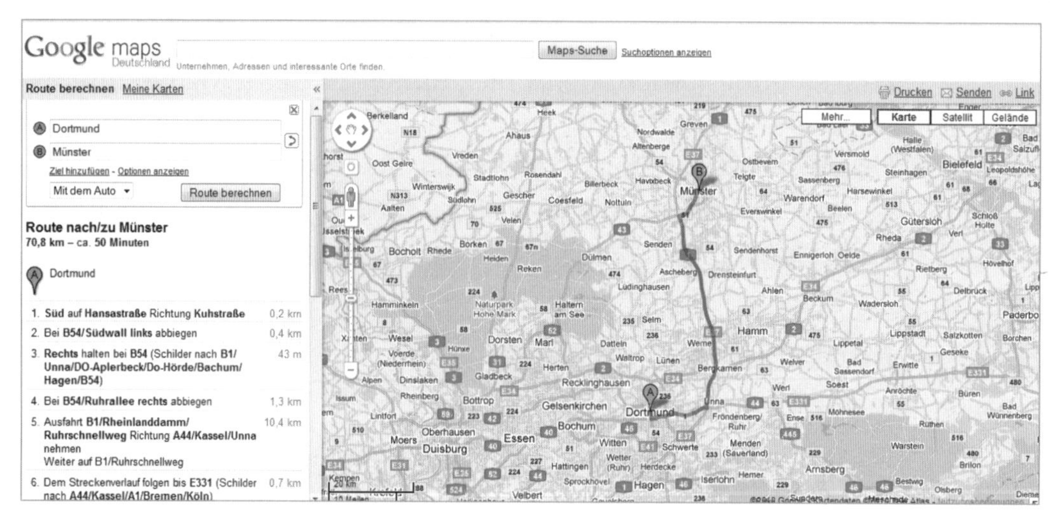

Bild 8.1 Der Google-Routenplaner gehört zu den populärsten Angeboten dieser Art.

www.stadtplandienst.de

Weitgehend auf Stadtpläne spezialisiert hat sich wie der Name schon vermuten lässt das Angebot *stadtplandienst.de.* Sie finden hier Stadtpläne für alle größeren Ortschaften in Deutschland. Sie sehen erfreulicherweise so aus, wie man es von den traditionellen Stadtplänen auf Papier kennt: Nicht nur alle wichtigen Straßen sind hier verzeichnet, auch öffentliche Gebäude und Plätze wie Schulen oder Parkplätze finden sich dort wieder. Darüber hinaus können Sie *stadtplandienst.de* als Routenplaner einsetzen und den Weg zwischen verschiedenen Adressen berechnen lassen. Darüber hinaus können Sie sich in den Karten auch die Standorte von Einrichtungen wie Hotels oder Apotheken anzeigen lassen.

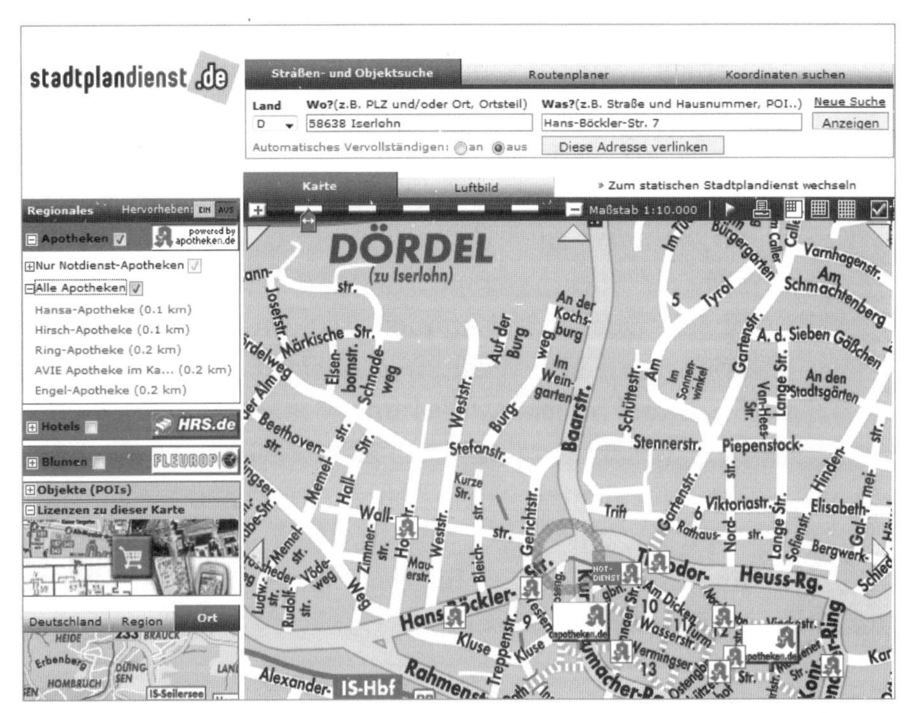

Bild 8.2 Die Seite *stadtplandienst.de* präsentiert Karten, die dem Aussehen von Papierkarten recht nahe kommen.

www.parkinfo.com

Was ist nerviger, als mit dem Auto in die Stadt zu fahren und stundenlang nach einem Parkplatz suchen zu müssen – insbesondere in einer Stadt, in der man sich nicht sonderlich gut auskennt? Die Seite *parkinfo.com* hilft Ihnen weiter. Hier können Sie sich schon im Vorfeld informieren, wo Sie Parkplätze oder -häuser finden, wann diese geöffnet sind und was das Parken kostet. Besonders gut: Zu den meisten Parkhäusern gibt es ein Foto, sodass Sie schon vorab wissen, wie das Parkhaus aussieht.

Wo es technisch möglich ist, zeigt die Seite zudem an, wie viele Parkplätze dort aktuell verfügbar sind. Überlastete Parkhäuser können Sie auf diese Weise gleich auslassen.

www.verkehrsinformation.de

Längere Strecken mit dem Auto zu fahren, ohne in einen Stau zu kommen – in Deutschland hat das beinahe schon Seltenheitswert. Es ist daher sinnvoll, sich vorab zu erkundigen, auf welcher Strecke die meisten Stauprobleme drohen. Die Seite *verkehrsinformation.de* hilft Ihnen dabei. Die Seite selbst versteht sich als Suchmaschine für Staumeldungen, die aus verschiedenen Quellen zusammengetragen werden. Auf diese Weise können Sie sich recht zuverlässig darüber informieren, was an Staus und Streckenstreichungen auf Ihrer geplanten Fahrtstrecke liegt. Besonders praktisch: Haben Sie ein internetfähiges Handy oder ein modernes Smartphone, können Sie die Stauinformationen kostenlos auch von unterwegs abfragen. Dazu geben Sie im Browser des Mobilgeräts einfach die Adresse *www.mobile.verkehrsinformation.de* ein.

www.clever-tanken.de

Autofahren ist in den letzten Jahren deutlich teurer geworden. Vor allem der Preis für Benzin und Diesel ist kräftig in die Höhe geschossen. Da ist es schon sinnvoll, nach der jeweils günstigsten Tankstelle in der Umgebung Ausschau zu halten. Die Seite *clever-tanken.de* hilft Ihnen dabei. Einfach die Postleitzahl eingeben – und schon erfahren Sie, welche Tankstellen es in Ihrer Umgebung gibt, wo sie sich befinden und welche aktuellen Preise dort gelten. Interessant sind auch die Zusatzinformationen wie zum Beispiel ein Städte-Ranking, das einen Überblick gibt, wo in Deutschland der Kraftstoff derzeit am billigsten und am teuersten ist.

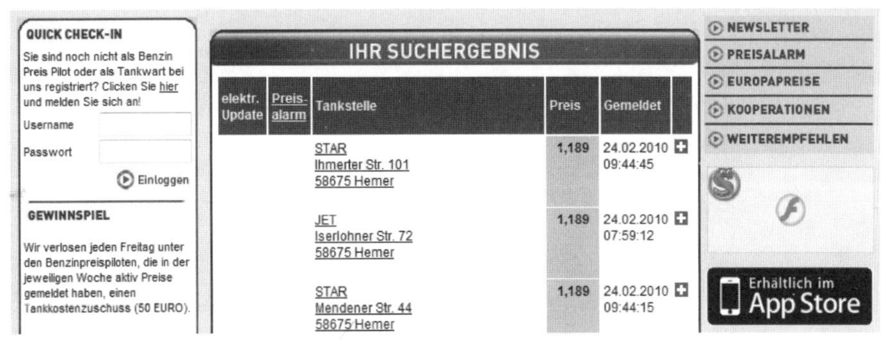

Bild 8.3 Sparen beim Tanken – auch hierbei kann das Internet helfen.

8.2 Praktisch: Bahn- und Busauskunft per Knopfdruck

Sind Sie lieber mit Bus und Bahn unterwegs? Auch hier kann Ihnen das Internet weiterhelfen. Die Deutsche Bahn AG bietet eine gute und sehr umfangreiche Bahnauskunft. Auch viele regionale Verkehrsbetriebe bieten Ihnen per Internet Zugriff auf Fahrplaninformationen.

www.bahn.de

Unter dieser Adresse finden Sie das Internetangebot der Deutschen Bahn. Natürlich finden Sie hier auch eine Fahrplanauskunft, die eigentlich kaum Wünsche offen lässt – auch komplizierte Reisewünsche lassen sich erfüllen. Zudem umfasst die Auskunft auch viele Busstrecken, sodass Sie meist von Haustür zu Haustür planen können. Lediglich die Bedienung lässt zu wünschen übrig: Es ist gar nicht so leicht, die ganzen Optionen und Auswahlmöglichkeiten zu durchschauen. Auch die Bahn bietet zusätzlich ein entsprechend angepasstes Portal für die Nutzung per Handy bzw. Smartphone. Hier lautet die Adresse *http://m.bahn.de*.

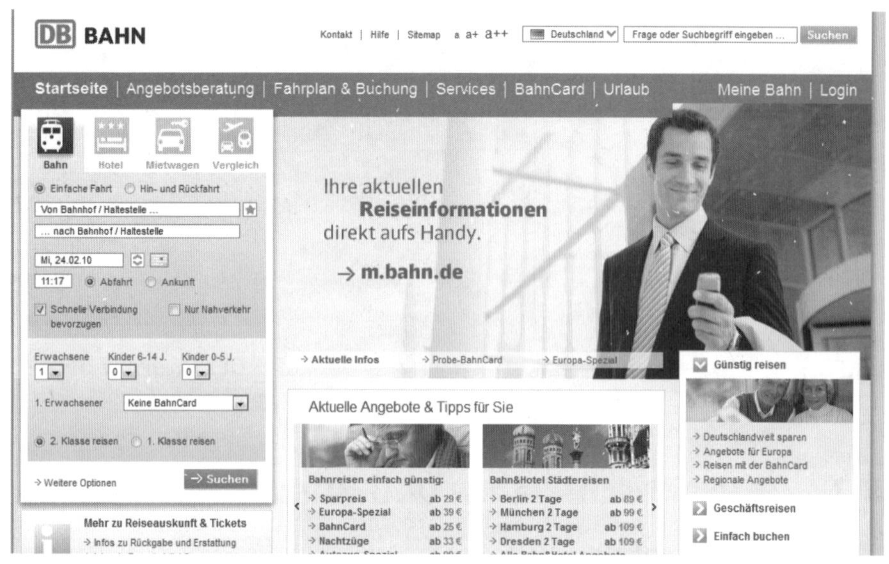

Bild 8.4 Die Bahn ist mit einem großen Internetangebot vertreten.

Die regionalen Verkehrsgesellschaften im Netz

Auch viele regionale Verkehrsgesellschaften stellen im Internet eine Fahrplanauskunft zur Verfügung. Leider gibt es bisher keine Seite, die dieses Auskunftssystem zusammenfasst – Sie müssen also erst einmal die Seite Ihrer Verkehrsgesellschaft ausfindig machen. Am einfachsten geht das per Google: Tippen Sie einfach den Namen Ihres Anbieters in die Suchmaschine ein. Der Suchbegriff *Kölner Verkehrsbetriebe* zum Beispiel führt Sie schnell auf die Seite der KVB, und mit *Berliner Verkehrsbetriebe* landen Sie schnell auf der Seite der BVG.

Bild 8.5 Auch alle regionalen Verkehrsgesellschaften sind mit aktuellen Informationen im Web vertreten.

8.3 Ganz ohne Reisebüro: Den Urlaub bequem im Internet buchen

Shopping per Internet ist inzwischen für viele Menschen Gewohnheit geworden. Aber haben Sie schon einmal eine Reise über das weltweite Datennetz gebucht? Auch hier nimmt die Beliebtheit ständig zu. Reisebüros haben es immer schwerer, denn die großen Reiseanbieter verkaufen Urlaubsreisen immer öfter direkt übers Netz.

Für viele Käufer ist der Preis das wichtigste Argument. Mit etwas Geschick lässt sich hier tatsächlich ein Schnäppchen machen, da bei direkter Buchung Zwischenhändler in der Regel außen vor bleiben, deren Verdienstspanne natürlich entfällt.

Die wohl größten Vorteile bietet das Internet aber für Spontanurlauber und Individualisten. Dank Internet kann man seinen Urlaub heute sehr individuell zusammenstellen; es gibt sogar eine Reihe von Anbietern, die eine Art Baukastensystem bieten, mit dem sich jede Leistung einzeln bestimmen lässt. Verreisen Sie lieber spontan und kommt es Ihnen weder auf einen bestimmten Urlaubsort noch eine spezielle Unterkunft an, werden Sie im Internet ebenfalls fündig. Es gibt eine Reihe von Anbietern, die im Internet Last-Minute-Reisen anbieten, die teilweise einige Angebote exklusiv über das Internet offerieren. Zu den bekanntesten dieser Veranstalter gehört etwa L´TUR (*www.ltur.de*), auf deren Website auch regelmäßig Reisen im Auktionsverfahren angeboten werden.

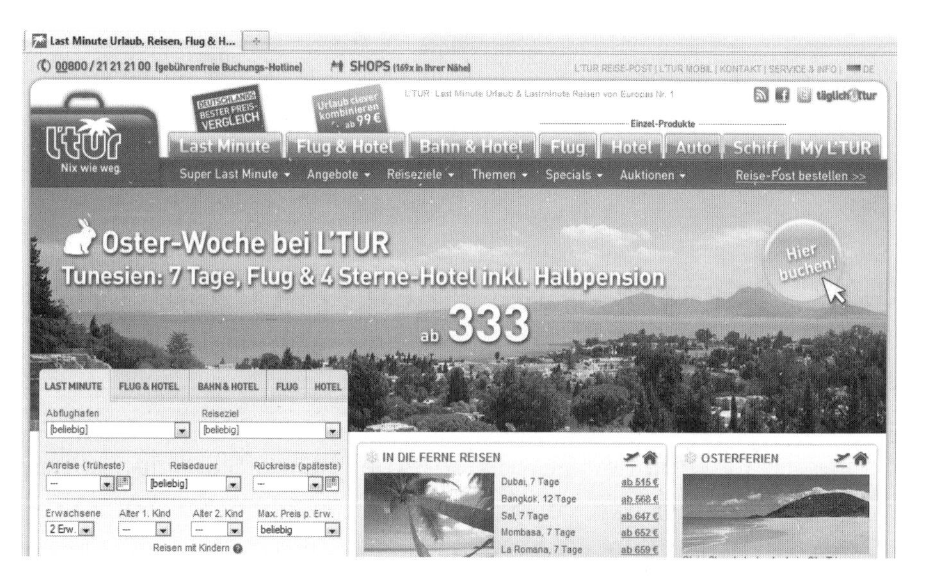

Bild 8.6 Für Last-Minute-Schnäppchenjäger ist das Internet eine wahre Goldgrube.

Hilfreich ist das Internet auch bei der Suche nach günstigen Flugpreisen. Um etwa die Angebote der zahlreichen Billig-Fluglinien einfacher miteinander zu vergleichen und stets das optimale Schnäppchen zu machen, empfehlen sich Seiten wie Billigflieger (*www.billigflieger.de*), Skyscanner (*www.skyscanner.de*) oder Megaflieger (*www.megaflieger.de*).

Bild 8.7 In Datenbanken unabhängiger Vergleichsdienste finden Sie günstige Billigflieger-Angebote.

Dass Sie in jedem Fall günstiger fahren, wenn Sie Ihren Urlaub per Internet buchen, lässt sich allerdings nicht behaupten; ein Vergleich mit den Angeboten des örtlichen Reisebüros ist durchaus sinnvoll.

Für die Urlaubsbuchung gilt darüber hinaus das Gleiche wie fürs Online-Shopping: Schauen Sie sich die Seite genau an, über die Sie eine Reise buchen wollen, um nicht an einen unseriösen Anbieter zu geraten. Ein Impressum gehört in jedem Fall dazu, und auch auf die Allgemeinen Geschäftsbedingungen sollten Sie einen Blick werfen. Was ist zum Beispiel, wenn Sie kurz nach Buchung einer Reise vom Vertrag zurücktreten möchten? Verlangt der Anbieter dann eine Strafzahlung, oder lässt er Sie kostenlos aus dem Vertrag heraus? Das sind Fragen, die Sie vor der Buchung klären sollten.

8.4 Informieren Sie sich vor einer Reise!

Es gibt viele Urlaubsziele, bei denen man sich vorher ein wenig schlau machen sollte. Welche Währung gilt am Urlaubsort? Wie ist der Umtauschkurs, und gibt es Impfungen, die man vor Reiseantritt auf jeden Fall durchführen lassen sollte? Informationen, die Sie sich früher mühsam aus Büchern, Reiseführern oder telefonisch zusammensuchen mussten, sind im Internet sehr leicht gebündelt zu finden. Es gibt zahlreiche Seiten, die Ihnen bei der Vorbereitung Ihrer Reise wertvolle Informationen und wichtige Hinweise geben.

www.fitfortravel.de

Diese Seite ist ein Muss, wenn Sie ins Ausland reisen. Vor allem vor Fernreisen empfiehlt sich ein Blick auf die Seite. Denn hier finden Sie wichtige Informationen zur Einreise und zu den Rahmenbedingungen des jeweiligen Landes: Welche Krankheiten gibt es vor Ort, vor denen man sich schützen sollte, welche Impfungen werden empfohlen und was sollte man lieber vor Ort vermeiden? Alles wertvolle Tipps, noch dazu völlig kostenlos, die Ihnen helfen, Gesundheitsrisiken weitgehend auszuschließen.

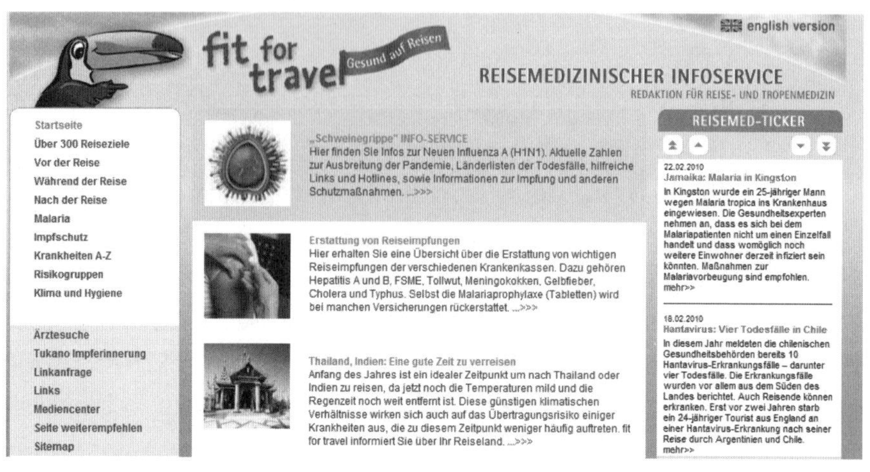

Bild 8.8 Im Urlaub krank zu werden ist nicht schön. Die Seite *fitfortravel.de* unterstützt Sie dabei, dass es gar nicht erst dazu kommt.

www.auswaertiges-amt.de

Falls Sie vorhaben, in eines der exotischeren Länder auf unserem Planeten oder in eine Region zu reisen, in der eine unsichere Lage herrscht, hilft Ihnen die Internetseite des Auswärtigen Amtes, sich vor Reiseantritt über die politische Situation eines Landes zu informieren. Sie finden hier jede Menge Daten und Fakten, wie es um die aktuelle politische Lage bestellt ist, ob es Regionen gibt, in denen Touristen besonders gefährdet sind, oder ob das Auswärtige Amt sogar eine Reisewarnung für das jeweilige Land ausgesprochen hat. Wichtige Informationen, die Sie vor allem bei Reisen außerhalb Europas in Anspruch nehmen sollten.

Sie finden die Seite des Auswärtigen Amtes unter *www.auswaertiges-amt.de.* Auf dieser Website wählen Sie dann den Link *Länder, Reisen und Sicherheit.*

8.5 Informationen über den Urlaubsort einholen

Dank Internet können Sie sich nicht nur über Ihr Urlaubsland, sondern auch über Ihren Urlaubsort oder sogar Ihr Hotel vorab informieren. Eine große Hilfe ist dabei das Programm Google Earth. Sie müssen es zuerst aus dem Internet herunterladen (unter der Adresse *http://earth.google.com/intl/de*) und einmalig installieren, ehe Sie es nutzen können.

Google Earth ist ein digitaler Satellitenatlas der gesamten Erde. Geben Sie einfach den Namen und das Land Ihres Urlaubsortes ein (z. B. Madrid, Spanien), und schon stellt Google Earth den gewünschten Kartenausschnitt vergrößert dar. Die Auflösung der meisten Satellitenkarten ist wirklich faszinierend: Häuser und Straßen lassen sich problemlos erkennen, teilweise sind sogar einzelne Autos oder Menschen erkennbar. Wenn Sie im Bereich *Ebenen* zudem die Option *Straßen* aktivieren, stellt Google Earth die Namen der wichtigsten Straßen im gerade angezeigten Ort dar – so können Sie das Hotel relativ leicht ausfindig machen.

Sie können sich auf diese Weise hervorragend ein Bild von Hotelgebäude und Umfeld machen. Ist der Strand wirklich so nah wie im Prospekt angegeben? Oder verläuft vor der Haustür eine vierspurige Schnellstraße? Alles Dinge, die sich mit *Google Earth* schnell und unkompliziert überprüfen lassen. Bedenken sollten Sie lediglich, dass die Satellitenaufnahmen keine ganz aktuellen Bilder zeigen. Unter Umständen sind sie bereits einige Jahre alt – eine Baustelle neben dem Hotel muss sich also nicht mehr zwangsläufig dort befinden.

Falls Sie sich vorab schon einmal anschauen wollen, welche Bilder Sie in Google Earth erwarten, können Sie im bereits erwähnten Google-Maps-Angebot (*http://maps.google.de*) in der Kartenansicht den Punkt *Satellit* anklicken und sich den gewünschten Ort aus der Vogelperspektive anschauen. Durch Verschieben des Reglers am linken Bildrand zoomen Sie dabei in den Bildausschnitt hinein und wieder heraus.

Bild 8.9 Schon bei Google-Maps können Sie sich ein Bild von den Möglichkeiten von Google Earth machen.

www.holidaycheck.de

Wenn Sie sich von Ihrem Hotel nicht nur einen Eindruck von außen, sondern auch von »innen« machen möchten, lohnt ein Blick auf die Seite *holidaycheck.de*. Hier kann jeder seine Meinung über sein Urlaubshotel hinterlassen und es nach verschiedenen Kriterien bewerten. Fast eine halbe Million Bewertungen sind bei *holidaycheck.de* gespeichert – diese Seite ist damit mit Abstand das größte Hotelbewertungsportal. Einen ersten Eindruck über ein Hotel vermitteln die Bewertungsangaben meist recht gut – sie sollten allerdings auch hier nicht jedes Wort auf die Goldwaage legen. Manche Dinge sind Auslegungs- und Geschmacksfrage, gerade was Service oder Ausstattung eines Hotels angeht.

Bild 8.10 Luxushotel oder Gammel-Schuppen? Bei *holidaycheck.de* finden Sie Meinungen anderer Urlauber.

www.wetter.de

Wichtig für eigentlich jeden Urlauber dürfte auch das Wetter am jeweiligen Urlaubsort sein, denn schließlich will man ja die richtige Kleidung in den Koffer packen und sich nicht vor Ort neu einkleiden müssen. Auf Wetterseiten wie Wetter.de (*www.wetter.de*) oder WetterOnline (*www.wetteronline.de*) können Sie zumindest nachschlagen, wie das Wetter sich in den nächsten sechs oder zehn Tagen am Urlaubsort entwickeln wird. Vorhersagen für diesen Zeitraum sind meist recht zuverlässig, sodass Sie zumindest wissen, welches Wetter Sie bei Ihrer Ankunft vor Ort erwartet. Neben den Wetteraussichten finden Sie hier meist noch ein umfangreiches Zusatzangebot, von Unwetterwarnungen über Pollenflugkalender bis zu meteorologischen Grundlageninformationen.

Bild 8.11 Das Wetter ist auch im Internet ein wichtiges Thema, und auf vielen Websites finden Sie umfangreiche Prognosen und Informationen.

Kapitel 9
Freunde wiederfinden und Freitzeit gestalten im Internet

Egal ob Schulfreunde, Sportergebnisse oder Kochrezepte – das Internet bietet Ihnen fast unendlich viele Möglichkeiten, Kontakte zu pflegen und Informationen zu allen möglichen und unmöglichen Hobbys zu finden und mit Gleichgesinnten auszutauschen.

9.1 Schulfreunde wiederfinden: StayFriends.de

Wenn Sie auf der Suche nach Schulfreunden sind, gibt es keine bessere Anlaufstelle als *www.stayfriends.de. StayFriends* – »Freunde bleiben« – ist die mit Abstand größte und übersichtlichste Suchmaschine für Schulfreunde im Internet. Bei StayFriends sind bereits mehr als 10 Millionen Mitglieder registriert und es kommen jeden Monat mehr als 100.000 Neumitglieder hinzu. Bei StayFriends sind mehr als 70.000 Schulen verzeichnet. Sie können also ganz gezielt nach Ihrer Schule und den Abschlussjahrgängen suchen und bekommen dann die Namen aller ehemaligen Mitschüler angezeigt, die bei StayFriends registriert sind.

Sie können allerdings erst dann nach Ihren Schulfreunden suchen, wenn Sie sich bei StayFriends registriert haben. Das ist jedoch im Handumdrehen erledigt: Sie rufen mit Ihrem Browser die Startseite von StayFriends (*www.stayfriends.de*) auf, wählen das Bundesland und Ihre Schule aus, tragen Ihren Namen, Ihr Geburtsdatum und Ihren Abschlussjahrgang ein und geben Eintritts- und Abschlussjahr an. Zur Registrierung gehört außerdem noch Ihre E-Mail-Adresse, an die dann das Passwort geschickt wird, das Sie für den Zugriff auf StayFriends benötigen. Jetzt noch ein Klick auf die Schaltfläche *Eintragen* und nach wenigen Augenblicken wird Ihnen das Passwort per E-Mail zugestellt.

Bild 9.1 Mit StayFriends können Sie Mitschüler und Schulfreunde wiederfinden und Klassentreffen organisieren.

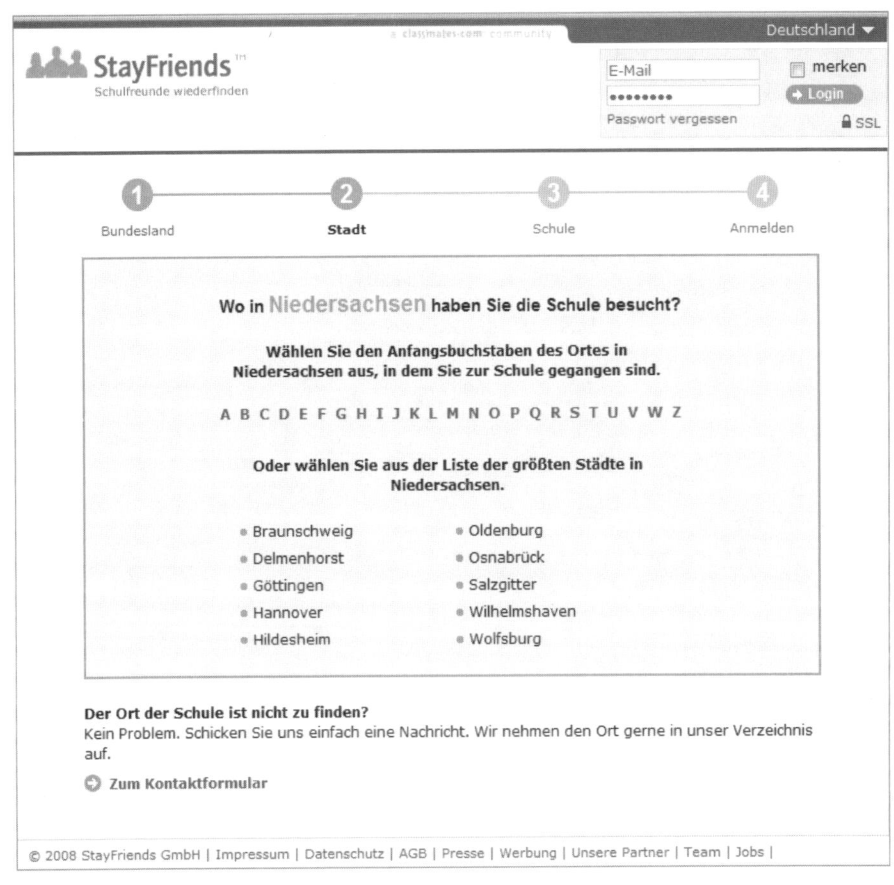

Bild 9.2 Bevor Sie StayFriends nutzen können, müssen Sie sich registrieren.

Ein eigenes Passwort ist kein Problem

Sie müssen sich das Passwort, das Sie bei der Registrierung automatisch per E-Mail zugewiesen bekommen, nicht merken, sondern können gleich nach der Erstanmeldung ein eigenes Passwort für den Zugriff auf StayFriends festlegen. Sie werden direkt nach der Anmeldung dazu aufgefordert.

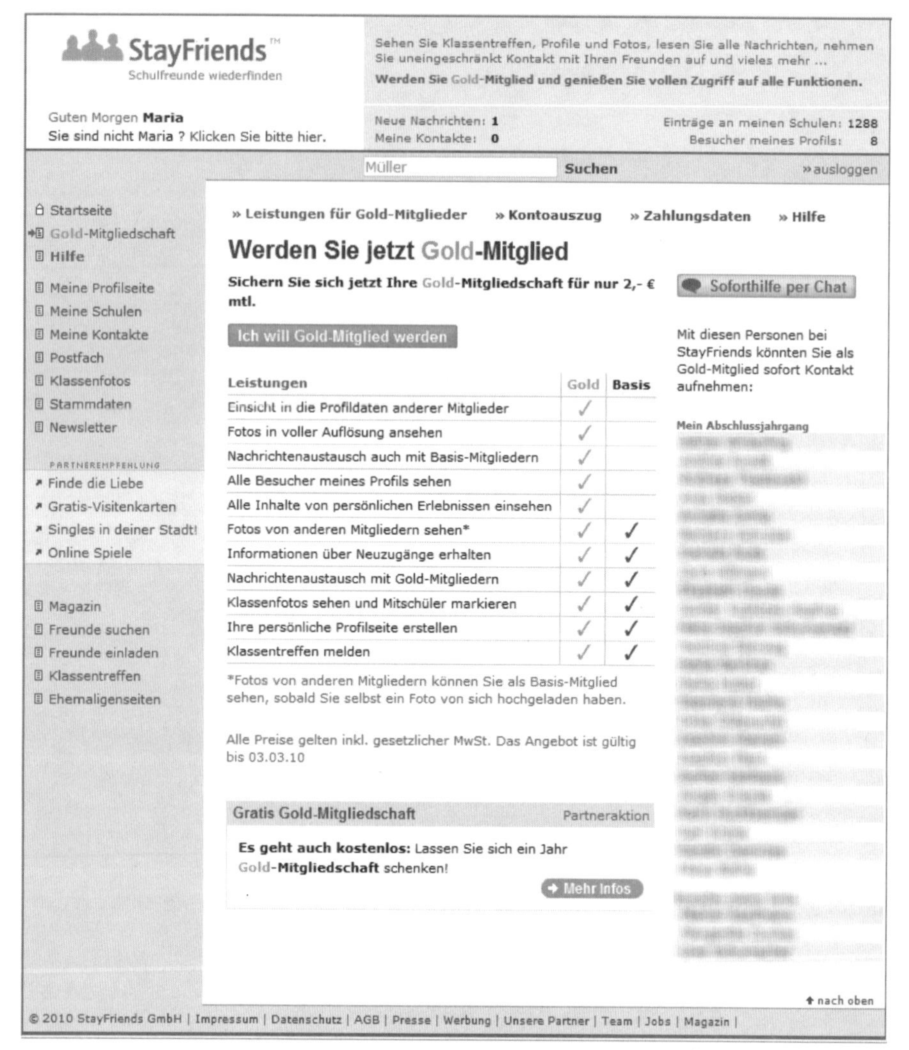

Bild 9.3 Die meisten Informationen und Dienste stehen Ihnen erst als »Gold-Mitglied« zur Verfügung.

Als registriertes »Nur-Mitglied« können Sie allerdings nur einige Grundinformationen einsehen und nutzen. So bekommen Sie angezeigt, welche Ihrer Mitschüler und Schulfreunde ebenfalls bereits bei StayFriends registriert sind. So sind z. B. die direkte Kontaktaufnahme, das Ansehen von Fotos und das Lesen von Gästebüchern erst dann möglich, wenn Sie sich für eine »Gold-Mitgliedschaft« entscheiden und den dafür fälligen Jahresbeitrag entrichten. Eine Gold-Mitgliedschaft kostet 2 Euro im Monat. Im Rahmen von Sonderaktionen sind aber auch immer wieder Jahresmitgliedschaften mit Sonderkonditionen möglich.

9.2 Sport total mit Sportal.de

Egal ob Olympia, Fußball, Handball oder Basketball, Formel 1, DTM oder Motorradrennen, Tennis, Golf oder Segeln – wenn Sie sich für Sport interessieren, dann sind Sie auf *www.sportal.de*, dem größten deutschsprachigen Sportportal, genau richtig. Sportal bietet Ihnen Live-Ticker zu allen wichtigen nationalen und internationalen Sportereignissen, Videos ausgewählter Veranstaltungen, Nachrichtenübersichten zu verschiedenen Sportarten und einen eigenen Bereich zum Dauerthema Auto. Das ist jedoch noch nicht alles. Auch die Tabellen, Ergebnisse und Nachrichten der wichtigsten US-amerikanischen Ligen – NBA, NHL, NFL und MLB – sind bei Sportal berücksichtigt.

Die Tabellen, Ergebnisübersichten und Bildergalerien zu den Einzelsportarten und Themenbereichen machen Sportal zu einer Sportinformationszentrale, die nicht nur stets aktuell, sondern auch höchst attraktiv ist.

Sportal gibt es auch für Österreich und die Schweiz

Die Nachrichtenübersichten, Ergebnisdienste und Themenbereiche von *Sportal.de* sind, von großen internationalen Sportveranstaltungen abgesehen, primär auf Sportereignisse in Deutschland ausgerichtet. Wenn Sie sich für Sportereignisse in Österreich oder der Schweiz interessieren, rufen Sie statt *www.sportal.de* einfach *www.sportal.at* oder *www.sportal.ch* auf und bekommen dann Informationen und Ergebnisse von Ereignissen aus Österreich oder der Schweiz angezeigt.

Bild 9.4 Sportal informiert nicht nur zum Thema Fußball, sondern über alle wichtigen nationalen und internationalen Sportereignisse.

9.3 IMDb.de und Cinema.de: Alles über Film und Kino

Sollten Sie sich nicht oder nicht nur für Sport, sondern (auch) für Film und Kino interessieren, dann führt kein Weg an *IMDb* vorbei, der *Internet Movie Database*. Die »Internet-Filmdatenbank« ist vor knapp 20 Jahren aus einem Diskussionsforum zum Thema Film entstanden und zu unglaublicher Größe angewachsen. Eigenem Bekunden zufolge sind in der IMDb mittlerweile Informationen zu mehr als 1 Million Film-, Video- und TV-Produktionen und mehr als 2 Millionen Filmschaffenden verzeichnet. Dazu gehören selbstverständlich auch Zigtausende von Einträgen zu deutschsprachigen Produktionen.

Schnelle Suche

Über eine zentrale Suchfunktion, die Ihnen innerhalb von Sekundenbruchteilen Suchergebnisse liefert, die nach Relevanz und Bereichen geordnet sind, können Sie gezielt nach Filmtiteln, Schauspielern und anderen Filmschaffenden suchen.

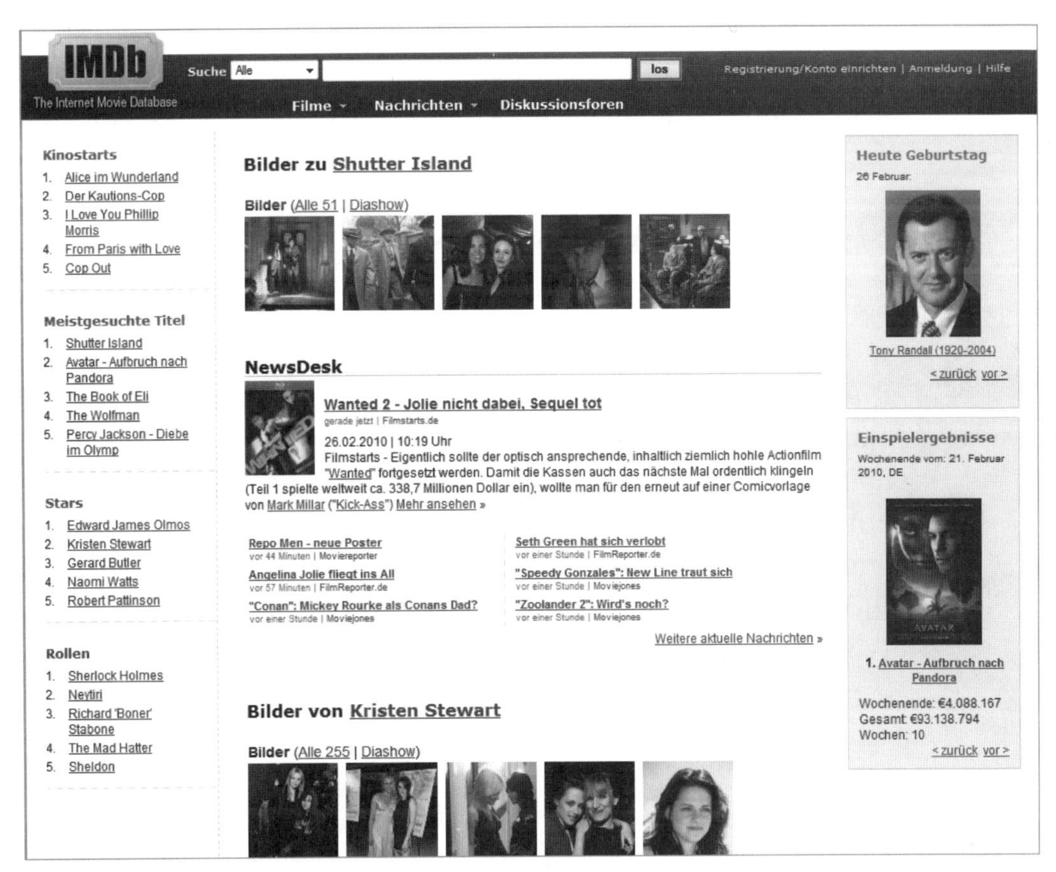

Bild 9.5 Mit mehreren Millionen Einträgen ist IMDb die mit weitem Abstand größte Filmdatenbank im Internet.

IMDb liefert Ihnen aber nicht nur reine Textinformationen, sondern zeigt Ihnen bei den meisten Einträgen auch Kinoplakate, Standfotos und jede Menge Fotografien von Schauspielern. Wenn Sie sich mit Ihrem Namen und einer E-Mail-Adresse registriert haben und mit Ihrem Benutzernamen angemeldet sind, können Sie IMDb-Einträge kommentieren und an den Diskussionsforen teilnehmen, die es zu jedem Eintrag gibt.

Die »normale« Registrierung ist bei IMDb mit keinerlei Kosten oder Verpflichtungen verbunden. Gebührenpflichtig ist lediglich die Mitgliedschaft bei IMDbPro. Für monatlich 12,95 US-Dollar gibt es dann noch jede Menge Adressinformationen zu Filmschaffenden und Produktionsfirmen, Agentenkontakte, aktuelle Kinobesucherstatistiken und andere Zusatzinformationen, die vor allem für professionelle IMDb-Besucher gedacht sind.

IMDb: Trotz .de-Adresse kein gutes Deutsch

Sie können IMDb zwar mit einer deutschen Internetadresse (*www.imdb.de*) aufrufen, der weitaus überwiegende Teil der IMDb-Einträge ist jedoch in englischer Sprache verfasst. Richtig Spaß macht IMDb daher erst, wenn Sie des Englischen einigermaßen mächtig sind und die englischsprachige IMDb-Ausgabe mit der Internetadresse *www.imdb.com* aufrufen. Die Informationsfülle ist so groß, dass Sie aus dem riesigen Angebot auch mit rudimentären Englischkenntnissen und einem guten (Online-) Wörterbuch jede Menge interessanter Details herausfischen können.

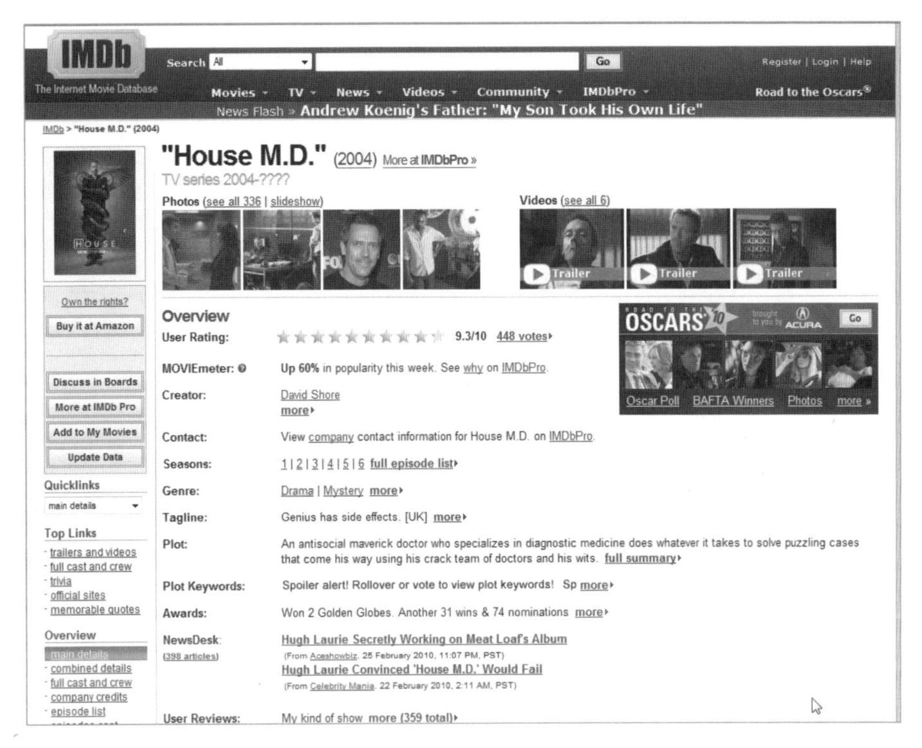

Bild 9.6 Richtig interessant und wesentlich umfangreicher ist IMDb in der englischen Ausgabe.

Cinema.de informiert aktuell und zuverlässig

Keine Konkurrenz, aber eine gute Ergänzung und Alternative zur IMDb ist – trotz seines englischen Namens – das durchgängig deutschsprachige Angebot *www.cinema.de*, das von der gleichnamigen Kinozeitschrift der Burda-Verlagsgruppe betrieben wird. *Cinema.de* verfügt auch über eine umfangreiche Datenbank, die Ihnen über eine einfache Suchfunktion Informationen zu Filmen, DVDs und Schauspielern liefert.

Im Gegensatz zur IMDb ist *Cinema.de* aber nicht nur ein umfangreiches Online-Filmlexikon. *Cinema.de* informiert auch ganz gezielt über Kinoneustarts und bietet Ihnen einen Kinotimer, der Ihnen auf Anforderung das aktuelle Kinoprogramm jeder deutschen und österreichischen Stadt zeigt. Sie tragen in das

Eingabefeld *Kinoprogramm in* einfach den Städtenamen oder die Postleitzahl ein, klicken auf die Schaltfläche *anzeigen* oder drücken die Eingabetaste. Sie bekommen dann das komplette aktuelle Kinoprogramm der betreffenden Stadt angezeigt. Besonders praktisch dabei ist, dass Sie sich mit einem Klick auf einen Filmtitel in der Programmübersicht sofort eine Inhaltsangabe inklusive Filmkritik und Videovorschau (»Trailer«) anzeigen lassen können.

Bild 9.7 Cinema.de verfügt ebenfalls über eine umfangreiche Filmdatenbank.

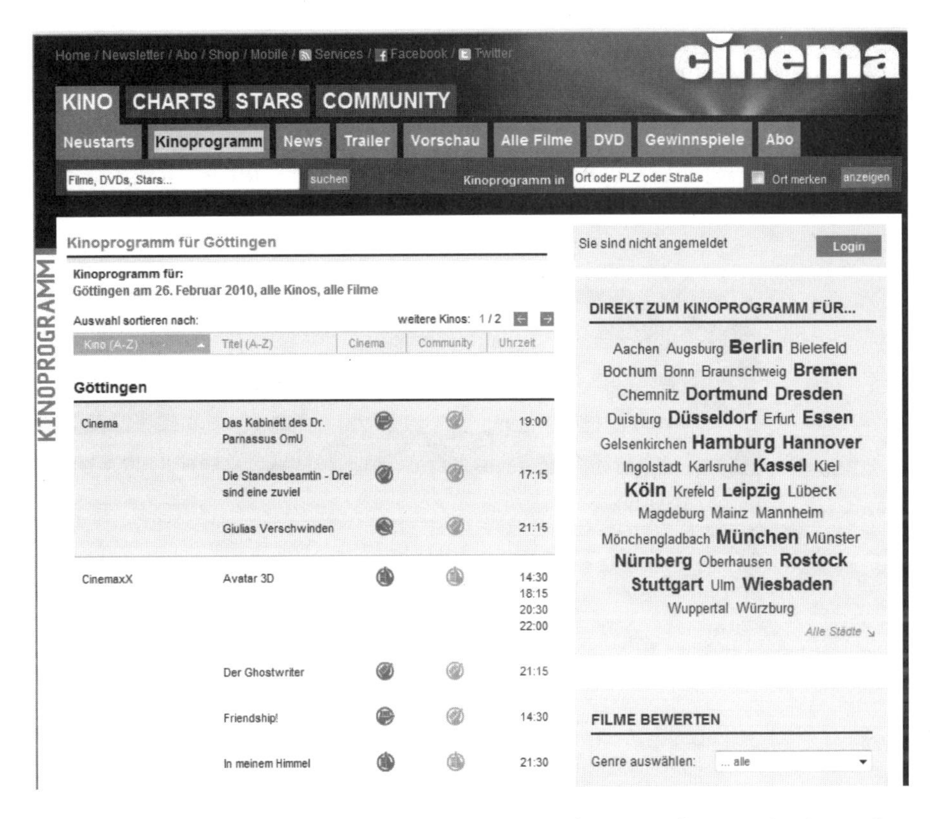

Bild 9.8 Mit der Kinoprogrammauskunft können Sie Ihren nächsten Kinobesuch planen.

Kinomäßig immer auf dem Laufenden mit RSS-Nachrichten und dem Newsletter von Cinema.de

Damit Sie die neuesten Kinoinformationen nicht verpassen, können Sie sich von *Cinema.de* auch mit aktuellen RSS-Nachrichten und einem Kino-Newsletter versorgen lassen, der Sie regelmäßig jeden Mittwochabend per E-Mail über die Kinoneustarts informiert. Diese Dienste beauftragen Sie im Bereich *Services* des Cinema-Angebots.

Auf der Services-Seite finden Sie außerdem noch ein ganz besonderes Serviceangebot: Das komplette Kinoprogramm Ihrer fünf Lieblingskinos jede Woche aktuell per E-Mail! Um in den Genuss dieses Informationsdienstes zu kommen, klicken Sie dort auf den Eintrag *Das Programm Ihrer Lieblingskinos*. *Cinema.de* zeigt Ihnen dann mehrere Auswahlfenster, in denen Sie Ort(e) und Kinos festlegen, über deren Programm Sie dann fortan jeden Mittwochabend automatisch per E-Mail informiert werden.

Bild 9.9 Auf der Services-Seite können Sie den Newsletter, RSS-Feeds und das Programm Ihrer Lieblingskinos »abonnieren«.

9.4 Radio.de: Radiohören im Internet

Neben vielen anderen Dingen ist das Internet auch ein riesiges Radio. Buchstäblich Tausende von Radiosendern und Rundfunkstationen speisen ihr Hörprogramm auch oder sogar ausschließlich in das Internet ein. So sind z. B. alle öffentlich-rechtlichen Radiosender, wie etwa das DeutschlandRadio Kultur (*www.dradio.de*), der Deutschlandfunk (*www.dlf.de*) oder der WDR (*www.wdr.de*), auch über das Internet erreichbar und hörbar. Einige davon – wie etwa das DeutschlandRadio – bieten Ihnen mit einem Online-Archiv sogar die Möglichkeit, Radiosendungen gezielt nachzuhören.

Angesichts des großen Angebots von Radiosendern ist es eigentlich unmöglich, auch nur den Hauch eines Überblicks zu bekommen und gezielt Radiosender oder gar einzelne Sendungen aufzurufen. Was Sie daher benötigen, ist eine Orientierungshilfe – und die bietet Ihnen *www.radio.de*. *Radio.de* fasst nicht nur mehr als 1600 Radiosender zusammen, sondern bietet Ihnen auch die Möglichkeit, Musik und Wortbeiträge ganz gezielt auszuwählen.

Bereits auf der Startseite können Sie den *Empfehlungen der Redaktion* folgen oder in der *radio.de – Top 10* die zehn beliebtesten Radiosender direkt anklicken und anhören. Das dafür notwendige Abspielprogramm (engl. *Player*) ist bereits in *Radio.de* integriert. Wenn Sie sich für einen Radiosender entschieden haben, werden Ihnen im Bereich *Sie hören* auch gleich noch einige Zusatzinformationen zum aktuellen Radiosender angezeigt. Außerdem erscheint im Abspielprogramm eine Auswahlliste mit ähnlichen Radiosendern.

Auf der Startseite finden Sie auch eine Suchfunktion, die als Suchergebnis bestimmte Sender und Sendungen mit bestimmten Genres oder Musikstilrichtungen zutage fördert. Noch einfacher ist die Sendersuche aber, wenn Sie auf der Startseite von *Radio.de* auf den Karteireiter *Sendermenü* klicken. Sie gelangen dann in die eigentliche Senderauswahl, bei der Sie in bestimmten Kategorien – z. B. Genre, Sprache oder Land – nach Themenbereichen suchen können. Die Auswahlanfrage stellen Sie sich dabei nach dem Baukastenprinzip in mehreren Auswahllisten zusammen.

Bild 9.10 Radio.de ist die wichtigste Orientierungshilfe für das Radiohören im Internet.

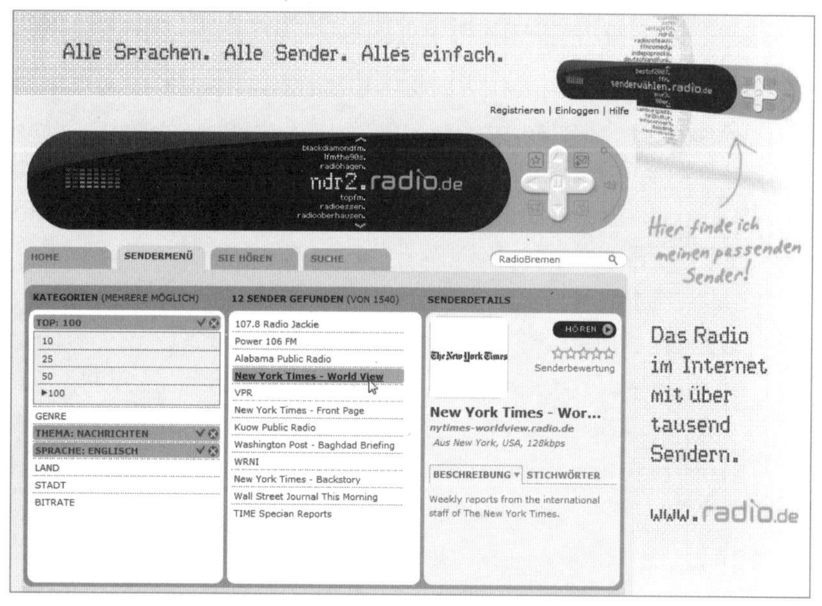

Bild 9.11 Im Sendermenü stellen Sie Ihre Auswahlkritierien in einem Bauskastensystem zusammen.

9.5 Kochen wie der Küchenchef mit Chefkoch.de

Kochen ist angesagt. Wenn auch Sie gerne kochen und Ihren Lieben mal etwas ganz Besonderes auf den Tisch bringen möchten oder einfach nur vergessen haben, wie Sie ein bestimmtes Gericht zubereiten – oder den ultimativen Tipp für das Gelingen Ihres Kochexperiments brauchen, dann sind Sie bei *www.chefkoch.de* genau richtig.

Mit über 100.000 Rezepten, mehr als 400.000 Themen, knapp 500.000 Mitgliedern und über 6 Millionen Beiträgen ist *Chefkoch.de* das größte Internetportal zum unerschöpflichen Thema »Essen und Trinken« in ganz Europa. Dort finden Sie nicht nur alle möglichen und unmöglichen Koch- und Cocktailrezepte, sondern können auch selbst Rezepte, Kommentare und Bewertungen veröffentlichen und Kochfreundschaften aktiv pflegen.

Chefkoch.de besticht durch seine Übersichtlichkeit und die hohe Qualität seiner Rezepte und Beiträge. Ganz besonders hervorzuheben sind dabei der Bereich *Video / TV*, in dem die Kochvideos archiviert sind, die jeden Monat neu aufgezeichnet werden, und der Bereich *Community*, in dem Chefkoch-Nutzer Erfahrungen, Ideen und natürlich Rezepte tauschen.

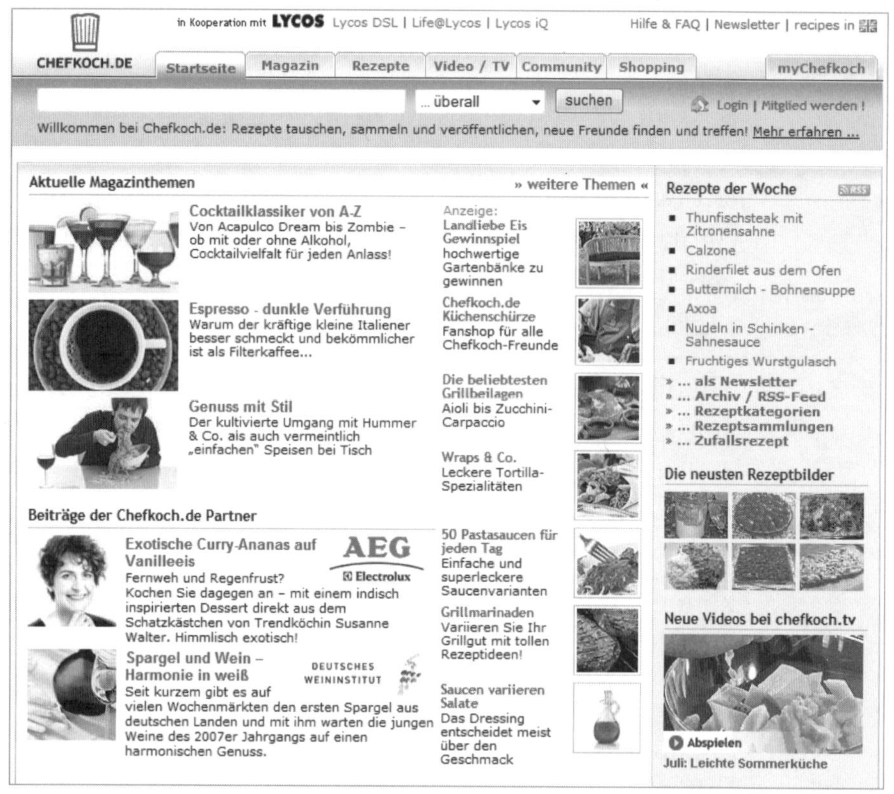

Bild 9.12 Wenn's ums Kochen geht, sind Sie bei Chefkoch.de richtig.

Voraussetzung für die aktive Teilnahme ist – wie bei fast allen Internetportalen – eine kostenlose Mitgliedschaft.

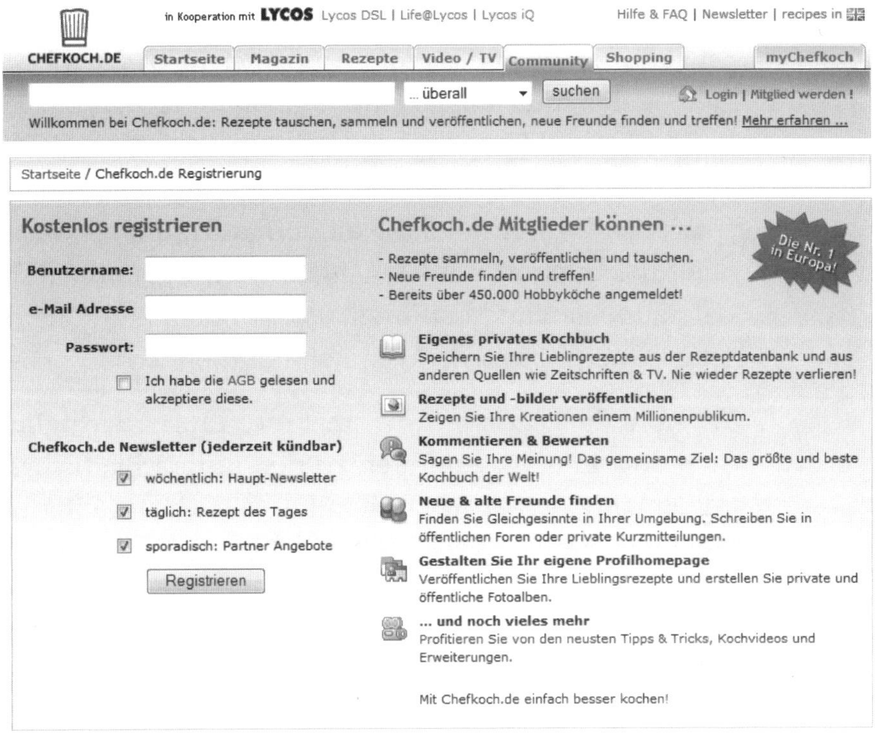

Bild 9.13 Richtig »ergiebig« ist Chefkoch.de erst, wenn Sie sich als Mitglied registriert und angemeldet haben.

9.6 Hausfrauenseite.de: Haushaltstipps nicht nur für Hausfrauen

Wissen Sie, wie Sie Gerüche im Kühlschrank erfolgreich bekämpfen, ein Spannbettlaken korrekt falten oder eine Fliege anständig binden? Und wie sieht es bei Ihnen mit der Fleckenbekämpfung aus? Können Sie Teer-, Fett- oder Lippenstiftflecken wirklich rückstandslos entfernen? Nein? Dann sind Sie ein Fall für die *Hausfrauenseite*. Dort erfahren Sie nämlich (fast) alles, was Sie schon immer über Haushalt, Hausarbeit und – jawohl! – Hausfrauen wissen wollten, aber nie zu fragen wagten.

Die *Hausfrauenseite,* die Sie mit *www.hausfrauenseite.de* aufrufen, ist vielleicht nicht das größte und auch nicht das modernste Internetangebot mit Haushaltstipps, aber mit Sicherheit eines der interessantesten. Hier geht es nämlich nicht nur um Kochen, Backen und Putzen – dazu gibt es tatsächlich jede Menge Rezepte, Tipps, Tricks und Anregungen –, sondern auch um viele andere Dinge, die für Hausfrau und Hausmann wichtig sind. Und im Gegensatz zu vielen anderen Internetangeboten zum Thema Haushalt ist die *Hausfrauenseite* wohltuend authentisch.

Obwohl die *Hausfrauenseite* mehrere Tausend Mitglieder hat, die sich dort in diversen Foren zu den unterschiedlichsten Themen regelmäßig austauschen, handelt es sich um eine private Seite mit einer privaten Atmosphäre. Wer aktiv am sogenannten Club teilnehmen und in den Foren eigene Beiträge veröffentlichen möchte, muss sich dort anmelden. Die Anmeldung ist seit einiger Zeit kostenfrei. Wie Sie Flecken und Gerüche entfernen, erfahren Sie natürlich auch kostenlos.

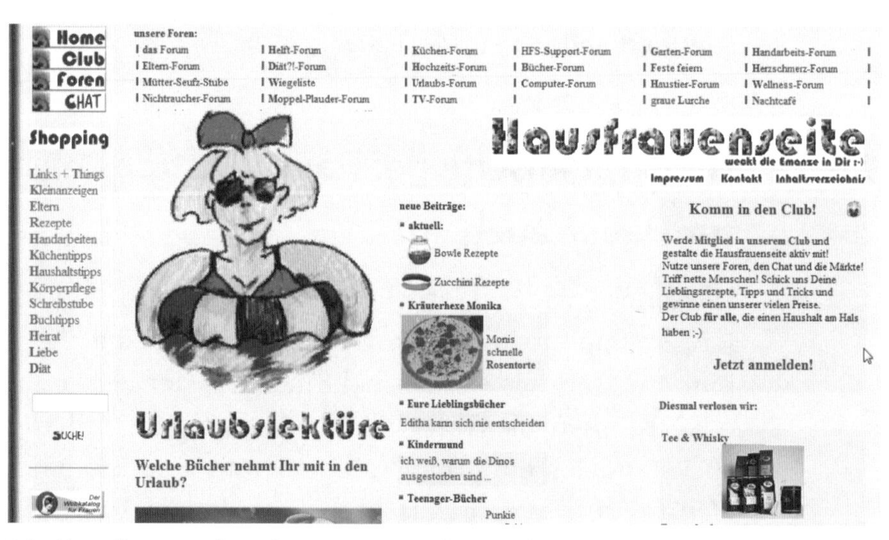

Bild 9.14 Die Hausfrauenseite überzeugt mit ihren Inhalten, weniger mit ihrer Form.

Haushaltstipps für Ahnungslose

Falls Ihnen die Hausfrauenseite schon zu anspruchsvoll erscheint, dann gibt es natürlich auch viele Internetangebote mit – sagen wir – Haushaltsinformationen für Späteinsteiger. Besonders populär sind z. B. die beiden Angebote *www.frag-mutti.de* und *www.maennerseiten.de*. Auf den Männerseiten finden Sie tatsächlich einen »Spannbetttuch-Faltkurs« und einen »Foto-Bügel-Kurs«.

9.7 Deine-Tierwelt.de: Alles zum Thema Haustiere

Heinz Rühmann soll einmal gesagt haben: »Natürlich kann man ohne Hund leben. Das macht nur keinen Sinn«. Es muss ja nicht unbedingt ein Hund sein. Wie wäre es mit Katze, Hamster oder Zwergkaninchen? Auch Meerschweinchen, Rennmäuse oder Frettchen sind derzeit angesagt. Oder möchten Sie sich vielleicht gar ein Pferd anschaffen?

Die Anschaffung ist das eine, die Pflege das andere. Was fressen Frettchen? Wie oft müssen Katzen geimpft werden? Wie erkennen Sie, ob eine Schildkröte krank ist?

Wenn Sie sich für Haustiere interessieren, dann führt kein Weg am Internetangebot *www.deine-tierwelt.de* vorbei. Mit mehr als 3 Millionen Besuchern im Monat ist Deine-Tierwelt die wichtigste Haustierseite im Internet. Sie finden dort nicht nur Abertausende von Kleinanzeigen zu Tierarten, Dienstleistungen und Tierzubehör und können selbst kostenlos Kleinanzeigen aufgeben, Sie finden auch jede Menge Rat und Unterstützung, wenn es um die Tierpflege und Tierkrankheiten geht. Wenn Sie möchten, können Sie in den »Kliniken« für Pferde, Hunde, Katzen und Kleintiere sogar Tierärzte um kostenlosen Rat fragen. Abgerundet wird das Ganze durch Abertausende von Tierfotos und -videos und vielen Diskussionsforen zu allen möglichen Haustierthemen.

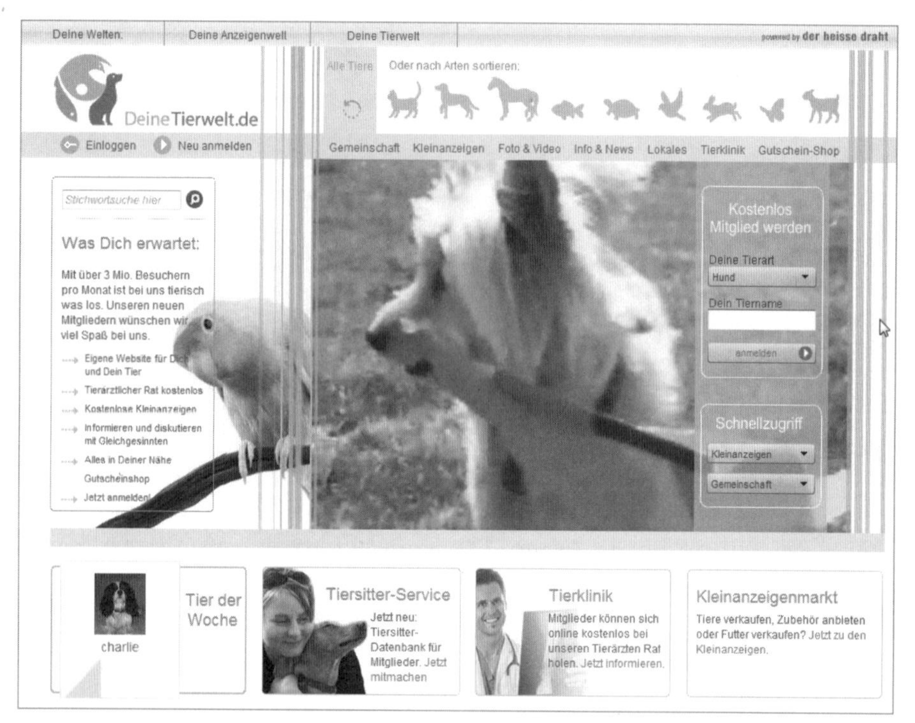

Bild 9.15 Deine-Tierwelt.de ist Kleinanzeigenmarkt, Informationsangebot und Kommunikationszentrale.

Kleinanzeigen aufgeben, Tierärzte um Rat fragen und Teil der Online-Gemeinschaft sein

Nach dem Aufruf von Deine-Tierwelt können Sie in den Kleinanzeigen stöbern und alle allgemeinen Informationen einsehen. Bei den Kleinanzeigen gibt es sogar eine Umkreissuche, bei der Sie angeben können, wie weit der Anbieter des Haustiers oder des Tierzubehörs, das Sie suchen, maximal von Ihrem Wohnort entfernt sein soll.

Wenn Sie allerdings selbst kostenlose Kleinanzeigen aufgeben, Tierärzte um Rat fragen oder vollwertiger Teil der »Deine-Tierwelt-Gemeinschaft« werden möchten, müssen Sie Mitglied werden und sich mit Ihrem Benutzernamen und dem dazugehörigen Kennwort auf der Startseite von Deine-Tierwelt anmelden.

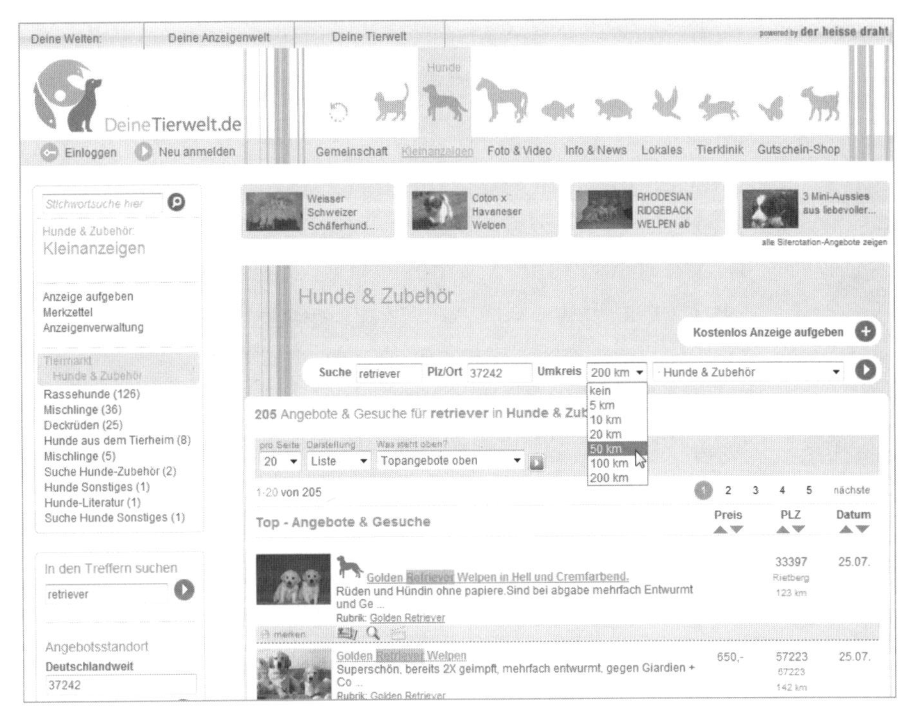

Bild 9.16 Mit der Umkreissuche erfahren Sie, welche Haustiere in der Nähe Ihres Wohnorts angeboten werden.

9.8 Was das Internet sonst noch zu bieten hat

Im Folgenden wollen wir Ihnen einige weitere Nutzungsmöglichkeiten des Mediums Internet kurz vorstellen. Da eine ausführliche, detaillierte Präsentation dieser Angebote mit genauen Bedienungsanleitungen den Rahmen dieses Buches sprengen würde und Sie mittlerweile ja zumindest erste Erfahrungen im Internet gesammelt haben, wollen wir uns hier auf eine kurze Vorstellung dieser Möglichkeiten beschränken.

9.9 Internet zum Mitmachen: Web 2.0

Den Begriff Web 2.0 haben die meisten Leute zwar einmal gehört, aber längst nicht jedermann kann sich auch etwas darunter vorstellen. Selbst die meisten Experten tun sich schwer damit, diesen Begriff zu definieren.

Dies liegt wohl auch daran, dass es sich dabei im Grunde mal wieder eher um ein weiteres Marketing-Schlagwort als um einen klar abgegrenzten Teil des Internets handelt. Zu den wesentlichen Merkmalen eines Web 2.0-Angebots gehört, dass die Nutzer selbst aktiv werden und beispielsweise eigene Inhalte (Texte, Videos, Bilder etc.) veröffentlichen können. Die zweite entscheidende Komponente ist die Möglichkeit zur Interaktion der Teilnehmer, vor allem die Kommunikation. Darüber hinaus zeichnen sich viele Web 2.0-Dienste auch dadurch aus, dass sie zunehmend die Grenzen des PC-gebundenen Internetzugangs verlassen und etwa auch die Teilnahme über mobile Geräte wie Handys ermöglichen.

Damit der Begriff des Web 2.0 nicht zu abstrakt bleibt, wollen wir Ihnen anhand einiger konkreter Beispiele zeigen, welche Möglichkeiten die Technologie bietet.

Videos: YouTube

Zu den bekanntesten Angeboten des Web 2.0 gehört die Videoplattform *YouTube* (*www.youtube.de*), auf der jeder Teilnehmer Videos veröffentlichen kann. YouTube hat sich innerhalb kurzer Zeit zu einer wahren Schatzkiste entwickelt. Es gibt kaum etwas, was hier nicht zu finden ist.

Spektakuläre Ausschnitte aus Fernsehsendungen aller Art finden ebenso den Weg auf diese Plattform wie Musikvideos oder Konzertausschnitte populärer Künstler. Viele noch unbekannte Musiker und Nachwuchstalente schaffen über YouTube mittlerweile ihren Durchbruch und erreichen auch internationale Bekanntheit, wie etwa die britischen Castingshow-Teilnehmer Paul Potts oder Susan Boyle eindrucksvoll bewiesen haben.

Auch andere Kreative nutzen YouTube immer öfter als Medium. Vor allem zahlreiche Kurzfilme, darunter auch viele Oscar-prämierte Meisterwerke, sind über YouTube abrufbar, immer wieder einmal nutzen auch bekannte Regisseure die Plattform zur Veröffentlichung von Filmen, die parallel dazu auch in die Kinos kommen.

Um auf YouTube Filme anzuschauen, müssen Sie sich noch nicht einmal anmelden.

Direkt auf der Homepage können Sie über Suchbegriffe, die Sie in das Suchfeld eintragen, schnell zu den entsprechenden Angeboten gelangen. Für die Wiedergabe der YouTube-Beiträge benötigen Sie den Flash-Player, ein Zusatzprogramm, das jedoch auf den meisten Rechnern bereits standardmäßig vorhanden ist.

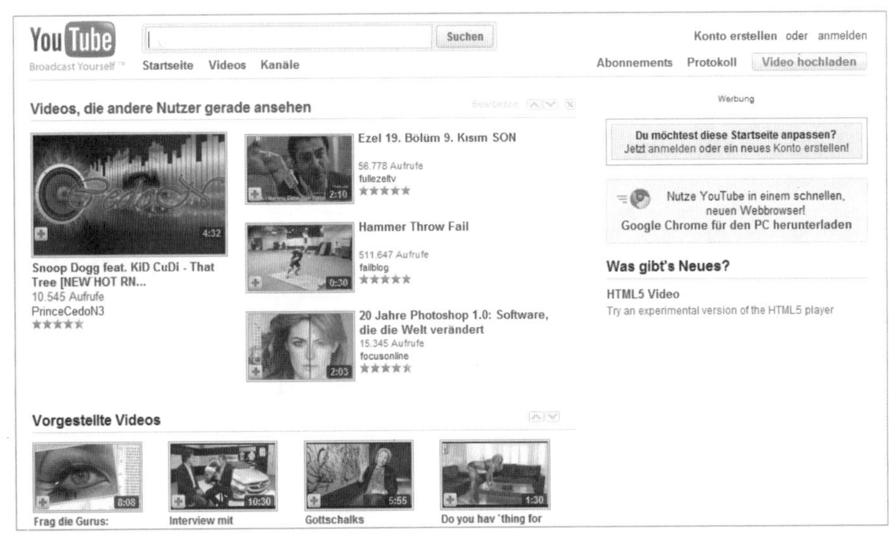

Bild 9.17 Bei YouTube sind zahllose Videos, Konzertmitschnitte, Ausschnitte aus Filmen und TV-Sendungen und auch professionelle Filme schnell zu finden.

Wollen Sie nicht nur Filme schauen, sondern auch selbst aktiv werden, beispielsweise eigenes Videomaterial veröffentlichen oder die Beiträge bewerten und mit anderen YouTube-Nutzern diskutieren, müssen Sie sich registrieren und ein Nutzerkonto anlegen, was kostenfrei möglich ist.

Fotos: Flickr

Was YouTube für Videos, ist Flickr (*www.flickr.de*) für Fotos. Die vor einiger Zeit vom Internetportal Yahoo aufgekaufte Foto-Website wird weltweit von Millionen von Hobbyfotografen genutzt, die hier ihre Bilder präsentieren und sich mit anderen Teilnehmern darüber austauschen. Bilder werden dort bewertet und kommentiert und es findet ein reger Meinungsaustauch statt. Jeder Hobbyfotograf wird hier unendlich viele Anregungen und Ideen für gelungene Fotos finden.

Darüber hinaus bietet Flickr zahlreiche weitere Nutzungsmöglichkeiten. So können registrierte Nutzer Fotoalben anlegen und Bilder organisieren. Die Bilder werden auf den Flickr-Servern gespeichert, sodass man gleich noch eine Sicherheitskopie der eigenen Aufnahmen hat, falls etwa die eigene Festplatte im PC auf einmal defekt ist. Die Bilder müssen nicht immer für alle anderen Nutzer zugänglich sein, sondern es können auch Einschränkungen vorgenommen werden, durch die es beispielsweise nur bestimmten Gruppen wie Freunden oder Familienangehörigen erlaubt ist, die Bilder anzusehen.

Schließlich bietet Flickr einige Zusatzfunktionen wie eine Online-Bildbearbeitung oder Zugang zu Fotolaboren, die auf Wunsch (und natürlich gegen Entgelt) dann aus Ihren digitalen Bildern Abzüge, Fotobücher etc. anfertigen.

Die Nutzung von Flickr ist nach einer Registrierung kostenfrei möglich, für anspruchsvolle Anwender gibt es gegen ein monatliches Entgelt auch einen Komfortzugang, der beispielsweise deutlich mehr Speicherplatz für die eigenen Bilder zur Verfügung stellt.

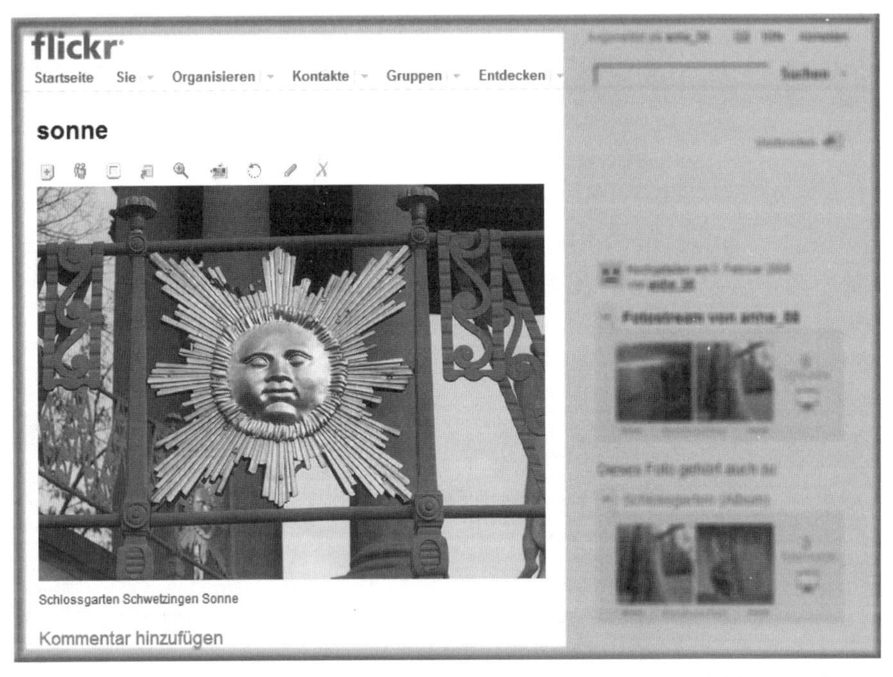

Bild 9.18 Auf Flickr können Sie Ihre Aufnahmen einem Millionenpublikum oder auch nur Ihrem Freundeskreis präsentieren.

Twitter

Zu den jüngsten Neuentwicklungen im Mitmach-Web gehört *Twitter* (*www.twitter.com*). Dieser Dienst greift die Erfolgsgeschichte der Blogs auf und entwickelt diese Idee weiter. Blogs sind so etwas wie Online-Tagebücher oder Online-Journale, in denen jedermann, der sich dazu berufen fühlt, sich zu allen nur erdenklichen Themen äußern kann. Menschen berichten in diesen Blogs über ihren Alltag, nehmen zu aktuellen Themen Stellung oder stellen auf diesem Wege andere Informationen ins Netz. Leser dieser Blogs können auf diese Beiträge reagieren und Kommentare schreiben oder in ihren eigenen Blogs die Themen aufgreifen und sich dazu äußern.

Twitter arbeitet im Grunde nach genau demselben Prinzip, beschränkt aber einen Blog-Eintrag auf maximal 140 Zeichen.

Dieser knappe Platz reicht zwar nicht für ausführliche Berichte, Stellungnahmen oder Kommentare, für Hinweise auf aktuelle Ereignisse oder kurze Statements reicht es dagegen oftmals schon aus. Häufig wird in Twitter-Mitteilungen daher auch auf ausführlichere Artikel oder Beiträge in konventionellen Blogs oder in anderen Medien verwiesen und entsprechende Links werden in die Twitter-Beiträge eingefügt.

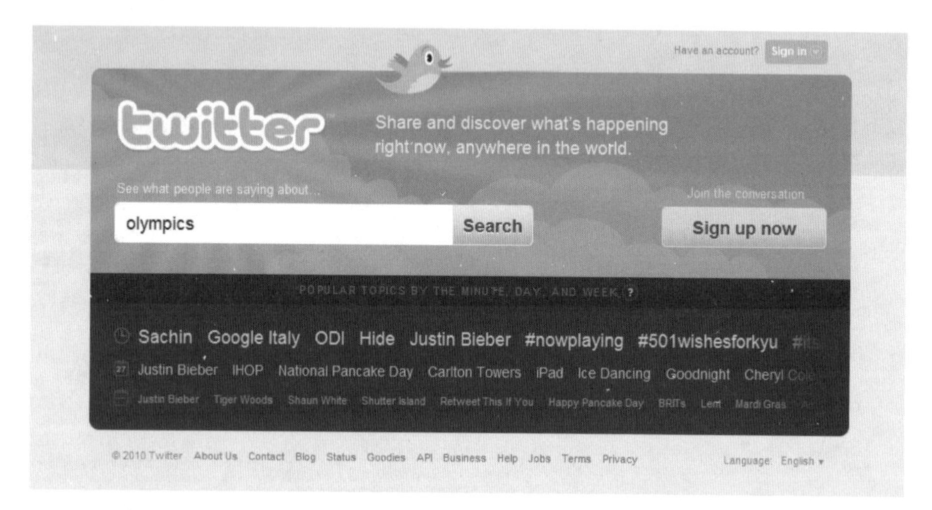

Bild 9.19 Twitter gehört zu den momentan am schnellsten wachsenden Web 2.0-Seiten.

Twitter ist vor allem deshalb so aktuell, weil die Nachrichten nicht nur vom PC oder einen anderem Computer mit Internetzugang aus geschrieben werden können, sondern optional auch per SMS vom normalen Handy aus. Auf diese Weise können Twitter-Nutzer blitzschnell über gerade geschehene Ereignisse berichten.

So war es beispielsweise ein Twitter-Anwender, der noch vor den offiziellen Medien über eine spektakuläre Notlandung eines Passagierflugzeugs auf dem Hudson-River in News York berichtete. Zuletzt wurde Twitter durch die Protestbewegung im Iran populär, als Regimekritiker sich über Twitter zu Kundgebungen verabredeten oder auf dieser Plattform über die gewaltsame Unterdrückung der Proteste berichteten.

Zunehmend nutzen auch Prominente die Plattform, um auf diese Weise mit ihren Anhängern, Fans oder sonstigen Personen zu kommunizieren. Viele Politiker, Filmstars oder Sportler gehören zu den populärsten Twitter-Autoren. Daneben unterhalten auch viele Informationsanbieter wie Fernsehsender oder Nachrichtenmagazine für ihr Web-Publikum eigene Twitterseiten, um hierüber aktuelle Entwicklungen zu melden.

Wie eigentlich alle Web 2.0-Angebote ist auch Twitter kostenfrei nutzbar und setzt lediglich eine unverbindliche Registrierung voraus. Das Konto wird benötigt, um die Tweets (so nennt man im Twitter-Jargon die einzelnen Beiträge) bestimmter Autoren zu abonnieren, sodass man stets über diese Einträge informiert bleibt. Die populärsten Twitter-Autoren bringen es mittlerweile auf mehr als 1 Million Abonnenten, die auch Follower genannt werden.

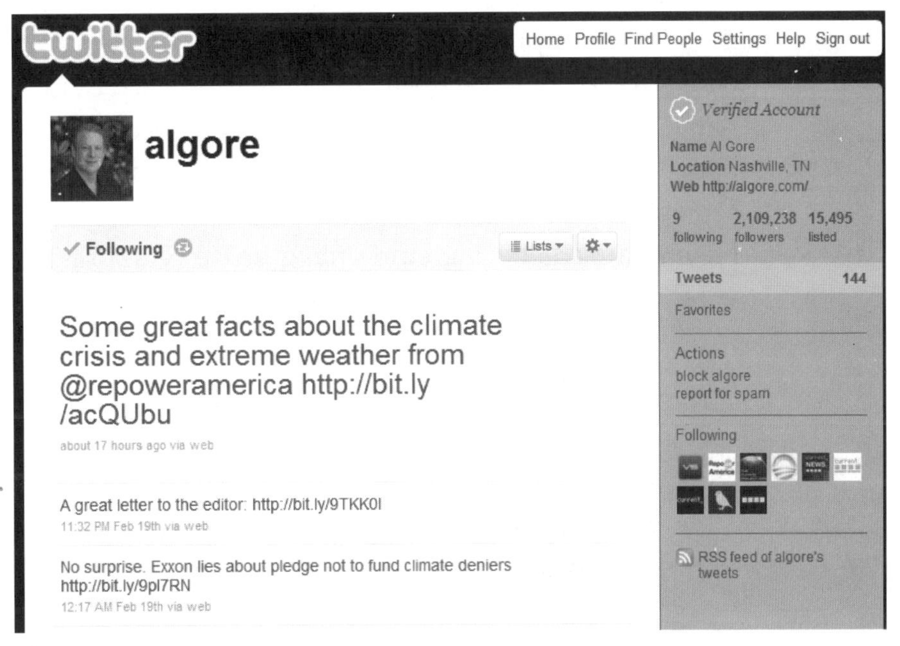

Bild 9.20 Immer öfter entdecken auch Prominente die Möglichkeiten von Twitter.

9.10 TV im Internet

Ein schneller DSL-Internetzugang kann seit einiger Zeit auch schon die Satellitenschüssel oder den Kabelanschluss ersetzen. So gibt es etwa bei der Deutschen Telekom (*www.t-home.de*) mit dem Paket T-Home Entertain die Möglichkeit, über einen schnellen VDSL-Anschluss rund 100 TV-Sender zu empfangen und (gegen ein Extraentgelt) auf eine umfangreiche Online-Videothek zugreifen, die mit Filmen aller großen Studios bestückt ist. Über einen speziellen Empfänger werden die Sendungen dann gleich auf Ihrem Fernseher wiedergegeben, den PC benötigen Sie dafür nicht.

Eine andere große Online-Videothek ist Maxdome (*www.maxdome.de*), in der Sie aus ungefähr 20.000 Titeln aus unterschiedlichsten Genres wählen können. Neben Kinofilmen finden Sie hier auch ein großes Angebot an TV-Serien zahlreicher Fernsehstationen. Hier haben Sie die Wahl, den Film entweder auf Ihrem PC anzuschauen oder direkt auf Ihrem Fernseher. Für den Direktempfang auf dem TV-Gerät ist hier dann ebenfalls eine zusätzliche Set-Top-Box notwendig. Nach dem »Ausleihen« haben Sie dann 24 Stunden Zeit, sich das Video daheim anzusehen. Neben den Einzelbestellungen können Sie aber auch verschiedene Abonnements abschließen, bei denen für einen monatlichen Pauschalbetrag eine unbegrenzte Nutzung innerhalb der verschiedenen Programmpakete möglich ist.

Bild 9.21 Mit einem schnellen Breitbandanschluss sparen Sie sich die Videothek oder den DVD-Player.

Angebote der Fernsehsender

Aber auch schon mit einem ganz gewöhnlichen Internetzgang und nur mit dem Web-Browser sowie einem ohnehin vorhandenen Zusatzprogramm wie dem Flash-Player oder dem Windows Media-Player können Sie zahlreiche Fernsehsendungen auch auf Ihrem PC verfolgen.

Sehr umfangreich sind etwa die Angebote der öffentlich-rechtlichen Sender. ARD, ZDF, die dritten Programme, aber auch Arte und 3Sat bieten zahlreiche Eigenproduktionen im Internet an. Allerdings sind diese Angebote in jüngster Zeit etwas geschrumpft, da durch rundfunkrechtliche Vorgaben die Aktivitäten der gebührenfinanzierten Sender im Internet deutlich beschränkt wurden. Dennoch haben Sie hier beispielsweise gute Chancen, verpasste Sendungen doch noch anschauen zu können. Je eher nach der Fernsehausstrahlung Sie die Sendung im Internet anschauen möchten, desto besser sind die Aussichten, denn viele Angebote bleiben nur eine Woche lang online. Beim Online-Angebot Arte+7 (*plus7.arte.tv*) ist der Name bereits Programm, denn hier sind die Beiträge genau eine Woche nach der Ausstrahlung abrufbar, eine ähnliche Regelung gibt es mittlerweile auch bei den anderen öffentlich-rechtlichen Sendern.

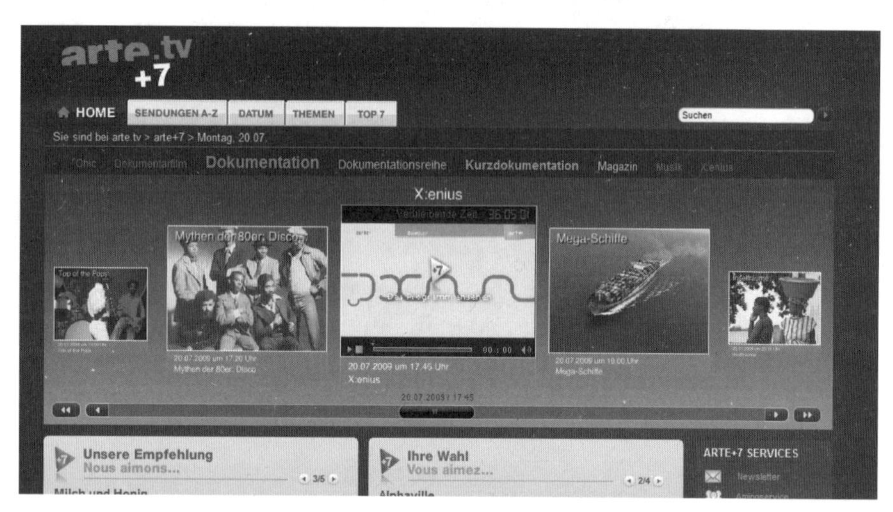

Bild 9.22 Dank Internet können Sie verpasste Sendungen auch noch nachträglich am PC schauen.

Entsprechende Angebote finden Sie natürlich auch auf den Webseiten der meisten privaten Fernsehsender.

Nur mit schneller Internetanbindung

Die Nutzung der TV-Angebote über das Internet setzt in jedem Fall einen schnellen Breitbandzugang voraus. Je schneller, desto besser, ist hier die Devise. Denn selbst bei einfachen DSL-Anschlüssen, die es nur auf 1 MBit/s oder weniger bringen, reichen die Geschwindigkeiten für eine unterbrechungsfreie Übertragung in hoher Qualität. Weniger geeignet sind diese Angebote für die Nutzer von Internet-Mobilfunkzugängen, da sehr große Datenmengen übertragen werden müssen und das in diesen Tarifen üblicherweise zugestandene maximale Datenvolumen sehr schnell erschöpft ist.

Kapitel 10
Online-Gefahren: So schützen Sie Ihren Rechner effektiv

Wie Sie in den vorhergehenden Kapiteln erfahren haben, bietet das Internet eine Unmenge interessanter Möglichkeiten. Sie können sich informieren und weiterbilden, aktuelle Nachrichten aus aller Welt abrufen, im Web günstig einkaufen und Reisen buchen oder planen, Ihre Geldgeschäfte unabhängig von Öffnungszeiten der Banken erledigen, per E-Mail, Chat oder Video-Internettelefonie mit Menschen rund um den Globus zum Nulltarif kommunizieren und vieles mehr. Alle diese Nutzungsmöglichkeiten lassen das Internet immer mehr zu einem unverzichtbaren Medium werden. Allerdings gibt es leider auch eine Schattenseite. So zieht das Internet mit den zunehmenden Nutzerzahlen leider auch immer mehr Betrüger und Gauner an, die sich durch verschiedene Arten von Schadprogrammen und Betrügereien bereichern wollen.

Sie sind derartigen Angriffen aber nicht völlig schutzlos ausgeliefert. Ganz im Gegenteil können Sie durch Verwendung von Schutzprogrammen und ein sicherheitsbewusstes Verhalten die Risiken auf ein Minimum reduzieren, sodass Sie weitgehend unbeschwert im Internet surfen können.

10.1 Neue Gefahren im Internet

Das Internet ist zu einem echten Massenmedium geworden und wird von immer mehr Menschen auch für Zwecke wie Einkaufen oder Online-Banking genutzt. Mit dieser Kommerzialisierung wird das Internet aber auch für Ganoven und Betrüger aller Art attraktiv, die sich hier bereichern wollen.

Die modernen Internet-Kriminellen arbeiten mit immer komplexeren und verfeinerten Methoden.

Während noch vor einigen Jahren Computerviren zumeist von jugendlichen »Amateuren« stammten, die mit ihrem Treiben oftmals vor allem ihre Fähigkeiten auf diesem Gebiet unter Beweis stellen wollten, stammen die modernen Schadprogramme von Profientwicklern, und es hat sich eine hochgradig arbeitsteilige Szene im Bereich der Computerkriminalität herausgebildet.

Wurden früher spektakuläre Computerviren und Computerwürmer entwickelt, die sich innerhalb kürzester Zeit auf Millionen PCs ausbreiteten und sichtbare Beeinträchtigungen oder Schäden hervorriefen, arbeiten die modernen Schadprogramme gut getarnt und weitgehend unbemerkt.

Spyware, Backdoors, Trojaner & Co.

Heute dominieren Schädlinge wie Spyware, Backdoors und Trojaner die Szene der Schadprogramme. Bei Spyware handelt es sich um Spionageprogramme, die beispielsweise die Aktivitäten der Anwender beim Surfen protokollieren oder sogar sämtliche Eingaben aufzeichnen und auf diese Weise z. B. auch geheime Zugangsdaten wie Benutzernamen und Kennwörter ausspionieren. Mit diesen gesammelten Daten kann dann ein erheblicher Missbrauch betrieben werden, etwa beim Online-Banking, aber auch bei anderen Internetdiensten (z. B. eBay-Konten). Die Täter können damit die Identität der ahnungslosen Opfer annehmen und auf deren Kosten z. B. Waren bestellen und vieles mehr.

Backdoors werden Werkzeuge genannt, die den PC so manipulieren, dass von außen, also über das Internet, darauf zugegriffen werden kann, ohne dass dies der Nutzer direkt merkt. Über eine solche Backdoor können dann wiederum andere Schadprogramme auf den Rechner gelangen bzw. Rechner ferngesteuert werden. Als Trojaner bezeichnet man Schadprogramme, die unbemerkt auf den Rechner gelangen und sich in anderen Programmen bzw. Dateien verstecken.

Neben den Daten auf den Rechnern stellen auch schon die PCs und Internetverbindungen der Opfer selbst einen erheblichen Wert für die Ganoven dar. So können sie etwa eine Schadsoftware auf einen Rechner schmuggeln, über die sich dann weitgehend die Rechneraktivitäten manipulieren lassen. Derartig manipulierte PCs werden etwa zum Versand von Spam-Mails missbraucht. Nach Schätzungen von Experten gibt es mittlerweile Millionen infizierter PCs, die von den Angreifern zentral gesteuert und damit auch für andere kriminelle Zwecke missbraucht werden können. Organisiert sind diese ferngesteuerten Rechner in sogenannten Bot-Netzen. Die größten dieser Bot-Netze sollen sogar mehr als eine Million PCs enthalten.

Denkbar sind damit etwa gezielte Angriffe auf Webserver oder andere Rechner im Internet. Dazu werden die Rechner so eingesetzt, dass sie gleichzeitig sehr viele Anfragen an das potenzielle Opfer richten, um diesen Server durch Überlastung lahmzulegen. Auf diese Weise können etwa Betreiber von Internet-Shops erpresst werden, denn die Ausfälle der Webserver verursachen erhebliche Umsatzeinbußen und sorgen bei den verärgerten Kunden, die die überlasteten Shops nicht mehr erreichen, für Unzufriedenheit.

So gelangen die Schädlinge auf Ihren PC

Bis vor Kurzem brachten die Kriminellen die Schadprogramme vor allem über E-Mails in Umlauf. Die unerwünschte Software versteckt sich dabei in den mitverschickten Dateianhängen. Erst wenn diese Anhänge geöffnet werden, können sich die Schädlinge auf dem PC des Opfers einrichten.

Damit die Empfänger diese Anhänge tatsächlich auch öffnen, wenden die Ganoven immer raffiniertere Techniken an. So werden oftmals Drohszenarien aufgebaut. Zum Beispiel wird in der E-Mail über eine hohe Telefon- oder Providerrechnung informiert, mit einer Strafanzeige wegen illegaler Downloads gedroht oder Ähnliches. Für weitere Details zu dem Vorgang sollen die Empfänger dann den Dateianhang öffnen. Derart unter Druck gesetzt, vergessen viele Menschen jede Vorsicht, öffnen den Anhang und infizieren damit den Rechner.

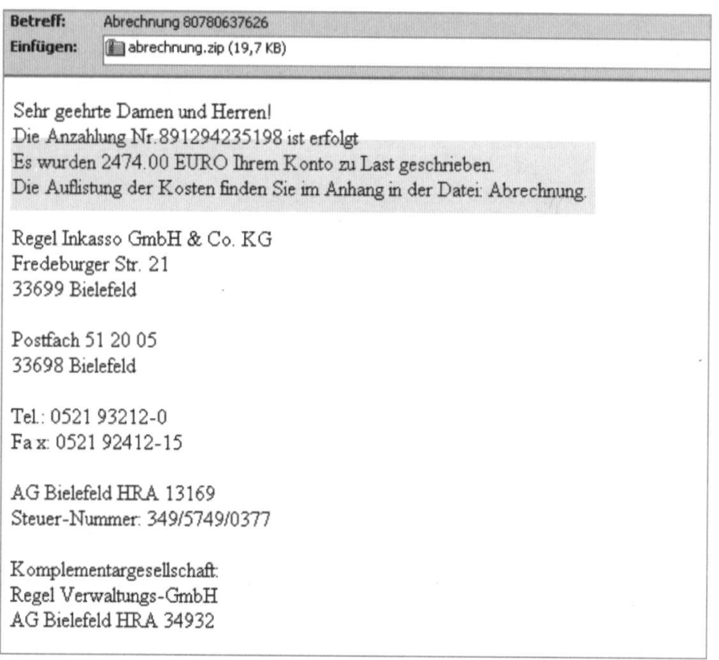

Betreff: Abrechnung 80780637626
Einfügen: abrechnung.zip (19,7 KB)

Sehr geehrte Damen und Herren!
Die Anzahlung Nr.891294235198 ist erfolgt
Es wurden 2474.00 EURO Ihrem Konto zu Last geschrieben.
Die Auflistung der Kosten finden Sie im Anhang in der Datei: Abrechnung.

Regel Inkasso GmbH & Co. KG
Fredeburger Str. 21
33699 Bielefeld

Postfach 51 20 05
33698 Bielefeld

Tel.: 0521 93212-0
Fax: 0521 92412-15

AG Bielefeld HRA 13169
Steuer-Nummer: 349/5749/0377

Komplementargesellschaft:
Regel Verwaltungs-GmbH
AG Bielefeld HRA 34932

Bild 10.1 Mit E-Mails wie dieser versuchen Betrüger die Empfänger zum Öffnen von infizierten Dateianhängen zu bewegen.

Um mögliche Virenschutzprogramme zu täuschen, verstecken die Ganoven die Schädlinge oftmals wie im obigen Beispiel in Zip-Dateien, die mitunter nicht bzw. nur unzureichend kontrolliert werden.

Einfallstor Browser und Zubehör

Seit einiger Zeit werden die Schadprogramme allerdings auch immer öfter direkt über manipulierte Webseiten in Umlauf gebracht. Schlimmstenfalls reicht es dann schon aus, eine derart manipulierte Seite aufzurufen, und schon wird die Schadsoftware übertragen und aktiviert.

Dabei können auch ganz seriöse und bekannte Internetauftritte von den Betrügern manipuliert worden sein, ohne dass die Betreiber der Website davon etwas mitbekommen. Es wurden auch Angriffe registriert, bei denen die Gefahr durch die auf den Webseiten eingeblendeten Werbebanner ausging.

Bei diesen Angriffen werden Sicherheitslücken im Browser, zunehmend aber auch in Zusatzprogrammen wie den beschriebenen Multimedia-Playern, ausgenutzt. Selbst Programme wie *Word, Excel* oder PDF-Reader werden immer öfter missbraucht, indem entsprechend manipulierte Dokumente mit Schadsoftware infiziert werden und beim Öffnen dieser Dokumente die Infektion erfolgt.

Spionage, Manipulation, Missbrauch

Die neuen Schadprogramme verfolgen ganz unterschiedliche Ziele. So gibt es beispielsweise hochspezialisierte Banking-Trojaner, die es auf die Zugangsdaten der Nutzer von Online-Bankkonten abgesehen haben. Dazu werden die Internetverbindungen überwacht, und beim Aufruf der Website einer Online-Bank werden die dort vorgenommenen Eingaben ausspioniert und an die Betrüger übermittelt.

Andere Schädlinge stehlen auf ähnliche Art und Weise Zugangsdaten zu Onlinediensten. Mit diesen Daten können die Betrüger dann ebenfalls Unheil anrichten, etwa wenn sie über das eBay-Konto eines ahnungslosen Nutzers Waren erwerben oder Diebesgut anbieten.

Eine andere Art der Bedrohung besteht darin, dass Ihr PC nach dem Befall einer Schadsoftware quasi ferngesteuert werden kann. Diese Armeen ferngesteuerter PCs nennen die Fachleute auch Bot-Netze, und die einzelnen Rechner werden mitunter als Zombie-Rechner bezeichnet.

An Bedeutung verloren haben dagegen die Dialer. Hierbei handelt es sich um Schadprogramme, die bei Wählverbindungen per Modem und ISDN die eigentlich am PC eingerichtete und gewünschte Verbindung durch einen deutlich teureren Dienst ersetzen. Da jedoch immer weniger Internetnutzer diese Verbindungsart nutzen, spielt diese Bedrohung nur noch eine geringe Rolle. Bei modernen Breitbandverbindungen (DSL, Kabel) gibt es diese Art von Betrügereien nicht.

Nicht nur per E-Mail oder über das Internet

Nicht alle Schädlinge werden über das Internet übertragen, auch andere Datenträger wie CDs, USB-Sticks oder Flash-Speicherkarten können mitunter unerwünschte Software enthalten. Auch bei Nutzung dieser Speichermedien sollten Sie daher Vorsicht walten lassen.

10.2 So können Sie Ihren Rechner schützen

Den Bedrohungen aus dem Internet sind Sie allerdings nicht gänzlich schutzlos ausgesetzt. Ganz im Gegenteil gibt es verschiedene Schutzmaßnahmen, mit denen Sie Ihren PC weitestgehend vor solchen Gefahren sichern können. Neben verschiedenen technischen Einrichtungen trägt zudem ein vorsichtiges Verhalten viel zu einer erhöhten Sicherheit bei. Die wichtigsten Sicherheitsmaßnahmen wollen wir Ihnen an dieser Stelle kurz beschreiben.

Antivirensoftware

Zu den wichtigsten Schutzvorkehrungen gehört ein Antivirenprogramm, das auf jedem Rechner vorhanden sein sollte. Diese Programme kontrollieren üblicherweise während der PC-Nutzung im Hintergrund jeden Zugriff auf Dateien aller Art und geben bei Verdacht Warnhinweise bzw. blockieren den Vorgang.

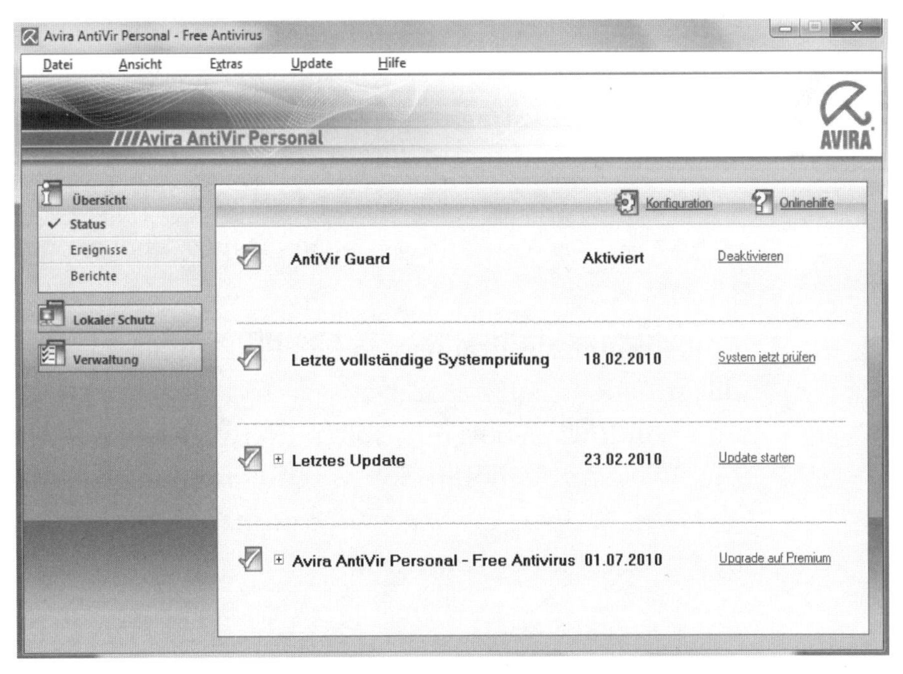

Bild 10.2 Nur ein Virenschutz mit aktuellen Updates bietet Sicherheit.

Mittlerweile schützen die meisten Antivirenprogramme auch gegen die neueren Schadprogramme wie Spyware oder Backdoors. Beim Surfen im Web kommen sie immer mehr zum Einsatz, allerdings gibt es leider auch einige Anwendungen, die gerade diesen wichtigen Schutz nicht bieten.

Generell müssen Antivirenprogramme eine Schadsoftware anhand eines charakteristischen Merkmals erkennen können, um sie eindeutig zu identifizieren und davor zu schützen. Dazu wiederum muss diese Schadsoftware bereits bekannt sein bzw. verwendet werden. Erst mit einiger Verzögerung können daher die Hersteller von Antivirenprogrammen ihre Produkte entsprechend aktualisieren. Mittlerweile erfolgen diese Updates meist sogar mehrmals täglich, um mit der immens gewachsenen Zahl unterschiedlichster Schadprogramme mithalten zu können.

Nur ein aktuelles Antivirenprogramm bietet Schutz

Einen guten Schutz kann ein Antivirenprogramm nur dann bieten, wenn es permanent aktualisiert wird. Programme, die über längere Zeit nicht mehr auf den neuesten Stand gebracht wurden, wiegen den Anwender dagegen lediglich in einer trügerischen Sicherheit, da viele Schadprogramme unerkannt bleiben.

Ein Antivirenprogramm müssen Sie sich als Windows-Anwender in jedem Fall separat anschaffen, denn zum Lieferumfang von Windows gehört eine solche Software nicht. Zu den bekannten Anbietern gehören Softwareunternehmen wie Avira (*www.avira.de*), Kaspersky (*www.kaspersky.de*), AVG (*www.avg.de*) oder Symantec (*www.symantec.de*).

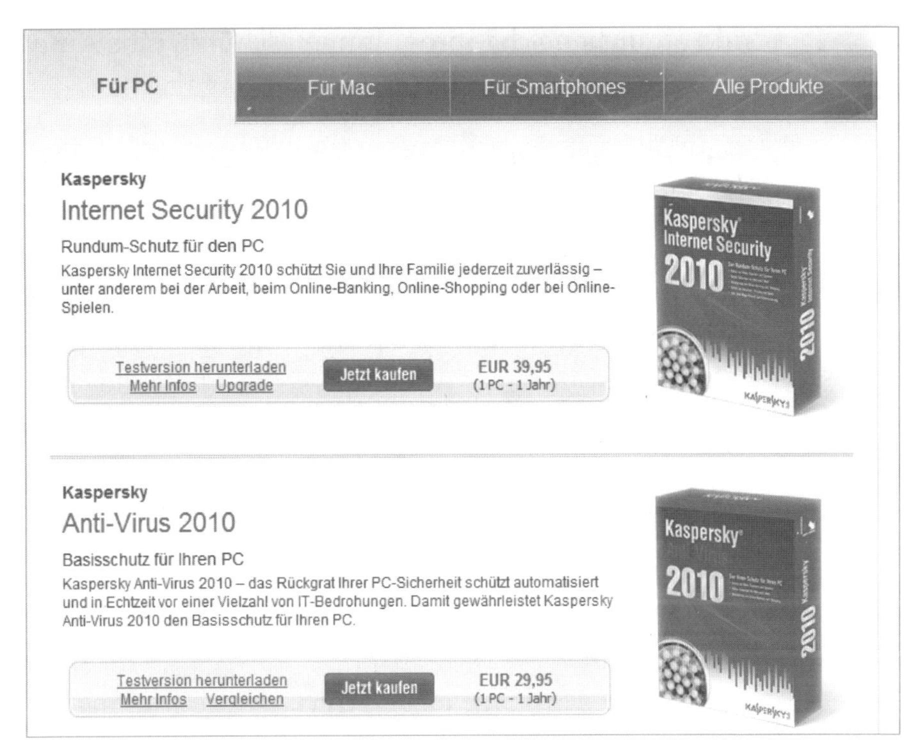

Bild 10.3 Der Funktionsumfang der Schutzsoftware kann unterschiedlich groß sein.

Die Programme kosten je nach Funktionsumfang meist zwischen 25 und 50 Euro pro Jahr. Nach Ablauf dieser Zeit muss dann eine neue Programmversion oder ein Update erworben werden. Mitunter gibt es dieses Update zu einem etwas günstigeren Preis. Nur noch wenige Anbieter wie etwa Avira bieten auch Gratisversionen für Privatanwender an, allerdings fehlen bei diesen Versionen häufig wichtige Komponenten. Im Zweifelsfall sollten Sie die Ausgaben für ein Antivirenprogramm als wichtige Investition in die Sicherheit Ihres PCs hinnehmen, denn der Ärger und die Beeinträchtigungen bis hin zu finanziellen Schäden durch einen erfolgreichen Angriff eines Schadprogramms sind häufig gravierender als eine solche Investition.

Immerhin gibt es seit Vista mit dem Windows Defender bereits eine Software, die zumindest vor vielen Spywareprogrammen und ähnlichen Schadprogrammen schützt. Eine Antivirenlösung ersetzt der Windows Defender allerdings nicht.

Zusätzlicher Schutz durch die Firewall

Neben einem Antivirenprogramm kann auch eine (Personal) Firewall für mehr Sicherheit sorgen. Diese »Brandschutzmauer« stellt eine Barriere zwischen Ihrem PC und dem Internet dar und blockiert vor allem den direkten Zugriff von außen auf Ihren Rechner. In neueren Windows-Versionen (Windows 7, Vista, XP mit Service Pack 2) ist eine solche Firewall bereits enthalten und standardmäßig auch aktiviert. Eine zusätzliche Firewall auf dem Rechner wird daher meist nicht benötigt.

Software aktualisieren

Neben der Nutzung eines Antivirenprogramms sollten Sie in jedem Fall dafür sorgen, dass die von Ihnen genutzten Programme immer auf dem neuesten Stand sind, denn immer wieder werden in allen möglichen Softwareprodukten Schwachstellen entdeckt, durch die Schadsoftware auf Ihren PC gelangen kann.

Für das Windows-Betriebssystem mit seinen dazugehörigen Anwendungen wie dem Internet Explorer leistet das automatische Windows-Update gute Dienste. Ist diese Option aktiviert, werden alle wichtigen Aktualisierungen selbsttätig heruntergeladen und auch gleich installiert, sodass Sie sich hierüber keine weiteren Gedanken machen müssen.

Auch viele andere Programme, etwa Browser wie Firefox oder Opera, blenden mittlerweile automatisch eine Meldung ein, wenn aktuelle Sicherheitsupdates oder neue Programmversionen verfügbar sind. Allerdings müssen Sie hier zunächst noch dem Download und der Installation des Updates zustimmen.

Da aber auch z. B. Multimedia-Player oder andere Werkzeuge wie der Adobe Reader zum Anzeigen von PDF-Dateien Schwachstellen besitzen können und daher aktualisiert werden müssen, gibt es zusätzliche Hilfsprogramme, mit denen Sie feststellen können, welche Programme auf Ihrem PC überhaupt installiert sind und ob sie auf dem aktuellen Stand sind. Zu diesen Programmen gehört auch der Secunia Personal Software Inspector (*www.secunia.com*).

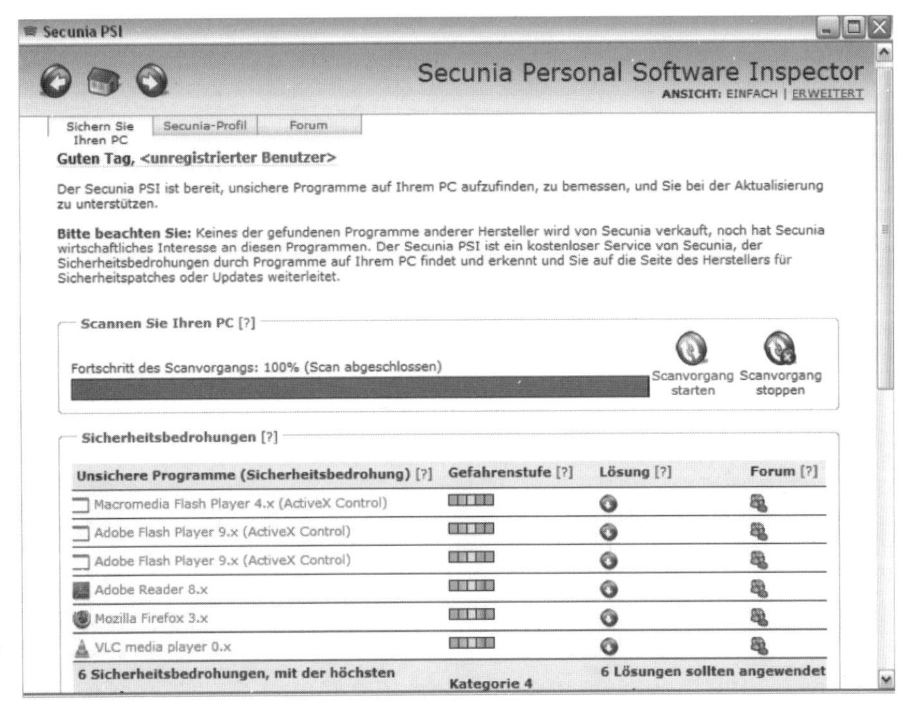

Bild 10.4 Mit dem kostenfrei erhältlichen *Personal Software Inspector* erhalten Sie einen Überblick über die Aktualität der vorhandenen Programme auf Ihrem PC.

Angesichts der aktuellen Bedrohungen sollten Sie dafür sorgen, dass möglichst alle Anwendungen auf Ihrem PC aktuell sind und damit den bestmöglichen Schutz vor Angriffen bieten.

Nur notwendige Software installieren

Eine wichtige Schutzmaßnahme besteht auch darin, dass Sie auf Ihrem PC möglichst nur die Programme installiert haben, die Sie auch tatsächlich benötigen. Weniger ist auch in dieser Hinsicht mehr, wobei »mehr« sich hier vor allem auf die Sicherheit bezieht. Denn mit jedem zusätzlichen Programm steigt ja auch das Risiko für Schwachstellen. Vor allem bei Programmen, die direkt Daten aus dem Internet öffnen bzw. wiedergeben, sollten Sie daher wirklich nur die unbedingt notwendigen installieren.

Vorsichtig sein

Der dritte wesentliche Baustein in jedem Schutzkonzept ist ein vorsichtiges Verhalten, denn blind verlassen dürfen Sie sich auf diese technischen Schutzkomponenten nicht. Wie schon erwähnt, können auch die aktuellsten Sicherheitsanwendungen keinen hundertprozentigen Schutz bieten. Sie sollten sich daher möglichst so umsichtig verhalten, dass erst gar keine Schadprogramme auf Ihren PC gelangen.

Dazu gehört primär ein vorsichtiger Umgang mit E-Mails. Seien Sie in jedem Fall skeptisch bei unverlangt zugesandten Dateianhängen und öffnen Sie derartige Anhänge im Zweifelsfall nicht. Ist Ihnen der Absender bekannt, fragen Sie gegebenenfalls nach, was es mit der E-Mail auf sich hat.

Ebenso sollten Sie nicht auf Links in verdächtigen E-Mails klicken, auch wenn das Ziel noch so verlockend scheint. Häufig werden Sie auf diese Weise auf Webseiten gelockt, die Schadprogramme in Umlauf bringen. Und wenn Ihr PC dann noch die entsprechenden Schwachstellen aufweist, ist die Infektion schnell passiert. Löschen Sie derartige unerwünschte E-Mails möglichst schnell.

Sicherheit für den Browser

Wie weiter oben bereits erwähnt, lauern Schadprogramme nicht mehr nur in E-Mail-Anhängen, sondern werden zunehmend auch über manipulierte Webseiten in Umlauf gebracht. Eine besondere Rolle dabei spielen bestimmte Webseiten-Elemente, durch die diese Übertragung erst möglich wird. Vor allem JavaScript erweist sich dabei als besonders heikel. Zwar lässt sich jeder Browser so einstellen, dass JavaScript nicht mehr ausgeführt wird, wodurch das Risiko weitgehend gebannt ist, aber dies führt auch dazu, dass viele völlig harmlose Webangebote nicht mehr oder nur stark eingeschränkt nutzbar sind.

Einen guten Kompromiss bietet das Zusatzprogramm *NoScript*, das es jedoch nur für den Firefox-Browser gibt. Hier werden zunächst zwar auch die JavaScript-Elemente blockiert, jedoch kann man sie beim ersten Besuch einer Seite gezielt freigeben und der Browser merkt sich diese Einstellungen für künftige Aufrufe. Auf diese Weise lässt sich schnell und mit wenig Aufwand eine Liste mit den Webseiten erstellen, die solche Skripts ausführen dürfen, während man bei unbekannten Seiten besser geschützt bleibt.

Bild 10.5 Mit dem Firefox-Browser und der Erweiterung *NoScript* können Sie sich recht gut vor gefährlichen Webseiten schützen, ohne dass das Surfen zu unbequem wird.

10.3 Sicherheit auf einen Blick: Das Windows-Wartungscenter

Die neueren Windows-Versionen sind bereits mit zahlreichen Komponenten ausgestattet, die zur Sicherheit bei der Internetnutzung beitragen. Dazu gehören:

- Automatisches Windows Update
- Windows Firewall
- Windows Defender
- Benutzerkontensteuerung

Das automatische Windows Update sorgt dafür, dass alle wichtigen Updates, vor allem alle sicherheitsrelevanten Aktualisierungen für Windows, automatisch übertragen und auch gleich installiert werden. Standardmäßig ist diese Funktion aktiviert, sodass Sie in aller Regel keine Änderungen vornehmen müssen.

Ähnliches gilt für die Windows-Firewall, um die Sie sich daher normalerweise auch nicht weiter kümmern müssen. In allen neueren Windows-Versionen (Vista, Windows 7) bietet die enthaltene Firewall ausreichenden Schutz, und zusätzliche Programme dieser Art werden daher nicht mehr benötigt.

Der Windows Defender ist ein Schutzprogramm, das zusammen mit Windows ausgeliefert wird. Es arbeitet ähnlich wie ein konventionelles Antivirenprogramm, kann ein solches jedoch nicht vollständig ersetzen, da es nur bestimmte Arten von Schadprogrammen erkennt und beseitigt. Als Ergänzung zu einer anderen Antivirenlösung ist es jedoch sinnvoll.

Die Benutzerkontensteuerung schließlich sorgt dafür, dass sich Schadprogramme nicht unbemerkt vom Nutzer installieren lassen oder dass wichtige Einstellungen von einer Software nicht heimlich geändert werden können. Bei bestimmten Aktionen fragt Windows daher nach, ob sie tatsächlich ausgeführt werden sollen oder ob der Vorgang abgebrochen werden soll. Auch dieses Element ist standardmäßig aktiviert und sollte nicht abgeschaltet werden, wenn auch die Rückfragen in einigen Situationen etwas nervig sein können.

Über das Wartungscenter in Windows 7 (bzw. das Sicherheitscenter in den Vorgängerversionen) können Sie sich auf einen Blick darüber informieren, ob diese Einstellungen tatsächlich so sind, wie sie sein sollten.

Zum Aufruf des Wartungscenters klicken Sie auf das Symbol mit dem Fähnchen in der Windows-Taskleiste und dann auf den Link *Wartungscenter öffnen*.

Bild 10.6 Über das Fähnchen-Symbol erreichen Sie das Wartungscenter.

Klicken Sie hier auf den Eintrag *Sicherheit*. In der aufklappenden Liste sehen Sie, welche sicherheitsrelevanten Einstellungen auf Ihrem Rechner aktiv sind. Werden mangelhafte Einstellungen festgestellt, etwa ein fehlendes oder nicht mehr aktuelles Antivirenprogramm oder ein abgeschaltetes Windows Update, meldet das Wartungscenter Ihnen dies explizit und macht Sie auf entsprechenden Handlungsbedarf aufmerksam. Dabei werden auch konkrete Hinweise gegeben, wie Sie den Mangel abstellen können.

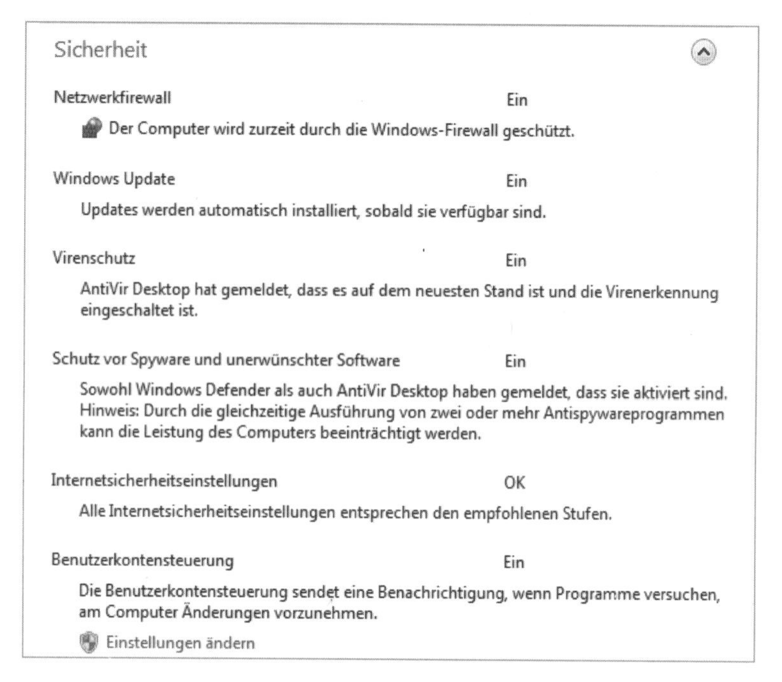

Bild 10.7 Im Idealfall sind alle wichtigen Sicherheitsvorkehrungen getroffen.

Keine hundertprozentige Sicherheit

Auch wenn Sie alle notwendigen Sicherheitsvorkehrungen auf Ihrem Rechner getroffen haben, können Sie sich niemals hundertprozentig sicher fühlen. Eine absolute Sicherheit gibt es weder im echten Leben noch in den elektronischen Welten. Sie sollten daher stets wachsam bleiben und vor allem unnötige Risiken vermeiden, indem Sie etwa unerwünschte E-Mail-Anhänge niemals einfach so öffnen, nur weil Sie sich auf Ihr Antivirenprogramm verlassen. Auch beim Surfen im Web oder der Verwendung sonstiger Datenträger sollten Sie vorsichtig bleiben, um Schadprogrammen möglichst keine Chance zu geben.

Die verschiedenen Sicherheitskomponenten können Sie auch einzeln direkt aus der Systemsteuerung heraus aufrufen, sich über ihren Status informieren und gegebenenfalls Änderungen der Einstellungen vornehmen. Neben den in Windows eingebauten Vorkehrungen wie der Windows Firewall, dem Windows-Update oder dem Windows Defender trägt sich üblicherweise auch jede Antivirensoftware in die Systemsteuerung ein und kann dann hierüber erreicht werden.

Windows Defender

Für den Windows Defender können Sie beispielsweise festlegen, wie oft und zu welchen Zeitpunkten er automatisch eine Überprüfung des Rechners vornehmen soll. Dazu klicken Sie z. B. in der Systemsteuerung (Symbolansicht) den Eintrag *Windows Defender* an.

Anschließend klicken Sie im Programmfenster auf den Eintrag *Extras* und dann auf den Link *Optionen*. Hier haben Sie die Möglichkeit, ein bestimmtes Intervall für die Überprüfungen vorzugeben (z. B. täglich oder jeweils an einem bestimmten Wochentag), die Uhrzeit für die Durchführung sowie die Art der Überprüfung (Schnellüberprüfung oder die aufwendigere, aber genauere vollständige Überprüfung) festzulegen. Am sinnvollsten ist es, diese Tests in Zeiten zu verlegen, in denen Sie den Rechner nicht gerade für wichtige Aufgaben benötigen, denn die Überprüfungen beanspruchen etliche Ressourcen. Voreingestellt ist hier daher die Option, dass die Überprüfungen nur dann durchgeführt werden, wenn der Rechner sich im Leerlauf befindet.

Klicken Sie im Programmfenster des Windows Defenders auf die Schaltfläche *Überprüfung*, startet ein solcher Test unmittelbar, wobei standardmäßig die Schnellüberprüfung durchgeführt wird. Wollen Sie die vollständige Überprüfung direkt starten, klicken Sie auf die kleine Schaltfläche neben dem Eintrag und wählen diese Option aus.

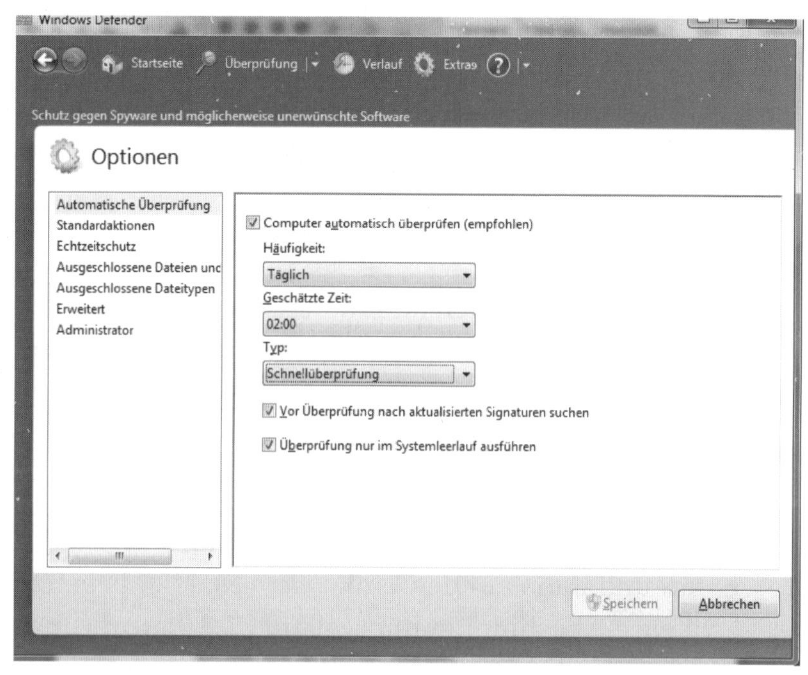

Bild 10.8 Legen Sie fest, wann Windows Defender die Überprüfungen durchführen soll.

Auch das Antivirenprogramm konfigurieren

Üblicherweise sind die Antivirenprogramme so eingestellt, dass sie gleich nach der Installation alle Dateizugriffe überwachen und bei verdächtigen Dateien sofort Alarm schlagen, um eine Infektion zu verhindern. Ähnlich wie den Windows Defender sollten Sie das Antivirenprogramm jedoch so konfigurieren, dass regelmäßig eine gründliche Überprüfung aller Dateien auf dem Rechner erfolgt. Starten Sie dazu das Schutzprogramm auf Ihrem PC und treffen Sie diese Einstellungen.

10.4 Vorsicht Falle: Betrügereien im Web

Neben den Angriffen durch Schadsoftware aller Art lauern im Internet noch einige andere Gefahren. Weit verbreitet sind etwa die sogenannten Abo-Fallen, bei denen bestimmte Dienste wie

Kochrezepte, persönliche Horoskope, Gesundheitsberatung, Gratis-SMS, Software-Downloads, Bewerbungs- oder Hausaufgabenhilfen angeboten werden. Die Nutzer werden animiert, diese Dienste auszuprobieren, womit jedoch eine anscheinend unverbindliche Registrierung verbunden ist. Wer seine persönlichen Daten eingibt, schließt häufig zugleich ein kostenpflichtiges Abonnement ab, für das meist Gebühren von rund 5 bis 15 Euro im Monat in Rechnung gestellt werden. Zudem wird gleich eine Mindestvertragslaufzeit von 12 oder gar 24 Monaten vereinbart, sodass eine erkleckliche Summe zustande kommt.

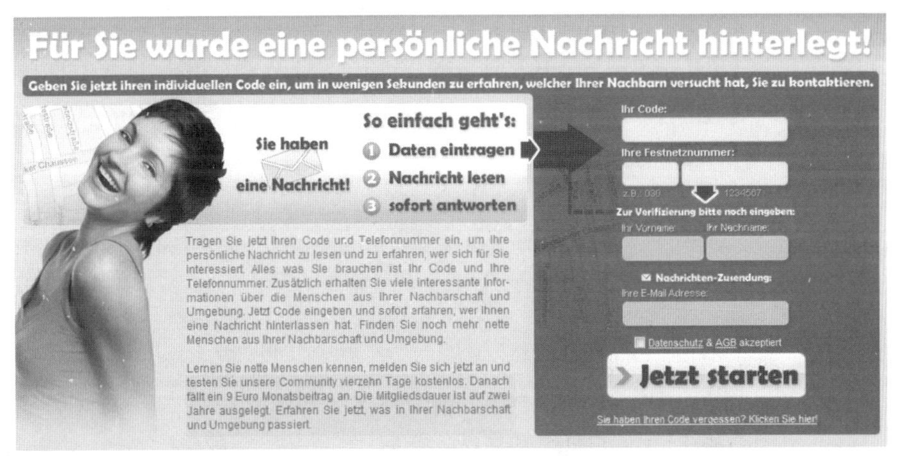

Bild 10.9 Die vorgeschriebenen Hinweise auf den Abschluss eines kostenpflichtiges Abonnements sind auf den Seiten der Abo-Fallen nur schwer zu entdecken.

Die gesetzlich vorgeschriebenen Hinweise, dass mit der Registrierung zugleich ein kostenpflichtiges Abonnement abgeschlossen wird, sind auf den Webseiten nur sehr schwer zu finden, sodass gerade unerfahrene Internetnutzer immer wieder auf derartige Angebote hereinfallen, zumal es ähnliche Inhalte im Internet auf sehr vielen Seiten tatsächlich völlig gratis gibt.

Nach einiger Zeit bekommen die Nutzer dann die Rechnungen per Post oder per E-Mail. Bei Nichtbezahlung werden Klagen oder eine Benachrichtigung der Schufa etc. angekündigt. Viele Kunden lassen sich davon einschüchtern und zahlen den meist ja noch verkraftbaren Betrag, um ihre Ruhe zu haben.

Allerdings haben Sie als Opfer einer solchen Kostenfalle durchaus gute Chancen, auch ohne Zahlung des Abo-Preises davonzukommen. Denn in den meisten Fällen verstoßen die Anbieter mit diesen Diensten gleich gegen mehrere gesetzliche Vorgaben und werden daher den Gang vor Gericht scheuen. Zudem gehen seit einiger Zeit auch Verbraucherschützer aktiv gegen diese dubiosen Anbieter vor und strengen ihrerseits Klagen an.

Eine umfangreiche Liste mit zweifelhaften Angeboten dieser Art finden Sie auch auf den Webseiten des Bundesverbands der Verbraucherschutzzentralen (*www.vzbv.de/mediapics/kostenfallen_im_internet.pdf*).

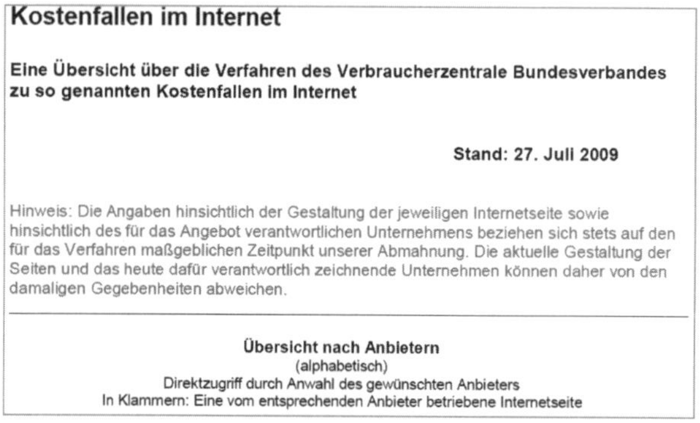

Kostenfallen im Internet

Eine Übersicht über die Verfahren des Verbraucherzentrale Bundesverbandes zu so genannten Kostenfallen im Internet

Stand: 27. Juli 2009

Hinweis: Die Angaben hinsichtlich der Gestaltung der jeweiligen Internetseite sowie hinsichtlich des für das Angebot verantwortlichen Unternehmens beziehen sich stets auf den für das Verfahren maßgeblichen Zeitpunkt unserer Abmahnung. Die aktuelle Gestaltung der Seiten und das heute dafür verantwortlich zeichnende Unternehmen können daher von den damaligen Gegebenheiten abweichen.

Übersicht nach Anbietern
(alphabetisch)
Direktzugriff durch Anwahl des gewünschten Anbieters
In Klammern: Eine vom entsprechenden Anbieter betriebene Internetseite

Bild 10.10 Die Verbraucherzentralen führen eine Liste mit bekannten Abo-Fallen.

Um derartige Ärgernisse jedoch von vornherein zu vermeiden, sollten Sie vor der Teilnahme an Aktionen bzw. der Registrierung bei Internetdiensten aller Art stets die genauen Vertragsbedingungen und AGBs durchlesen, die auf den Seiten angegeben sein müssen. Im Zweifelsfall sollten Sie eher auf die Angebote verzichten und Ihr Glück auf anderen Webseiten suchen.

Komplizen gesucht

Skeptisch bleiben sollten Sie in jedem Fall auch bei unerwarteten Jobangeboten, die Ihnen per E-Mail zugestellt werden. Hier beschreiben die vermeintlichen Arbeitgeber häufig sehr professionell eine scheinbar überaus attraktive und dazu lukrative Tätigkeit, mit der Sie mit vergleichsweise wenig Anstrengung gutes Geld verdienen können. Letztlich geht es bei diesen Angeboten immer darum, dass Sie Ihr Girokonto zur Verfügung stellen sollen, auf das Geldbeträge eingezahlt werden, die Sie nach Abzug einer recht verlockenden Provision weiterüberweisen sollen. Meist soll dieser Transfer über Dienste wie Western Union ins Ausland erfolgen.

Auf keinen Fall sollten Sie auf ein derartiges Angebot reagieren, denn sonst bekommen Sie sehr bald Schwierigkeiten mit Polizei und Staatsanwaltschaft, da Sie sich des Vergehens der Geldwäsche schuldig machen. Hinter diesen Angeboten stehen professionelle Phishing-Ganoven, die ergaunerte Bankzugangsdaten verwenden, um Geld von den Konten ihrer Opfer abzuheben. Um dabei keine Spuren zu hinterlassen und weniger Verdacht zu erregen, bedienen die Betrüger sich auf diese Weise teilweise ahnungsloser Mittäter, die ihr Konto zur Verfügung stellen.

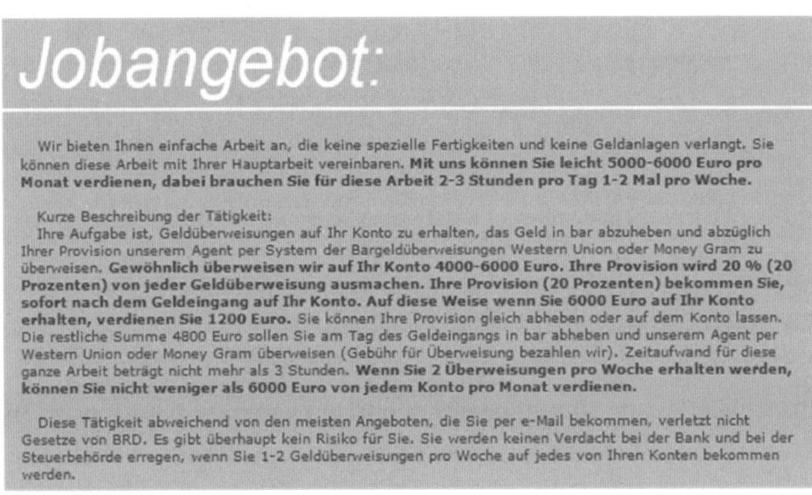

Jobangebot:

Wir bieten Ihnen einfache Arbeit an, die keine spezielle Fertigkeiten und keine Geldanlagen verlangt. Sie können diese Arbeit mit Ihrer Hauptarbeit vereinbaren. **Mit uns können Sie leicht 5000-6000 Euro pro Monat verdienen, dabei brauchen Sie für diese Arbeit 2-3 Stunden pro Tag 1-2 Mal pro Woche.**

Kurze Beschreibung der Tätigkeit:
Ihre Aufgabe ist, Geldüberweisungen auf Ihr Konto zu erhalten, das Geld in bar abzuheben und abzüglich Ihrer Provision unserem Agent per System der Bargeldüberweisungen Western Union oder Money Gram zu überweisen. **Gewöhnlich überweisen wir auf Ihr Konto 4000-6000 Euro. Ihre Provision wird 20 % (20 Prozenten) von jeder Geldüberweisung ausmachen. Ihre Provision (20 Prozenten) bekommen Sie, sofort nach dem Geldeingang auf Ihr Konto. Auf diese Weise wenn Sie 6000 Euro auf Ihr Konto erhalten, verdienen Sie 1200 Euro.** Sie können Ihre Provision gleich abheben oder auf dem Konto lassen. Die restliche Summe 4800 Euro sollen Sie am Tag des Geldeingangs in bar abheben und unserem Agent per Western Union oder Money Gram überweisen (Gebühr für Überweisung bezahlen wir). Zeitaufwand für diese ganze Arbeit beträgt nicht mehr als 3 Stunden. **Wenn Sie 2 Überweisungen pro Woche erhalten werden, können Sie nicht weniger als 6000 Euro von jedem Konto pro Monat verdienen.**

Diese Tätigkeit abweichend von den meisten Angeboten, die Sie per e-Mail bekommen, verletzt nicht Gesetze von BRD. Es gibt überhaupt kein Risiko für Sie. Sie werden keinen Verdacht bei der Bank und bei der Steuerbehörde erregen, wenn Sie 1-2 Geldüberweisungen pro Woche auf jedes von Ihren Konten bekommen werden.

Bild 10.11 Angebote wie diese sollten Sie ignorieren und die E-Mails am besten gleich entsorgen.

Falscher Virenalarm

Noch eine weitere ziemlich üble Betrugsmasche ist seit einiger Zeit populär geworden. Hierbei wird beim Besuch von Webseiten auf einmal ein gefälschter Virenalarm eingeblendet und der Surfer aufgefordert, eine spezielle Software zum Entfernen dieses Schadprogramms herunterzuladen bzw. die Schädlinge direkt zu entfernen. Bei einer Variante dieser Betrügereien enthält dann allerdings erst die heruntergeladene vermeintliche Sicherheitssoftware die Schadkomponente, die dann etwa Daten ausspioniert oder andere Schäden anrichtet. Fachleute bezeichnen diese gefälschten Virenmeldungen auch als Scareware.

Bei der zweiten Variante müssen Sie die angebotene Schutzsoftware zum Entfernen des vermeintlichen Schädlings käuflich erwerben. Hier zahlen Sie dann für eine absolut wirkungslose Software, die eine nur erfundene Bedrohung auf Ihrem Notebook beseitigt. Sie sollten daher nur auf solche Warnhinweise reagieren, die tatsächlich vom Antivirenprogramm auf Ihrem PC stammen.

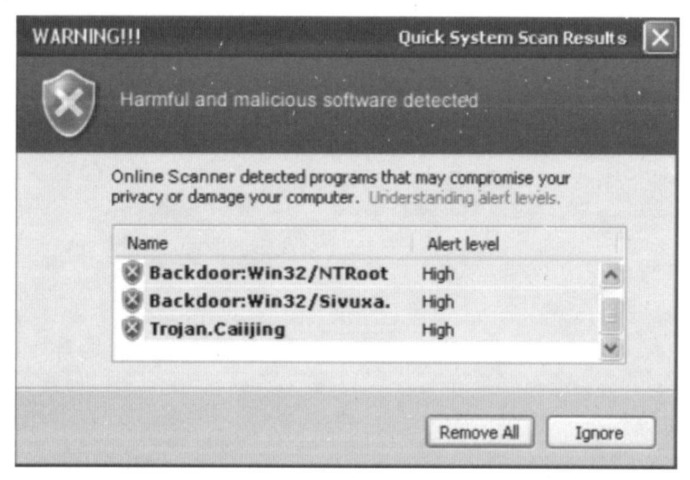

Bild 10.12 Gefälschte Virenhinweise sollen entweder zum Kauf nutzloser Schutzsoftware animieren oder den Download einer echten Schadsoftware bezwecken.

Kapitel 11
Glossar

Auf den folgenden Seiten finden Sie viele wichtige Fachbegriffe aus diesem Buch kurz und verständlich erklärt. Das Glossar soll Ihnen helfen, grundlegende Begriffe rund um den PC zu verstehen.

ADSL
Technik für schnelle Internetverbindungen, mehr Details unter dem Stichwort -> DSL

Antivirenprogramm
Wichtige Schutzsoftware, die für alle Computer mit Internetzugang obligatorisch sein sollte. Antivirenprogramme schützen vor den meisten Schadsoftwaretypen, sind aber nur dann effektiv, wenn sie permanent aktualisiert werden.

Bandbreite
Der Begriff Bandbreite wird zumeist als Synonym für Datenübertragungsrate verwendet. Die Bandbreite beschreibt die Datenmenge, die in einer bestimmten Zeit übertragen werden kann. Angegeben wird die Bandbreite bzw. Datenübertragungsrate von Internetzugängen zumeist in Werten wie KBit/s (Kilobit pro Sekunde) oder MBit/s (Megabit pro Sekunde).

Betriebssystem
Ein Betriebssystem stellt die Verbindung zwischen der ->Hardware und den eigentlichen Anwendungsprogrammen (der -> Software) her. Das Betriebssystem kommuniziert direkt mit den Bauteilen des PCs und stellt dem Benutzer eine einheitliche Bedienoberfläche für alle Programme zur Verfügung. Die derzeit wichtigsten Betriebssysteme sind ->Windows und ->Linux sowie Mac OS auf Apple-Computern.

Bing
Noch recht junge, aber leistungsfähige Suchmaschine für das Internet vom Softwarehersteller Microsoft, die sich gegen den großen Konkurrenten Google behaupten kann.

Bit

Kleinste Informationseinheit eines Computers. Ein Bit kann entweder den Zustand »0« (kein Strom) oder »1« (Strom) einnehmen. Acht Bits zusammengenommen ergeben ein ->Byte.

Blog

Im Web veröffentlichtes Online-Journal oder Online-Tagebuch, bei dessen Aufruf stets der aktuellste Eintrag zuerst eingeblendet wird. Viele Blogs werden von Privatpersonen erstellt, aber zunehmend entdecken auch Unternehmen diese Mitteilungsform. Blogs sind häufig auf bestimmte Themen spezialisiert. Teilweise können die Blog-Einträge durch Leser kommentiert werden. Blogs gelten als Bestandteil des Web 2.0.

Bluetooth

Technik zum drahtlosen Verbinden verschiedener PC-Komponenten. Funktioniert ähnlich wie ->Wireless-LAN, hat aber ein anderes Einsatzgebiet. Wurde konzipiert, um zum Beispiel Drucker oder Handys ohne Kabel mit einem PC zu verbinden. Geringere Reichweite und Übertragungsrate als Wireless-LAN.

Browser

Programm zum Betrachten von Internetseiten. Fest eingebaut in Windows ist der Browser Internet Explorer. Andere populäre Browser sind Firefox, Opera, Chrome oder Safari von Apple.

Byte

Aus jeweils acht ->Bits zusammengesetzt. Jedes einzelne Zeichen im PC (zum Beispiel ein Buchstabe) wird als ein Byte gespeichert.

Centrino

Vom Chiphersteller Intel entwickelter Standard für Notebooks. Der Centrino-Standard umfasst eine Reihe von Spezialchips, die unter anderem eine längere Laufzeit und weniger Gewicht eines Notebooks garantieren sollen. Zudem ist die ->Wireless-LAN-Funktion in Centrino-Notebooks fest integriert.

Chatten

Chatten bedeutet, sich live mit anderen Menschen per Internet zu unterhalten. Chatten funktioniert entweder direkt auf speziellen Internetseiten oder mithilfe besonderer Programme, etwa den Instant Messengern wie ICQ, Microsoft Live Messenger etc.

Codec

Abkürzung für *Coder – Decoder*. Ein Programm, das Dateien in ein bestimmtes Format umwandeln und wieder zurückwandeln kann. Codecs werden zum Beispiel benutzt, um Audiodaten in das ->MP3-Format zu verwandeln bzw. um MP3-Dateien wiedergeben zu können.

Desktop

Die Oberfläche von ->Windows nennt man Desktop. Der Desktop ist einer realen Schreibtischoberfläche nachempfunden. Auf dem Windows-Desktop lassen sich Dateien und Ordner ablegen. Sie können den Windows-Desktop nach eigenen Wünschen einrichten und gestalten.

Dialer

Programm zum Einwählen in kostenpflichtige Internetangebote. Dialer benötigen ein Modem oder eine ISDN-Karte mit Zugang zur Telefonleitung. Kann durch die Anwahl von 0900er-Nummern hohe Kosten verursachen; häufig tarnen sich Dialer als harmlose Programme.

Digitalkamera

Digitalkameras haben sich in den letzten Jahren stark verbreitet. Sie sind gerade dabei, die herkömmliche analoge Fotografie in vielen Bereichen zu verdrängen. Statt eines Negativs produzieren Digitalkameras eine Datei – mit dem Vorteil, dass dieses Bild nicht entwickelt werden muss, sondern durch einfaches Kopieren auch direkt auf dem PC betrachtet werden kann.

Download

Das Herunterladen von Dateien bzw. Daten aus dem Internet auf den eigenen Rechner wird als Download bezeichnet. Die Datenübertragung in Gegenrichtung heißt Upload.

Drag & Drop

Übersetzt etwa Ziehen und Loslassen. Beim Drag & Drop wird ein Objekt (z. B. ein Dateieintrag im Windows-Explorer) mit der Maus angeklickt und dann bei gedrückt gehaltener Maustaste auf ein anderes Objekt (z. B. einen Ordner) geschoben, wo dann die Maustaste losgelassen wird.

DSL

Abkürzung für *Digital Subscriber Line*. Dahinter verbirgt sich eine Technik, mit der sich parallel zu einer Telefonleitung Digitalinformationen übertragen lassen. Mit DSL lassen sich wesentlich höhere Geschwindigkeiten erzielen als bei der Datenübertragung per analogem Modem oder ->ISDN. Die übliche Variante ist ADSL (asymmetrisches DSL), bei der die Daten deutlich schneller aus dem Internet hin zum Teilnehmer fließen können als in Gegenrichtung vom Teilnehmer in Richtung Internet.

eBay

Online-Auktionshaus und inzwischen eine der beliebtesten Internetseiten weltweit. Hat einen regelrechten Boom des elektronischen Einkaufens ausgelöst.

E-Mail

Abkürzung für *Electronic Mail* – elektronische Post. E-Mails werden per Internet versandt und richten sich immer gezielt an einen oder mehrere Empfänger. Zum Schreiben, Empfangen und Lesen von E-Mails wird ein E-Mail-Programm wie Outlook, Thunderbird oder Windows Live Mail benötigt. Auch die Nutzung eines Webmail-Dienstes ist möglich, wobei hier ein einfacher Browser ausreicht und auf ein zusätzliches E-Mail-Programm verzichtet werden kann.

Favoriten

Merkliste für Internetadressen. Jeder Browser bietet die Möglichkeit, eine Favoritenliste anzulegen und zu verwalten, um Lieblingsseiten schneller wieder aufrufen zu können. Bei anderen Browsern heißen die Einträge auch Lesezeichen.

Festplatte

Programme und Daten speichert der PC auf einer oder mehreren eingebauten Magnetspeicherplatten – Festplatten – ab. Festplatten behalten im Unterschied zum Hauptspeicher des PCs auch dann ihre Daten, wenn der PC ausgeschaltet wird.

Firefox

Kostenfrei nutzbarer Web-Browser, der als Open-Source-Software von einer Entwicklergemeinschaft hergestellt wird. Nach dem Internet Explorer der zweitpopulärste Browser.

Firewall

Programm zum Schutz vor schädlichen Daten aus dem Internet. Firewall-Programme erkennen schädliche Daten und fangen diese ab, sodass sie gar nicht erst auf den PC gelangen. Ein ->Virus kann von der Firewall nicht abgefangen werden, die Firewall kann aber steuern, welche Programme Verbindung mit dem Internet aufnehmen dürfen. Ein Virus, der sich per Internet weiterverbreiten will, kann so gestoppt werden. Firewall-Programme gibt es als Software zur Installation auf der Festplatte (z. B. ZoneAlarm von Zone Labs), aber auch fest eingebaut in Geräten wie Routern. In Windows XP, Vista und Windows 7 ist ein Firewall-Programm bereits fest integriert.

Flatrate

Bezeichnung für Pauschaltarif. Bei einer echten Flatrate für den Internetzugang bezahlen Sie einen monatlichen Festpreis und keine nutzungsabhängigen Gebühren, die sich etwa nach der Online-Zeit oder dem übertragenen Datenvolumen berechnen.

Freigabe

Damit Ressourcen wie Dateien, Ordner oder ein Drucker im Netzwerk zur Verfügung stehen, muss für sie eine Freigabe erteilt werden. Es gibt unterschiedliche Freigabearten, zum Beispiel kann bei der Freigabe entschieden werden, ob Daten von Netzwerknutzern verändert werden dürfen.

Gigabyte

Ein Gigabyte (abgekürzt auch GByte) sind 1000 Megabyte. Hat Ihre Festplatte beispielsweise eine Speicherkapazität von 80 Gigabyte, können Sie auf ihr 80.000 Megabyte speichern. Das reicht für viele Programme und Dokumente. In einigen Interzugangstarifen, insbesondere bei Mobilfunkanschlüssen, gibt es beispielsweise ein Limit für die monatliche Datenübertragung, das meist bei 5 oder 10 GByte liegt.

Google

Eine der beliebtesten Suchmaschinen im Internet. Das Unternehmen bietet zudem inzwischen noch weitere Dienste an wie beispielsweise einen digitalen Satellitenatlas (Google Earth).

Hardware

Als Hardware bezeichnet man alle Teile des Computers, die man »anfassen« kann, also zum Beispiel den Rechner selbst, den Monitor, die Tastatur oder die Maus. Programme werden dagegen als ->Software bezeichnet.

HBCI(-Verfahren)

Methode zur Absicherung von Online-Banking-Geschäften. HBCI bietet deutliche Vorteile gegenüber dem –>TAN-Verfahren und ist auch sicherer als die -> indizierte TAN. Für HBCI werden allerdings Spezialsoftware sowie ein Kartenlesegerät und eine entsprechende Identifikationskarte benötigt.

Homepage

Hinter einer Internetadresse verbergen sich praktisch immer mehrere Seiten, die in der Regel durch Links miteinander verbunden sind. Die erste Seite, die man nach dem Aufruf der jeweiligen Internetadresse erreicht, nennt man Homepage. Wenn Sie sich selbst einen Internetauftritt einrichten, wird dieser gesamte Auftritt in der Regel als Homepage bezeichnet.

HotSpot

Öffentlicher Zugangspunkt zu einem WLAN-Netzwerk. Es gibt immer mehr kommerzielle HotSpots (zum Beispiel in Hotels), die gegen Gebühr genutzt werden können.

Hyperlink

Verweis auf ein anderes Element, eine andere Internetseite oder -adresse. Hyperlinks (meist nur kurz als Links bezeichnet) sind das A und O im Internet. Sie machen es möglich, Informationen miteinander zu verbinden, sodass man sich bequem mit nur einem Mausklick von einer Seite zur nächsten bewegen kann – was in der Regel als »Surfen« bezeichnet wird.

Indizierte TAN (iTAN)

Verfahren, um Bankgeschäfte sicherer zu gestalten. Bei der indizierten TAN erhalten Sie eine Liste mit durchnummerierten Zahlen. Für die Ausführung eines Bankgeschäftes (z. B. einer Überweisung) muss jeweils eine bestimmte TAN eingegeben werden.

Instant Messenger

Programm zur Übermittlung von Kurznachrichten in Echtzeit. Moderne Varianten ermöglichen zudem Sprach- und Videotelefonie und bieten weitere Funktionen.

Internet

Das Internet ist ein weltweites Datennetz mit Millionen von Computern. Wenn Sie sich im Internet befinden, haben Sie Zugriff auf Daten und Dokumente, die auf diesen anderen Computern gespeichert sind. Sie können so beispielsweise Dokumente von anderen Rechnern abrufen oder ->E-Mails an die Computer anderer Nutzer verschicken. Um im Internet zu surfen, benötigen Sie einen Zugang zum Internet, in der Regel per Telefon-, -> ISDN- oder -> DSL-Leitung, sowie einen ->Browser, der die Daten aus dem Internet grafisch umsetzen und darstellen kann.

Internet Explorer

Programm von Microsoft, um Internetseiten aufzurufen. Beim Internet Explorer handelt es sich um den derzeit beliebtesten Browser. Grund dafür ist unter anderem, dass der Internet Explorer fest in Windows integriert ist und nicht erst nachträglich installiert werden muss.

Internetkatalog

Ein Internetkatalog ist eine Ansammlung von Links zu anderen Internetseiten. Diese Sammlung ist meist nach unterschiedlichen Themengebieten geordnet. Internetkataloge sind eigentlich immer redaktionell bearbeitete Sammlungen von Hyperlinks, je nach Sorgfalt der Redaktion variiert die Qualität von Internetkatalogen.

Internetradio

Übertragung von Radioprogrammen per Internet. Möglich wird das durch die sogenannte ->Streaming-Media-Technik. Durch sie müssen Audiodateien nicht erst komplett geladen werden, sondern es werden kontinuierlich Daten aus dem Internet geladen und mittels eines Wiedergabeprogramms (z. B. dem in Windows integrierten Media Player) abgespielt. Inzwischen verbreiten alle etablierten Radiosender ihr Programm per Internet, es gibt auch zahlreiche Sender, die ausschließlich per Internet zu hören sind.

ISDN

ISDN ist der Nachfolger des früheren, analogen Telefonnetzes. Bei ISDN werden alle Telefonsignale digital übertragen, daher ist mit ISDN-Modems eine schnellere Übertragung von Daten möglich als im analogen Telefonnetz.

Kennwort

Ein Kennwort dient der Absicherung oder dem Zugang zu einem Internetdienst. E-Mail-Postfächer werden in der Regel per Kennwort abgesichert, ebenso Zugänge zu Online-Shops. Ein gutes Kennwort (auch Passwort genannt) sollte möglichst länger als acht Zeichen sein und sowohl Klein- und Großbuchstaben als auch Zahlen und Sonderzeichen enthalten.

Kontextmenü

In Windows gibt es viele Menüs, die ihr Aussehen der jeweiligen Situation anpassen. Klicken Sie ein Objekt mit der rechten Maustaste an, öffnet sich ein solches Kontextmenü und erlaubt Ihnen Zugriff auf spezielle Befehle in Zusammenhang mit dem jeweiligen Objekt.

Linux

->Betriebssystem und zugleich größter Konkurrent von ->Windows. Linux gibt es in einer Vielzahl unterschiedlicher Versionen, allen gemein ist, dass es sich um sogenannte Open-Source-Software handelt, die nicht von einem einzelnen Unternehmen, sondern von einer Gemeinschaft freier Programmierer weiterentwickelt wird.

Mail-Postfach

Um ->E-Mails empfangen und senden zu können, benötigen Sie ein Mail-Postfach. Dieses stellt Ihnen Ihr Internet-Provider oder ein spezieller Mail-Provider zur Verfügung. Das Mail-Postfach lässt sich per Mailprogramm (z. B. mit *Windows Mail* oder *Outlook*) abfragen, häufig können Sie inzwischen auch per Internet-Browser auf das Postfach zugreifen. Jedem Postfach ist eine E-Mail-Adresse zugeordnet; diese erkennen Sie am @-Zeichen.

Media Player

Der Media Player ist ein in Windows integriertes Programm, mit dem sich Musik- und Videodateien der unterschiedlichsten Formate wiedergeben lassen. So kann der Media Player unter anderem Audio-CDs, Videodateien und MP3-Dateien wiedergeben.

Megabyte

Ein Megabyte sind 1 Million ->Bytes. Auf eine normale CD passen beispielsweise 700 Megabyte (MB), das bedeutet, der PC kann dort insgesamt 700 Millionen Zeichen abspeichern.

Meta-Suchmaschine

Eine Meta-Suchmaschine verfügt über keine eigene Suchdatenbank, sondern greift auf andere Suchmaschinen zurück. Dabei werden mehrere Suchdienste parallel angefragt und die Ergebnisse miteinander verglichen. Auf diese Weise kommen Sie häufig zu besseren Suchergebnissen als bei der Abfrage einer einzigen Suchmaschine.

Microsoft

Das Unternehmen Microsoft ist der größte Hersteller von Computerprogrammen weltweit. Auch das Betriebssystem Windows ist ein Produkt von Microsoft. Viele der Standardprogramme für das Internet wie der Internet Explorer oder das Mailprogramm Windows Mail sind in Windows integriert.

Modem

Mit einem Modem lassen sich per Telefonleitung Daten mit anderen Computern austauschen. Modems erreichen eine maximale Übertragungsrate von 56.000 Spannungszuständen pro Sekunde (56 Kilobit); ->ISDN-Geräte dagegen arbeiten mit 64 Kilobit pro Sekunde. Die Bezeichnung Modem hat sich auch für Geräte eingebürgert, die für andere Internetzugangstechniken wie DSL, Kabel oder Mobilfunk genutzt werden.

MP3

Das MP3-Format wurde vom deutschen Fraunhofer-Institut entwickelt. Dahinter verbirgt sich ein Kompressionsverfahren, das vor allem für Audiodateien geeignet ist. Gegenüber den auf einer Audio-CD vorhandenen Rohdaten nimmt Musik im MP3-Format nur etwa ein Zwölftel des Speicherplatzes ein.

Netbook

Neue kompakte und preisgünstige Generation tragbarer Rechner. Im Vergleich zu konventionellen Notebooks sind die Netbooks noch etwas kleiner, was Einschränkungen bei der Displaygröße und der Tastatur mit sich bringt. Auch die Rechenleistung ist zumeist etwas eingeschränkt. Für den Internetzugang reicht die Leistungsfähigkeit jedoch aus.

Netzwerkkarte

Eine Netzwerkkarte stellt eine Verbindung zwischen PC und Netzwerk her. Netzwerkkarten werden heute auch häufig eingesetzt, um den PC mit einem ->DSL-Anschluss zu verbinden.

Notebook

Tragbare Variante eines PCs. Ein Notebook ist meist aufklappbar, wobei im oberen Teil der Bildschirm untergebracht ist, im unteren Teil die Tastatur. Notebooks gibt es in verschiedenen Ausführungen; besonders kleine Notebooks haben zum Beispiel keine optischen Laufwerke eingebaut.

Online-Banking

Viele Bankgeschäfte wie die Abfrage des Kontostandes oder Überweisungen lassen sich heute per Internet erledigen. Zur Absicherung dienen ->PIN und ->TAN (bzw. ->indizierte TAN) bzw. das ->HBCI-Verfahren.

Online-Shop

Internetseite, über die Händler Waren und Dienstleistungen anbieten. Neben Online-Shops, die meist von einem einzelnen Händler betrieben werden, gibt es auch Shopping-Plattformen wie eBay, über die jeder kaufen und verkaufen kann.

PDF

Dateiformat für die Übertragung von Dokumenten. Wurde von der Softwarefirma Adobe entwickelt. Größter Vorteil: Dokumente erscheinen immer im selben Format und Layout, unabhängig davon, an welchem PC und unter welchem Betriebssystem sie angesehen werden.

PIN

Steht für *Persönliche Identifikationsnummer*. Meist handelt es sich dabei um eine vierstellige Zahl, die dem Zugang zum Online-Konto dient. Bankgeschäfte werden aber zusätzlich per ->TAN oder ->indizierter TAN abgesichert.

Podcast

Wird auch gerne als »Radio zum Mitnehmen« bezeichnet. Eine Podcast-Datei ist meist eine Audiodatei im MP3-Format. Sie kann mittels spezieller Podcast-Programme heruntergeladen werden. Sie kann danach am PC angehört oder auf einen tragbaren MP3-Player übertragen und dort genutzt werden.

Preissuchmaschine

Eine Preissuchmaschine ist eine besondere Internetseite, die die Angebote von Online-Shops auswertet und miteinander vergleicht. Preissuchmaschinen finanzieren sich häufig durch Gebühren der registrierten Händler oder durch Werbung, daher ist es sinnvoll, vor größeren Anschaffungen mehr als eine Preissuchmaschine zu befragen.

Router

Gerät, das die Verbindung zum Internet herstellt und den Anschluss mehrerer PCs ans Internet ermöglicht. Router werden heute meist als WLAN-Router gebaut und ermöglichen es damit, auch eine drahtlose WLAN-Verbindung zum Internet herzustellen.

Schnittstellen

Anschlusspunkte innerhalb und außerhalb des PCs. Mithilfe von Schnittstellen lassen sich Geräte wie Drucker, Scanner, Modem oder Digitalkamera mit dem PC verbinden. Eine heute sehr verbreitete Schnittstelle ist die ->USB-Schnittstelle.

Social Network

Als Social Networks bzw. Soziale Netze werden Internetangebote wie Facebook, MySpace oder Xing bezeichnet, auf denen sich die Teilnehmer selbst präsentieren, in Gruppen zusammenschließen sowie direkt miteinander kommunizieren. Soziale Netzwerke sind ein wesentlicher Bestandteil des Web 2.0.

Software

Als Software bezeichnet man alle Programme für den PC. Die eigentlichen Geräte, die ein PC-System ausmachen, wie Tastatur, Monitor etc., werden dagegen als ->Hardware bezeichnet.

Spyware
Programm, das sich heimlich auf dem PC installiert und versucht, den Nutzer auszuspionieren. Häufig wird das Nutzerverhalten registriert, um zum Beispiel zielgerichtete Werbung einblenden zu können. Es gibt aber auch Spywareprogramme, die versuchen, wichtige Zugangsdaten wie Kennwörter oder Kreditkartendaten zu erspähen.

Systemsteuerung
Die Systemsteuerung von Windows enthält alle wichtigen Elemente, mit denen sich weitergehende Einstellungen des Betriebssystems vornehmen lassen. Sie erreichen die Systemsteuerung über das Startmenü unter *Systemsteuerung*.

TAN(-Verfahren)
Methode zur Absicherung von Bankgeschäften. Sie bekommen dafür von Ihrer Bank eine Liste mit Ziffernkombinationen. Für jede Transaktion (TAN = Transaktionsnummer) muss eine der Ziffern eingegeben werden. Das TAN-Verfahren wurde inzwischen weitestgehend durch die ->indizierte TAN verdrängt, die mehr Sicherheit bietet.

Trojaner
Schädlingsprogramm, das sich als scheinbar nützliches Programm tarnt, um vom Anwender auf den PC heruntergeladen und installiert zu werden. Zum Erkennen und Entfernen werden in der Regel sogenannte Virenscanner eingesetzt.

UMTS
Abkürzung von Universal Mobile Telecommunication Systems. Aktueller Mobilfunkstandard, der deutlich höhere Übertragungsraten als in den älteren GSM-Netzen erlaubt. Durch neuere UMTS-Techniken sind derzeit Übertragungsraten von bis zu 7,2 MBit/s möglich.

Upload
Übertragung von Daten auf dem eigenen Rechner in Richtung Internet. Gegenteil von Download. Bei den asymmetrischen Übertragungstechniken ist der Upload meist deutlich langsamer als der Download.

USB
Abkürzung für *Universal Serial Bus*. An den USB-Bus lassen sich die unterschiedlichsten Geräte anschließen. Inzwischen gibt es Scanner, Modems, Tastaturen und Mäuse, die an den USB-Bus angeschlossen werden. Auch viele Digitalkameras und MP3-Player übertragen ihre Daten per USB-Schnittstelle auf den PC oder werden von diesem mit Daten versorgt. Aktuell ist derzeit die weiterentwickelte Version der USB-Schnitt-

stelle (USB 2.0), die Daten deutlich schneller übertragen kann als der Vorgänger.

Virus

Unerwünschtes Programm, das den PC stören kann und sich selbst weiterverbreitet. Die Verbreitung von Viren erfolgte früher meist durch Datenträger (Diskette, CD), heute fast ausschließlich per Internet, insbesondere per E-Mail. Der Begriff wird häufig auch als Oberbegriff für Schadsoftware aller Art verwendet.

Web 2.0

Bezeichnung für bestimmte Angebote bzw. Dienste im Web, die sich dadurch auszeichnen, dass die Nutzer selbst aktiv werden, eigene Inhalte online stellen oder mit anderen Teilnehmern in Kontakt treten.

Windows

Betriebssystem, das von der US-amerikanischen Softwarefirma Microsoft hergestellt wird. Das Betriebssystem Windows stellt die Grundlage für alle anderen Programme auf dem genutzten Computer dar; es sorgt zum Beispiel für grundlegende Funktionen wie die Bilddarstellung oder die Ansteuerung des Druckers und ist dafür verantwortlich, dass die Programme ein einheitliches Erscheinungsbild haben.

Windows Live Mail

Windows Live Mail ist ein neues, kostenfreies E-Mail-Programm für Windows 7 und dient dem Schreiben, Empfangen und Verwalten von E-Mails. Anders als seine Vorgängerversionen (Outlook Express und Windows Mail) ist Windows Live Mail nicht mehr Bestandteil von Windows, sondern muss zunächst separat heruntergeladen und installiert werden.

Windows Media Player

Programm zur Wiedergabe von Audio- und Videodateien. Der Media Player kann beispielsweise MP3- oder AVI-Dateien wiedergeben. Für manche Dateiformate muss ein ->Codec aus dem Internet nachgeladen werden.

Wireless-LAN / WLAN

Standard für eine Funkverbindung zwischen PCs. Mithilfe von Wireless-LAN (auch WLAN genannt) lassen sich PCs miteinander vernetzen, ohne dass ein entsprechendes Kabel verlegt werden muss. Dies ermöglicht es zum Beispiel, mit einem Notebook völlig kabellos zu arbeiten und trotzdem auf das Internet oder Dokumente auf einem anderen PC im Netzwerk zuzugreifen.

Index